HISTORIA MÍNIMA DE LA POBLACIÓN DE AMÉRICA LATINA

拉丁美洲居民简史

[西] 尼古拉斯·桑切斯-阿尔沃诺斯——著
邓佩清——译

NICOLÁS SÁNCHEZ-ALBORNOZ

华中科技大学出版社
http://www.hustp.com
中国·武汉

湖北省版权局著作权合同登记 图字：17-2018-357 号

Original title: Historia mínima de la población de América Latina
© El Colegio de México, A.C. 2014
All rights reserved
The simplified Chinese translation rights arranged through Rightol Media（本书中文简体版权经由锐拓传媒取得 Email:copyright@rightol.com）

图书在版编目（CIP）数据

拉丁美洲居民简史 /（西）尼古拉斯·桑切斯－阿尔沃诺斯著；邓佩清译. —— 武汉：华中科技大学出版社, 2020.7
（拉丁美洲历史文化读本）
ISBN 978-7-5680-6032-5

Ⅰ.①拉⋯ Ⅱ.①尼⋯ ②邓⋯ Ⅲ.①拉丁美洲－历史 Ⅳ.①K73

中国版本图书馆 CIP 数据核字 (2020) 第 079572 号

拉丁美洲居民简史   ［西］尼古拉斯·桑切斯－阿尔沃诺斯 著
Ladingmeizhou Jumin Jianshi   邓佩清 译

策划编辑：刘晚成
责任编辑：孙　念
责任校对：刘　竣
责任监印：朱　玢
装帧设计：

出版发行：华中科技大学出版社（中国·武汉）　　电话：（027）81321913
　　　　　武汉市东湖新技术开发区华工科技园　　邮编：430223
印　　刷：湖北新华印务有限公司
开　　本：880mm × 1230mm 1/32
印　　张：11.75
字　　数：232 千字
版　　次：2020 年 7 月第 1 版第 1 次印刷
定　　价：45.00 元

本书若有印装质量问题，请向出版社营销中心调换
全国免费服务热线：400-6679-118 竭诚为您服务
版权所有 侵权必究

前言

本书涵盖了大概四百个世纪，从原始的猎人和采集者发现当时的新大陆开始，到即将到来的未来，即并不遥远的 2025 年。其目的是呈现一个整体的视角，同时，该视角凝聚了拉丁美洲最为激情澎湃的过去与未来。

历史的每个阶段并不是同一看待的。该作品跨越最古老的和即将到来的年代。多亏了富有灵感的猜想与对文字记载的推断相结合而形成的智慧，历史学家重建了最为遥远的史前发展线。然而，理解上的差异还持续存在，并且历史上重要的空白仍然没有被填满（见第 2 章）。至于未来，那些根据持续精细的数学计算所得到的预测最多会设立一些可能会发生某些事件的困境。然而，没有任何东西可以保证将来必然会是怎样的（见第 9 章）。于是，在相当大的程度上，对于最为遥远的过去和未来，猜想式的估计占据主要地位。无论是过去，还是未来，我们对待这些猜想的态度和对待历史事实的态度是不一样的。对于历史事实，我们拥有丰富而严谨的相关资料，而那些猜想则有可能不是真实发生的。

在基于历史依据的那5章当中（第3章至第7章），两章是关于漫长的殖民周期及其在国家独立后的前几年的延长期，一章是关于现代社会（从19世纪中期到1930年），两章是关于不常见的当代人口大爆炸所经历的半个世纪。对于我们来说，越是离我们近的时期，信息就越充分，历史事实就越具有意义。于是，按照本书所描述的历史时间，时间越是靠后，所发生的历史事实对我们的影响就越大。

本书第一章概述了拉丁美洲的人口发展状况，并且将其与世界的其他地区进行比较，并总结了每个时期所存有的资料。实际上，一方面，重要的是让读者马上得到一个概念，即在这本书中所讲述的事件都是有依据的；另一方面，并不是几个世纪保存下来的所有信息都被消耗殆尽，[1]仍然有相当多的问题有待研究。证实史料和继续向前的意愿肯定会让人阅读更多关于这个话题的内容。丰富的相关资料将会在本书结尾处的参考文献中找到。更多的相关内容将会在两本专业的出版物中出现：《拉丁美洲人口通讯史》，

---

[1] 原文意思是指并不是所有的信息都被充分研究过，信息并不是不再具备研究价值了。——译者注（如无特别说明，脚注均为译者注）

由明尼苏达州大学出版；《历史人口国际参考文献》，由国际联盟赞助，以用于人口科学研究。

拉丁美洲并没有一个确定的自然空间限制。来自欧洲的殖民把大陆分为两个单体。在大小、人口和存在时间方面占优势的单体——伊比利亚单体——建立了拉丁美洲。它们之间的边界并不是固定的，而是可移动的。当谈及殖民时期的时候，我们会去探索在19世纪或之前从这个整体中分离出去的那些土地上所发生的事情。所以，现在的界线是由历史建立起来的。

"拉丁的"这个形容词也可转作一些特定的用途。其所指的区域所包括的土地在布拉沃河以南，并不属于英语美洲。于是，其定义是可通过排除进行的。那么，被驱逐的人就有了身份划分，并且现在以此恢复其身份和进行自我确认。由于这是关于他们的历史，我们就用他们的语言吧。

一方面，"拉丁的"这个专业术语在这里涵盖了古老的习惯用语中所说的西班牙语美洲和巴西——伊比利亚美洲——还有海地。这个专业术语并不包括加勒比周围的国家，也不包括说英语、荷兰语或法语的加勒比岛屿，这些地方传统上来说是不相关联的，但是现在越来越与其南部的邻国有着相似的不安和问题。另一方面，波多黎各甚至在1898年附属于美国后不被包括在拉丁美洲中。如果基于管理基准的国际数据，通常会排除地区小岛，使得历史的比较研究变得困难，那么波多黎各与拉丁美洲的其他地区在人口方面并没有区别，也不应该把波多黎各从拉丁美洲中分离出去。其在20世纪的政治命运并没有使这个分离的认知具有意义。

琳达·纽森（Linda Newson）为《剑桥拉丁美洲经济历史》（Cambridge Economic History of Latin America）（第1册，2006：529）一书中关于殖民化人口影响的章节的参考文献写了前言，里面强调了《拉丁美洲居民简史》（加利福尼亚大学印刷，1974）"继续是唯一一本展现出殖民和独立时期的人口趋势的广阔视野的图书"。该评价不单是对于英文版本，也对于相继出版的西班牙语版本，也就是从1968年在布宜诺斯艾利斯被人所知的前言，到在马德里出版的版本。另一些工作妨碍了1994年的最新版本的修订工作。在上文提到的前言中，读者至少可获得关于该殖民时期的更新版参考文献。

目 录

1 概要和起源 — 001
  一、在世界范围内的拉丁美洲 — 003
  二、资料 — 006

2 土著居民 — 033
  一、采集者和猎人的村落 — 033
  二、村落的定居 — 036
  三、城市的集中化 — 044
  四、征服美洲前夕的土著人口 — 049

3 土著人口的衰落 — 055
  一、用数字形式显示的灾难 — 057
  二、暴力 — 067
  三、经济和社会的再调整 — 069
  四、流行病 — 075
  五、对生命的失望 — 083

4	欧洲和非洲的建立	089
	一、西班牙人和葡萄牙人	090
	二、非洲人和亚洲人	105
	三、城市	110
5	新航线	119
	一、稳定	119
	二、扩张	135
6	统治就是开拓	157
	一、非洲贸易和亚洲士兵招募	158
	二、劳动力的迁移	164
	三、大量移民	168
	四、未来的转变	187
7	人口爆炸	205
	一、死亡率更低，寿命更长	210
	二、人口发展趋势焕然一新	220
	三、过剩的生育率	224
	四、人口转型	232

8 从田地到大都市   237
    一、乡村迁移   237
    二、城市化   249
    三、到国外的移民   260

9 在 2025 年   283

    参考文献   291

-1-

概要和起源

拉丁美洲的人口历史是关于男人和女人如何在这个地区安家、繁衍和迁移的历史，还是关于人口数量如何在这四万年里增加或减少的历史。这个历史首先分为两部分：第一部分从第一批以采集和狩猎为生的游牧民族穿过白令海峡并在当时的新大陆立足开始；以在哥伦布登陆安的列斯群岛的那天作为结束。在这几乎四百个世纪里，美洲人种是亚洲人种的分支。猎人和后来的农民基于其繁衍能力在这第一时期扩大人口。考古方面的资料就可证明那些过去的事实。

第二部分从15世纪末开始到现在，并且可以确定这将会延续到未来，即有文字记载的历史时期。在这五个世纪——不是千年——拉丁美洲的人口呈现出净增长的趋势，因为拉丁美洲从

1492年起就不断地在增加欧洲人口和非洲人口，还有较小规模来自其他大陆的人口。男人和女人穿过大西洋来到拉丁美洲，随之而来的还有移民的安家落户和行为举止方面的新准则。

根据其他标准，拉丁美洲的人口增长包含由三个转折拆分成的四个阶段，每个阶段拥有其自身的人口增长规律。原来采集者和猎人以纯粹的掠夺为生。因其不稳定的谋生条件，人口数量并没有很多。后来，植物的栽培在大概公元前六千年给农业开辟了道路。人们不再依靠偶然获得的猎物，耕作给这类人提供了丰富的种子和根茎，并且人们懂得了如何将种子保留到接下来的耕种时期。更先进的农业生产力使农民可以养育更多的还没有独立生存能力的人口；于是，更少的土地面积可应对更为密集的人口生存所需。

在16世纪，欧洲人的入侵中断了当时的前历史社会的稳步发展。在这些受到入侵破坏的社会里，死亡率突然上升，这样就造成了人口的急剧下降。欧洲人和受制于征服者的非洲人的到来并没有弥补入侵对拉丁美洲人口数量造成的损失。人口数量的恢复经历了一个半世纪，达到与征服前一样的人口数量更是经历了相当长的时间。在人口数量恢复的过程中，拉丁美洲人口的增长大部分是自身推动的，但是也有来自其他大陆的促进因素。

总之，拉丁美洲的人口从半个世纪前起经历了一次非常明显的增长。因为死亡率的急剧下降，其人口每二十几年就翻一倍，这与征服之后所发生的情况相反。第三次的转折很大程度上与抗生素和杀虫剂的引入和推广有关系。首先,抗生素和杀虫剂拯救了数百万名有生命危险的孩子①。新的化学产品减少了死亡人数,同时,生殖力保持在高水平,甚至因为女性具有更长的生殖期而上升。顺产中死亡的婴儿越少,自然增长的人数就越多。②就如现在发生的一样,虽然生殖力下降,但是至少在一个时间段内,拉丁美洲的人口不会因此而停止增长,因为即使增长的速度越来越慢,增长还是会出现的。当过渡期结束后,出生和死亡人数将再次在接近的水平徘徊③;在这时,增长幅度会较低。因此,出生人数减去死亡人数而得出的自然增长人数将是少的。顺便说一下,这种现象在拉丁美洲的一些地方正在出现。

一、在世界范围内的拉丁美洲

没有任何事实能让我们推测出五百年前拉丁美洲的人口没有

---

①抗生素和杀虫剂拯救了数百万名本不可能成年的孩子,即在出生时或出生不久就可能死亡的孩子,故译为"有生命危险的孩子"。
②顺产中婴儿幸存的人数 = 出生人数 - 出生时死亡的人数。
③出生人数和死亡人数将会非常接近,因为随着医学的发展,死亡人数会大大减少,同时,随着社会的发展,越来越多人不愿意生小孩,这会造成出生人数大大减少,所以原文作者认为这个人口过渡期结束后,出生和死亡的人数再一次接近,如之前阶段的人口发展一样,但当时是出生人数高,死亡人数也高,出生人数和死亡人数也很接近。

像其他大陆的人口一样发展。当世界上的这部分地区被征服的时候，人口的发展方向粗暴且不可原谅地被改变，起初的平衡也被打破。在两个世纪期间，拉丁美洲没有像其他人类群体一样，人口得到增长或保持停滞，而是失去了大部分的人口。这种程度的人口灾难似乎并没有在整个历史中出现过，在1492年前没有，在1492年后也没有。几个世纪后，当欧洲人入侵非洲和亚洲并进行同样的殖民化的时候，类似的灾难也没有再次发生。虽然那时在太平洋的几个小岛上出现过类似的人口减少现象，但是非洲和亚洲并没有变得荒无人烟。

关于人口的总体发展过程的新的异议再一次在20世纪出现。如今，差异并不在于与其他地方一样的持续发展趋势，而在于改变的密集度。在最近的几十年里，拉丁美洲人口死亡率和出生率都在减少，与在发达国家所出现的形式一样。现在，其人口过渡重新具有突发性和非渐缓性，因此其人口以爆发的形式增长。

图1.1（以半对数的阶梯状绘制）把中美洲和南部美洲（即拉丁美洲）地区人口发展与世界其他国家和地区模块的人口发展进行比较。它们分别是海洋、非洲、亚洲（属于苏维埃联盟的地区不包括在内）、北美洲（美国和加拿大），还有欧洲。此外，还有以前为苏维埃联盟现在为亚欧国家的巨大的人口模块。图1.1从1500年延伸到未来的2025年，为了简易显示，只收录了五个时间

的人口最低概值，这五个时间分别是 1500 年、1750 年、1900 年、1975 年和 2025 年（估计值）。很遗憾，连接相应点的直线并不能准确地反映出每个时期所出现的人口数量起伏特征。

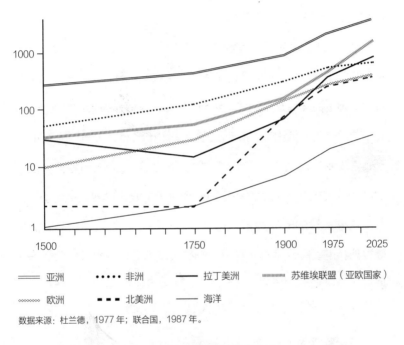

数据来源：杜兰德，1977 年；联合国，1987 年。

图 1.1　1500 年到 2025 年的世界人口

后来被称为拉丁美洲的中美洲和南部美洲的人口，在比较的初始，是继苏维埃联盟、非洲和亚洲之后的第四大世界人口模块。在人口数量上，于 1500 年位于北美洲、海洋和欧洲模块的前面。

两个半世纪后，在1750年，拉丁美洲人口减少。然而，图1.1的直线并没有体现出在这两个时间之间所发生的不幸，因为在18世纪中期，土著人口数量很幸运地得到恢复。由于遭受到大量的人口损失，该地区人口数量在1750年位于第五位，继续位于海洋模块和同一大陆的北美洲模块之上。

在20世纪之初，北美洲的人口超过了拉丁美洲的人口。拉丁美洲的人口甚至在一个半世纪里下降了一个阶梯，位于倒数第二位，只超过海洋模块的人口。然而，它在这个深渊并没有持续多久。在1975年，它就振作起来，超过了北美洲和欧洲，重新占据第四位。预计在2025年，拉丁美洲终将成为地球上第三大人口地区，位于亚洲和苏维埃联盟的后面和任何一个属于工业化世界的地区前面。

从分析过的七大地区人口发展中，依我们所见，拉丁美洲是最为独特的。其突然的反应——一次人口灾难和一次人口爆炸——展现了一段独特的历史。

二、资料

用于人口研究的现存的人口资料很多样，分为两个大类。一方面，人口普查、户口本或名册登记了居住在这个城市的人口数量和人口特性，在城市的基础上可以扩张成一个区域。公民登记或教区人口登记依次地记录了在一个地区的人口所出现的主要的事件：出生、死亡或婚姻状况。第一种资料展示了一个及时的和平面化的角度，在标数字时可体现出人群的特点和情况。第二种资料收集了每天或以更长时间段分组的时期里的生命变故，揭示人口的变化情况。

静态和动态的信息并没有相互排斥，而是相互补充。静态和动态的信息相互交织，我们可以检验出历史保存下来的资料是否一致，并且通过推理证明其可靠性，或者相反地证明其轻率性。另一方面，数据的覆盖度和其形式会因为进行收集的人而有所改变。不管怎样，现存的信息不应在没有预先评估分析的情况下就被使用。

人口普查和人口登记是主要的资料，但是并不是唯一存在的资料。例如，从边境的进出可以看出国际移民情况，这样的资料也是具有严谨性的。补充的人口消息有时候会在私人的文件中出现，比如说种植园的诉讼书或文件。非直接或文字类物证，即使不能有助于数据统计，也会有助于解释现象，或至少有助于制作人口发展过程的图片。当直接文件甚少或缺乏的时候，这些非直接的资料的用处就很大。

很明显，前历史时期缺少直接文件。在这种情况下，考古类数据就会有助于推测出前历史时期的人口规模大小、人口发展、人口分配和人口行为。从一个坟场的骷髅论起，起源于物理人类学的学科考古人口学突出强调了在一个特定的地区和时段里某个个体死亡的原因或就此估算其寿命。用个例去代表一个群体并不是可靠的。实际上，时间的推移让我们只能够保存部分被发现的资料。于是，概括性的推断必须用扎实的论据和差异对比进行重新确认。

如果考古学家不是对个人进行定位，而是去挖掘有人居住过的楼房、坟墓或种植农作物的土地，就能在这个过程中发现一个群体的居住集体准则、活动和消耗。这些发现甚至能应用绝对术语对其标注日期，这样就能对使用这些术语的村镇注明日期。考古人口学就可以从这些准则中推断出人口规模的大小和人口密度，甚至人口增长率。

通过重复的观察，学者总结出过去的某些文化和组织阶段大致对应具有某些特点的人口制度（哈桑，1978）。一些经济活动或国家的种类与特定的繁殖密度或模式相一致。举一个很泛的例子吧，很明显一个集体社会达到的人口规模大小是远小于一个大帝国的，并且在不同的条件下死亡和出生的情况都是很不一样的。相反地，通过考古学熟知了一个社会的发展，便可推测其人口的特性和举止行为。

几个世纪以来，人们发现的历史时期的文字资料在模式性、完整性和稳定性方面经历了很大的变化。从拉丁美洲的人口数据中可找出显示其增长的复杂性和周期性的三个阶段。

前统计阶段（1514年—1775年），从哥伦布登陆后的二十年在西班牙岛上进行的第一次印第安人分配开始，到大概1775年在这个地区进行的整体人口普查为止。在这漫长的两个半世纪里，殖民政府当局根据实际情况以不同频率收集税务、军事、管理或司法资料。其信息并不是独立的，并且根据现在的数据要求有着多种应用。由于管理的缺失或必要的节省，公共管理部门会时常把资料的收集工作委托给一个机构如教会进行，该机构在整个地区有着广泛而精细的执行方式。有时候公共管理部门甚至会帮助教会收集其所需的资料。通常情况下，国家和教会的关系在那时候是紧密交叠的。

原始数据阶段（1775年—1880年），公共管理部门承担了大量的人口信息的收集整理工作。这个任务的世俗化使得教会和国家之间的关系变得异常紧张，农村里其他公共生活领域也是如此。天主教教会在大概三个世纪里已经习惯了主持该工作，并不希望其话语失去影响力。然而，国家开始在这方面进行立法，更是建立了必要的组织以收集这些信息。国家首次人口普查工作就归功于那时的创举和公共公务员的存在。相反地，公民登记变得更难执行和被社会接受。公民登记制度建立起来后，往往要经历相当长的时间后，其办公效率才会达到较高的水平。因此，教会在多年里并没有取消洗礼、埋葬和举行婚礼的仪式。这个过渡时期的登记资料对于当今的人口历史研究来说是非常珍贵的（佩雷斯·布里诺利，1988）。

大概在 1880 年，人口普查和登记办公处终于在大部分国家较为正常地开始运作。从那时起，专业的公共机构就负责基础资料的收集，登记制度的过渡得以完成。真正的数据时代从那时开始。定义好这些阶段后，我们来看一下每个不同的阶段都有什么类型的文件被保存下来。

在前统计阶段最常见的资料是贡税号和地区贡税。所有的成年土著原则上是必须要向皇家财政部或土著村落的领主缴纳贡税的。总体上来说，小孩和老人是不被包括在内的；但是女人就不是如此。这些家访的质量和覆盖度会根据每个法官自身的专注度而呈现出不同结果。最好的情况就是法官逐个家庭进行访问，并且记录下每个女人所住的家。但是另一些时候，法官只会记录下酋长或教区神父口述的名字。通常情况下，也只包括登记缴纳贡税者。因此，这些家访并不是以整齐划一的形式进行的，其可信度也不一（阿雷特斯等人，1983）。同样，其周期性也是不规则的。土著人口的突然减少迫使法官再次进行家访以调整应缴纳的贡税。然而，由于该工作成本高，政府并不愿意以应有的频率执行工作。清点工作常常推迟进行，并且范围也仅限于地区内。于是，基于一个滞后的征税基础，土著也得缴纳更多的税。

政府时不时地命令进行全面人口普查。在新西班牙，在 1547 年到 1550 年之间，在一半的土地上进行过人口普查。人口普查的结果浓缩在一份家访汇总文件中，根据新西班牙贡税系统，在后期进行了修饰（博拉和库克，1960）。在危地马拉有与该文件类似的文件，由洛佩斯·塞拉托（López Cerrato）在相同的时间里制作（洛弗尔，1984）。大概二十年后，于1568年，从一系列不完整的贡税号可明显地看出贡税急剧下降。费利贝二世下令总结地理关系①，使得在1577年到1585年之间的新的信息收集工作得到执行。总之，在1592年，新的贡税的引入——皇室服务——要求进行新的户口登记。从这份文件中可以清楚地看出，人口统计的周期是不规律的，并且其覆盖面也并不是现代历史学家希望得到的。考虑到需要覆盖的地域，所需付出的努力是巨大的。顺便提一句，那时候几乎没有欧洲土地有像新西班牙一样丰富的人口普查资料。

到了17世纪，西班牙皇室于1604年到1612年间改变了更新资料的方式。从那时起，就只保存某个与新西班牙有关的表格。在1646年，萨尔瓦铁拉（Salvatierra）总督随后基于前人帕拉福斯（Palafox）主教所做的家访工作，建立了一个领地（库克和博拉，1979）。约一个世纪后，在1742年，福恩克拉拉（Fuenteclara）总

---

①地理关系，又称印第安地理关系，是在1579年到1585年之间根据西班牙国王费利贝二世的指示所提出的一系列在新西班牙总督领地的详细的问题，这些问题包括每个殖民区的生活的各个方面。信息来源为维基百科西语版。

督终于进行了一次人口普查,这次人口普查不再是只针对缴纳贡税者。这次人口普查是雷维拉吉格多(Revillagigedo)总督于1792年进行人口普查的先驱(库克和博拉,1971)。除了这份文件外,还存有新西班牙的省或地区的户口册,还有由教会完成的缴纳贡税者的清单,例如,墨西哥教堂建造时分配给每个印第安人承担的半个雷阿尔[1](米兰达,1963)。

在秘鲁总督领地,大概于1560年,即瓦卡·德·卡斯特罗(Vaca de Castro)和拉加斯卡(La Gasca)统治期间,首批家访开始进行。这个任务中成果最为突出的就是在瓦努科[奥尔蒂斯·德·苏尼加(Ortiz de Zúñiga),1967]和丘奎图[埃斯皮诺萨·索里亚诺(Espinoza Soriano),1964]所进行的家访。托莱多(Toledo)总督随后在整个秘鲁进行户口登记,从基多到查尔卡斯,根据这个基础确定了他们应该从每个村落的缴纳贡税者手中得到的贡税(库克,1981)。1573年的这次家访成了后期的管理和注册必要的参考。在17世纪的头二十年,在韦拉斯科(Velasco)、蒙特斯克拉罗斯(Montesclaros)和埃斯基拉切(Esquilache)进行了地区性的再次家访,以更新托莱多的数据。这些注册号显示出缴纳贡税者的急剧减少。曼塞拉总督随后于1645年委托给教区神

---

[1] 雷阿尔为西班牙和拉丁美洲某些国家用的辅币名称。

父的清算工作也只限于秘鲁以南的地方。在后期,于 1688 年,在德·拉·普拉塔(de la Plata)总督的指挥下完成了一次雄心勃勃的标号和重新评估,但是印第安人和在拉丁美洲出生的西班牙人同时对新的社会划分和贡税进行抗议,这打击和摧毁了清算工作,相应的财政改革也停滞不前。被保存下来的丰富的文卷仍有待详细的检查(埃文斯,1981)。在卡斯特富尔特(Castelfuerte)侯爵漫长的统治时期,好几次对印第安人进行人口普查,这些印第安人在 1719 年的瘟疫中大量死亡。苏佩伦达(Superunda)公爵最后于 1754 年要求进行一次人口普查。所以秘鲁拥有一系列可与其他地方相类比的计数系统。

圣菲听证会的家访与新西班牙或秘鲁的顺序并不一致。在 15 世纪中期,只留下圣菲、通哈、贝莱斯和波帕扬省的土著居民村落和印第安人的简单清单。随后还有一些统计数据来自潘普洛纳和高山温暖带[①]。总体的人口统计在后期(1595)才进行,伊瓦拉(Ibarra)法官使这项工作得以完成。地区的再次清算由后期的人员操作,1636 年到 1640 年和 1670 年进行的工作层面更为广泛。然而,直到 1740 年,财政部才开始使用新登记号,也许是因为地方长官和印第安村落的牧师周期性地向政府递交更新的户口册(比

---

① 原文为 Tierras Calientes,位于现墨西哥。

亚马林和比亚马林，1981）。在索利斯（Solís）总督统治时期，阿罗斯特吉（Aróstegui）法官终于进行了新格兰纳达总督领地的第一次人口普查，这一次，除了印第安人，还包括了白人、印欧混血人和黑人。

与大陆的大量的人口普查相比，加勒比在那个时期的人口普查非常少。印第安人在那些群岛上很早就灭绝了，其他身份的人则不需要缴纳贡税。个人征税基础的缺乏并没有在这里产生进行人口普查的需要。

关于印第安人委员会在塞维亚统计的数据信息基础，有学者编写了两本西班牙帝国书籍。由宇宙结构学者胡安·洛佩斯·德·韦拉斯科（Juan López de Velasco）编写的作品《印第安地理和总概况》（1971），比奥利瓦雷斯伯公爵（conde-duque de Olivares）的忏悔牧师安东尼奥·巴斯克斯·德·埃斯皮诺萨（Antonio Vázquez de Espinosa）编写的《西印度群岛的摘要和概况》（1968）几乎早了半个世纪。这些作品的成书日期大概是在1574年到1622年之间。两本书都用地域的总体概况向我们展示了珍贵的数字信息，这些信息对哈多和阿朗诺韦茨在新世界的西班牙城市的居民统计制表也很有帮助（1969）。也有类似的目的但是其涉及范围更小（仅指新西班牙）的是现存不完整的《西印度群岛帝国的神圣皇家公布和情况》，该书于1646年由胡安·迪茨·德·拉·卡尔（Juan Diéz de la Calle）编写。

关于非宗主国的地方创举，还有其他范围更受限制的作品。我们举一些例子，如 1683 年危地马拉听证会上的《城市、村落和地方的比例，集体居民和缴纳贡税者》，由何塞·安东尼奥·德·维拉塞诺（José Antonio de Villaseñor）编写的关于新西班牙情况的《美洲戏剧》（1748），或者由科斯梅（Cosme）和巴尔托洛梅·布埃诺（Bartolomé Bueno）在 1763 年到 1774 年编写的《秘鲁主督领地概况》。除了保存户口登记的最基本信息，同时，也保存用资料不完整的数据编成的那个时代的概况。

在 17 世纪和 18 世纪很大一部分时期里，皇室依附于教会，正如已经说过的那样，当时缺乏一个有效而可靠的管理部门。教区神父和传教人更真实地了解其教民，比地方长官对其所管理的人了解得更深入。除此以外，神父没有如地方长官一样的兴致去向国家财政部隐藏缴纳贡税者和贡税额。皇室规章调整了神父应当如何利用从教区的户口册中所摘取出的登记和取消情况整理贡税（根据社会阶层）和更新户口册。然而，官方的户口册也不过是这些堂区户口本或教区户口册的信息迁移（罗多林尼，1958；阿雷特斯等人，1983）。其委员会也要求神父完成登记户口确认书、教堂的结婚公告、豁免证、婚姻解除书，还有其他记录了复活节圆满的忏悔书的工作。有时候，神父必须向上级递交其教义或其职务具体的关系（比如，比亚努埃瓦·乌尔塔加，1982）。于是，教区神父在那时管理地区的数据种类繁多。他们花了相当多的时间完成这份工作，那么在这份文件中没有空缺的资料便不稀奇了。

主教家访也是同样重要的。这些家访使得那些不勤奋的教区神父受到责备并且改过自新，或者会使主教对其主教管区的记录进行编辑，在这些记录中并不缺乏关于印第安人、白人，不同社会门第的人和其他人口群体的资料。顺便说一下，通常情况下，直到进行首批全区人口普查之前，这些记录都是关于农村阶层组成的唯一存在的资料。可从这些家访中举出例子，如于1739年在圣多明戈（莫亚·旁斯，1974）由阿尔瓦雷茨·阿夫雷乌（Álvarez Abreu）进行的或者于1768年和1770年在危地马拉由科尔特斯（Cortés）和拉腊斯（Larraz）进行的家访（科尔特斯和拉腊斯，1958）。对在城市里居住的不同阶层进行清点是更有可能性的。

1555年，在墨西哥举行的首次省议会决定了教区神父需要记录洗礼和死亡的数据。在这方面的义务优先于特利腾大公会议，甚至优先于必须完成由罗马教皇保罗于1614年准备好的埋葬登记册的登记义务。后来，于1585年，第三次墨西哥省议会重申了这个要求，并且引入了两本户口册，即埋葬登记册和户口确认册。美洲教区在这方面并不是跟随罗马教区，而是在其前面。事实上在其安排与其应用之间存在时间差。教区的与世隔绝使得规则的执行常常推后。户口册开始启用的日期根据不同的教区而不同。虽然有少量教区是从1574年开始启用户口册的，但是户口册似乎直到17世纪才逐渐小范围启用，在18世纪才广泛传开来（桑切斯-阿尔博诺斯，1967；莫林，1972；布罗姆利，1974；库克和博拉，1979；马尔西利奥，1979）。

图片1中展示了教区户口册制作的形式。这张图片再现了圣多明戈首府的圣多明戈主教堂在17世纪的黑人洗礼名册。每一种血统的人口——西班牙人、印第安人、黑人、印欧混血人——实际上是在另外的户口册中记录的。埋葬登记册和婚姻名册有可能会重复相似的案例。

几个世纪以来，教区的户口册的保存形式是不一样的。一方面，由于保存不小心或事故的发生，相当一部分的户口册遭到了损毁。仅仅在没多久前，教会当局才力图把主教管区的这些户口册收集起来，以方便保存和查阅。另一方面，宗谱社会做出了相当大的拯救户口册的努力，用缩微胶卷拍摄好一部分的拉丁美洲和世界其他地区的资料。其中央资料库位于犹他的盐湖城，宗谱社会在好几个地区中心向研究人员提供资料副本等咨询服务。这些丰富的文献中，仅仅是关于墨西哥的资料，就有111 599卷胶卷，每卷大概长30米。

在塞维亚交易所的众多文卷中可以找到签发的到西印度的通

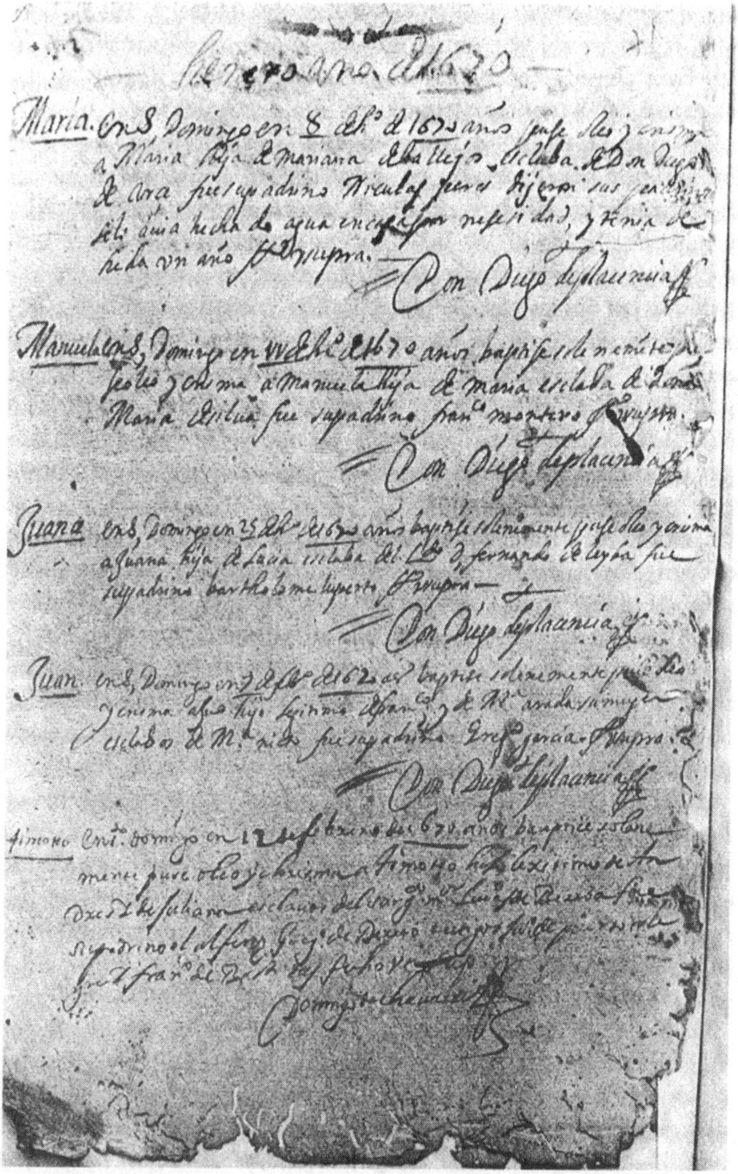

图片 1　圣多明戈黑人洗礼名册中的一页摹本，1670 年

行证。当中并不缺少漏洞和疏忽，也不缺乏常见的存在秘密许可证的暗示。相反，从船只登记中也收集了乘客乘载的最大可容量；从贩卖黑奴的船上也收集了奴隶的交易情况（莫纳，1976）。总结来说，有时候以直接的模式，另一些时候以非直接的模式，能够大概估算在殖民时期来到新世界的西班牙人和非洲人的数量和特点。

至于巴西，作为一个土著区，并且该土著区为人口密度更低的殖民地，其贡税数据的产生和流传就更少。圣保罗从1765年开始逐年清查首府区每个村落的火种和家庭，但是这种情况是不多见的。这种性质的突出情况只会偶然在别的地方出现。至于教区登记的执行，同样也是比较迟的。葡萄牙的管理方式似乎是更长时间地依靠教会，并且更多次地依靠教会进行人口信息的收集。

拉丁美洲的原始数据阶段于1775年以全面人口普查为开端。西班牙和葡萄牙在那时同时决定对其海外领地进行人口普查，尽管该决定是独立进行的。这个幸运的巧合使得第一个总图表得以形成，虽然在那时并不是所有居民都被算上，但是大部分居民都被统计进去了。根据实际情况，这个任务落在了世俗当局或宗教机构的肩上。比如说，巴西和墨西哥的资料仍然是由教会制作的。更往后，便是皇室的公务员负责开展这些工作。从1775年往后，尽管人口普查的周期性和同时性耽搁了不少时间才得以实现，人口普查活动和数据的有效性在西班牙语美洲和巴西还是持续上升的。从1950年，全面人口普查就倾向于每十年进行一次，每次都在同一年里对整个地区进行普查（请查看表1.1和表1.2）。协调现代的人口普查工作花费了如此多的时间，这使得于1775年所进行的全面人口普查的优势得以彰显。

在安第斯山脉，勒乌罗（Leuro）（1769）和埃斯科韦多（Escobedo）（1784）调查员建立了五年制的贡税注册号，因此殖民时期的后期有这个地区的丰富的人口信息。这个操作在那时时常应用在首批国家人口普查当中（请查看基于殖民划分的表1.1）。图片2和图片3在摹本中再现了一页两个查尔卡斯听证会省份的情况，即奇查斯的注册手稿和奥玛苏约斯的注册号概况（1792）。当时的人员工作细致并且制作了图表，在那时（1798），雷森迪（Resende）总督也进行了巴西的第一次公民人口普查（马尔西利奥，1977a）。

随着拉丁美洲解放，殖民的官僚主义也分离出去了，随之而来的是持续在进行的户口登记工作也变慢了。一方面，西班牙语美洲在政治和军事方面频繁的动荡在半个世纪内影响了资料的收集或征税的进行。在这样的情况下缴税是困难的，直接的税收变得非直接，比如海关租金。因此，以征税为目的来了解人口情况就失去了急迫性。然而，国家并不总是不需要来自旧赋税区的稳定收入，这些旧赋税区后来通过再洗礼成为土著贡税区。在安第斯山脉，其影响力持续了几十年，在这期间还有土著人的周期性登记。另一方面，人口普查也在19世纪获得政治上的认同。其通过在商会中所引起的激烈争论揭示了议员地区分配所影响的利益的重要性。计数的缺点当然成了易受攻击的对象。

在1860年前，阿根廷、玻利维亚、哥伦比亚、哥斯达黎加、古巴、智利和秘鲁联盟已经进行了第一批人口普查，正如您可以在表1.1中看到的一样，表中的一条粗线把国家的人口普查和殖民地的人口普查分开了。随着后期的经济恢复，非政治或财政目的的数据信息得到认可。

阿根廷、巴西、乌拉圭和委内瑞拉是在19世纪六七十年代进行首批人口普查的国家；大部分国家都把人口普查工作推迟到了19世纪80年代。

表1.2覆盖了从1875年到1994年的情况，根据对应的官方系列顺序，记录了每次人口普查的准确年份。一个0表示非认可的人口普查。至于古巴和波多黎各，首批人口普查是在西班牙管理下进行的，后来则在北美军政部的指挥下进行。后期的人口普查符合美国的标号方式，波多黎各重建管理局组织下的特别人口普查除外。

1875年到1899年之间，12个国家进行了25次人口普查；同时，其中有8个国家没有进行人口普查，其中相当多的小型国家仍然没

表1.1 全面人口普查
(第一个世纪,从1775年到1874年)

年份	古巴特别自治区	新西班牙总督领地	危地马拉特别自治区	新格兰纳达自治总督领地	委内瑞拉自治区	秘鲁总督领地	智利自治区	拉普拉塔河总督领地	巴西
1775	德拉毛斯 1775	布卡雷利 1777	马约尔加 1778	弗罗雷斯 1778 卡巴雷罗和贡戈拉 1782		吉里奥尔 1777	豪瑞吉 1777	贝尔蒂斯 1778	
1785					卡斯特罗和阿劳兹 1787	克鲁瓦 1785 吉尔·德·塔博达 1790			
1795	拉斯卡萨斯 1791	雷维拉吉格多 1791							罗森德 1798
1805			安吉亚诺(洪都拉斯) 1803 古蒂雷斯和乌略亚(萨尔瓦多) 1807	门迪努埃达 1803 比亚维森乔 1810					军政部 1808
1815	斯恩富埃戈 1817		宪法代表大会(哥斯达黎加) 1824	大哥伦比亚人口普查 1825		阿巴斯卡尔 1813	代表大会 1813	宪法大会 1813	
1825	毕威斯		1821				第一次人口普查 1832		

续表

年份	古巴特别自治区	新西班牙部督领地	危地马拉特别自治区	新格兰纳达总督领地	委内瑞拉自治区	秘鲁总督领地	智利自治区	拉普拉塔河总督领地	巴西
1835				第二次全面人口普查（哥伦比亚）1835	户口册 1838	第一次全面人口普查 1836			
1845	欧唐内尔 1841			第三次全面人口普查 1843	户口册 1844—1847	第二次全面人口普查 1850	第二次全面人口普查 1844	第一次人口普查（玻利维亚）1844—1846	
1855					户口册 1854		第三次全面人口普查 1854	第一次全面人口普查（乌拉圭）1852 全面人口普查（玻利维亚）1854	
1865	西班牙国家人口普查 1860		第一次全面人口普查（哥斯达黎加参加）1864	第四次全面人口普查 1859 第五次全面人口普查 1864 第六次全面人口普查 1869	户口册 1857 第一次全面人口普查 1873	第三次全面人口普查 1862	第六次全面人口普查 1865	阿根廷联盟人口普查 1857 第二次全面人口普查（乌拉圭）1860 第一次全面人口普查（阿根廷）1869	帝国 1872 人口普查

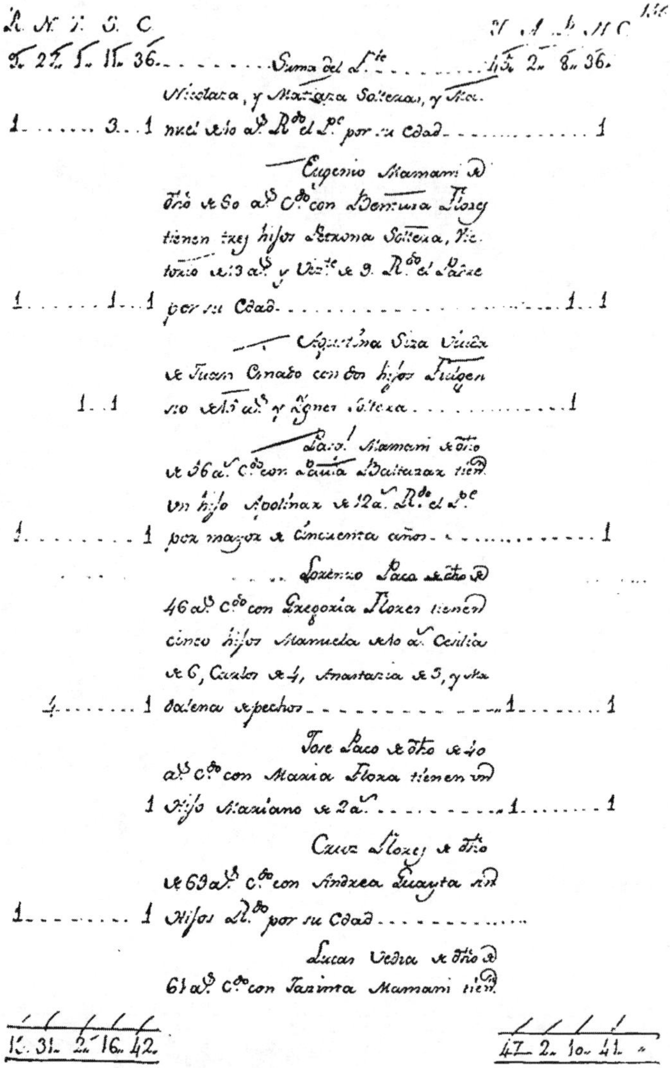
R. N. T. O. C ... Y. A. P. M. C

2. 27. 1. 11. 36. .... Suma del L.te .... 45. 2. 8. 36.

Nicolasa, y Marcela Solteras, y Ma-
1 ...... 3 .. 1 nuel de 10 as. R.do el P.e por su edad 1

Eugenio Mamani de
otro de 50 as. C.do con Bentura Florez
tienen tres hijos Petrona Soltera, Vic-
torio de 13 as. y Vicente de 9. R.do el Padre
1 ...... 1 .. 1 por su edad .... 1 .. 1

Agustina Siza viuda
de Juan Casado con dos hijos Eugen
nio de 15 as. y Ignes Soltera .... 1 .. 1

Paco Mamani de otro
de 56 as. C.do con Paula Baltazar tien.
un hijo Apolinar de 12 as. R.do el P.e
1 .... 1 por mayor de cincuenta años 1

Lorenzo Paca de otro de
46 as. C.do con Gregoria Florez tienen
cinco hijos Manuela de 10 as. Cecilia
de 6, Carlos de 4, Anastacia de 3, y Ma-
4 .... 1 dalena de pechos 1 1

Jose Paco de otro de 40
as. C.do con Maria Flora tienen un
1 Hijo Mariano de 2 as. 1 1

Cruz Florez de otro
de 63 as. C.do con Andrea Guayta sin
1 .... 1 Hijos R.do por su edad ....

Lucas Vedia de otro de
61 as. C.do con Jacinta Mamani tien.

15. 31. 2. 16. 42. ... 47. 2. 10. 41.

图片 2　隶属于波托西管理的奇查斯省的印第安人标号的一页摹本，于 1792 年制作

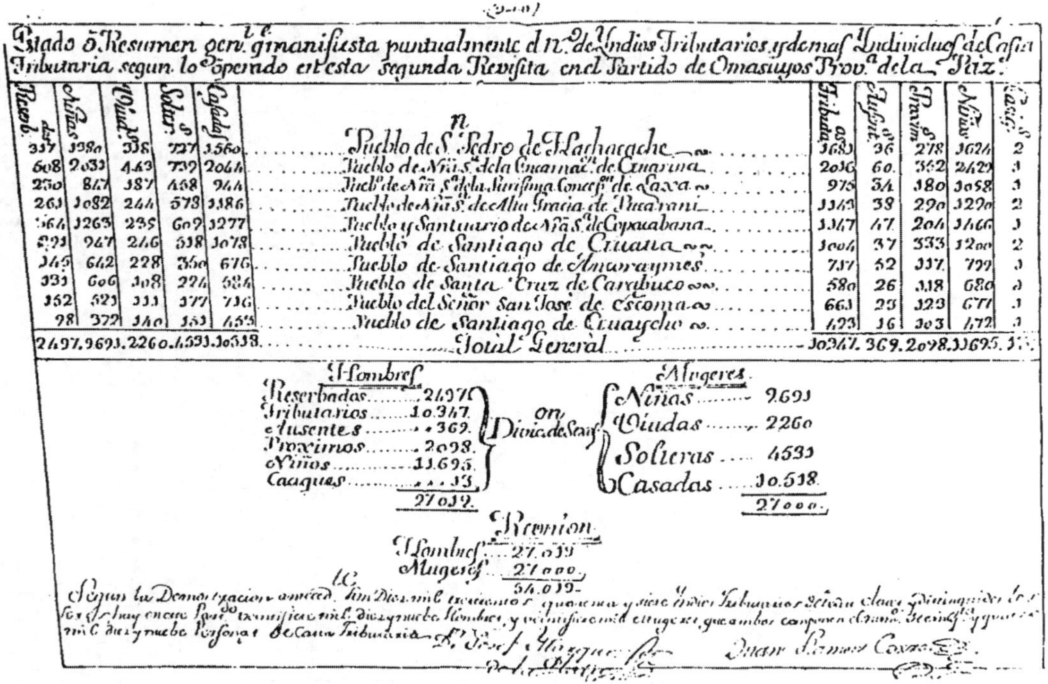

图片 3 隶属于拉巴斯省的奥玛苏约斯教区派verse印第安人标号概况的摹本，于 1792 年制作

表 1.2 全面人口普查（第二个世纪，1875 年至 1994 年）

	1875–1884	1885–1894	1895–1904	1905–1914	1915–1924	1925–1934	1935–1944	1945–1954	1955–1964	1965–1974	1975–1984	1985–1994
阿根廷			2	3				4	5	6	7	8
玻利维亚			2					3			4	5
巴西		2	3		4		5	6	7	8	9	10
哥伦比亚				7 8	9	10	11	12	13	14		15
哥斯达黎加	2	3		1	2						8	9
古巴	E	E	G			3		5	6	7		
智利			7	8	9	10	11	12	13	14	15	16
多米尼加共和国					1	2					6	7
厄瓜多尔				0				1				
危地马拉	2	3		5 6	4		5	6	7	8	9	10
海地					0			1			2	4
洪都拉斯	1	2	3 4	5 6	7	8 9	10 11	12 13	14	15		16
墨西哥			1 2	3	4	5	6	7	8	9	10	11

续表

	1875–1884	1885–1894	1895–1904	1905–1914	1915–1924	1925–1934	1935–1944	1945–1954	1955–1964	1965–1974	1975–1984	1985–1994
尼加拉瓜				0	1		2	3	4	5		6
巴拿马		1	2			3	4	5	6	7	8	9
巴拉圭				1	2	3		4		5	6	7
秘鲁	4						5		6	7	8	9
波多黎各	E	E	E G	13	14	15	16	17	18	19	20	21
萨尔瓦多	1*	2*	3* 4*	5* 6*		1	R	2	3	4	5	5
乌拉圭			0	3					4		5	6
委内瑞拉	2	3			4	5	6 7	8	9	10	11	12

E = 西班牙 G = 美国军政部
R = 波多黎各重建管理局
0 = 非认可的人口普查
* = 第一系列

有条件去进行或不认为有需要进行人口普查。在1900年到1949年间，人口普查次数上升到47次，和之前的频率一样。中美洲和加勒比的好几个国家政府在那时就开始这些工作；相反，其他国家，如阿根廷，就没有那么注重。由于缺乏国家人口普查，一些省份或市区就承担起这个任务，对其管辖范围进行人口普查。

由于有美洲国家组织在一开始所提供的物质支持和技术咨询，人口普查在20世纪50年代又以一定的频率进行，通常是每十年进行一次人口普查，以便能尽可能多地进行每次的人口普查的比较工作。所有的拉丁美洲政府现在都承认人口普查所提供的信息的重要性，如果某次人口普查工作变得断断续续，与应当的年份不对应，便是因为经济或技术资源缺乏，或是因为某个特别的原因。事实上，在顺序上会出现空隙：古巴缺少1960年的人口普查数据，尼加拉瓜和萨尔瓦多缺乏1980年的人口普查数据，这是由当时革命性的动乱造成的。由于其人口普查信息的覆盖度和持续度，如今，拉丁美洲在这方面处于全世界很多地区的前面。

在人口普查中收集的资料数量和信息随着时间推移不断增加，并且质量得到改善。早期的人口普查小册子或单据记录的信息除了姓名外，还记录了性别、年龄、婚姻状况，也许还有出生地点、国籍和被登记人的职业。尽管管理部门通常不赞成记录下被登记人的种族信息，担心这会造成歧视，有时候这些信息也还是会被记录下来。

该问题也不是太切合实际,因为并没有关于如何定义种族和每个种族包括哪些人的一致理解。最近,问题还涉及家庭、教育、合法性,甚至在最为现代的调查中还有关于生殖力的问题。人口普查的质量是值得讨论的,特别是最早时期进行的人口普查,还必须对那些粗略的数据进行纠正,这便使得其整理和重新制作变得必要。因此,当代人口统计就得批判地专注于对所涉及的资料进行估量,这也是历史学家常常做的事情。

实际上,公民登记包含人口信息的主要来源。表 1.3 收集了在每个国家执行公民登记的官方日期,尽管其实际运作通常会延迟。保守派与自由派之间的矛盾实际上使得服务的世俗化延期。比如说,在墨西哥则推迟到帝国瓦解后。同时,新成立的公民管理部门在刚

表 1.3 国家公民登记法的日期

国家	公民登记法日期	国家	公民登记法日期
秘鲁	1852	智利	1885
墨西哥	1859	古巴	1885
委内瑞拉	1863	哥斯达黎加	1888
危地马拉	1877	巴西	1889
萨尔瓦多	1879	厄瓜多尔	1901
尼加拉瓜	1879	巴拉圭	1914**
乌拉圭	1879	巴拿马	1914
洪都拉斯	1882	海地	1922
多米尼加共和国	1884	哥伦比亚	1938
阿根廷	1884—1904*	玻利维亚	1940**

* 用于首都和国家地区的联邦法律。每个省份在 1885 年到 1904 年之间颁布相应的法律。
** 巴拉圭和玻利维亚分别于 1898 年和 1911 年提前做了婚姻登记。
信息来源:联合国,1955b。

开始的时候只能以不完善的形式记录信息。于是，雷奇尼·德·拉特斯（1967）和科德罗（1968）的工作，以及其他进行中的工作也致力于纠正最为突出的错误，在这些错误中最为突出的就是次登记的内容。然而，如今的改善状况表明这个错误并不总是可以被清除，也不会全部被清除（菲格罗阿·坎普斯，1989）。

在现代的越洋移民中，根据不同的国家，在内外事或农业委员会管辖下的机构通常能收集到丰富且准确的信息。相反，跨越边界来到接壤的国家通常很容易就能避免监管，因此我们会碰到重要且特殊的移民群的活动情况，而这个移民群的信息又是很不清晰的。

联合国建立了人口统计美洲中心，其所在地位于智利的圣地亚哥。该人口统计中心给政府出谋划策、综合评价、实施项目，但是它自身是没有收集数据的。该中心会重新制作收到的数据，并且把数据根据拉丁美洲和世界的次序进行规范化。在所完成的任务中，除此以外，还有 20 世纪的历史系列的复查工作。

亨利（1983）写作了一本历史人口统计的手册，是关于拉丁美洲的回忆录。该手册展示了过去的人口统计数据收集和分析所应用的基础技能。然而，这些资料所呈现的漏洞和缺陷通常很多，以至于不能应用于正常的程序。所以，历史学家开始研究专业的或补充的技能，以最大限度地补充有数据缺陷的文件或对备用的数据有所帮助。由阿雷特斯等人（1983）提到的文件收集了好几篇这方面的方法论文章。在这类文章的基础上，还要补充玛卡（1981）、佩雷斯布诺利（1986a，1986b和1989）和内科切阿（1987）的文章。

霍宁斯沃思（1969）总结了人口统计历史学家要具备的一系列技能：

研究人口统计方面的人员必须具有敏锐的历史触觉，掌握当今人口统计所有的知识和资源，这要求研究者对每一个人口普查的国家系统和世界的人口登记系统的方法和结果都十分熟悉。研究者应该对经济学、社会学、宗教、考古学、人类学、气候学、流行病学和妇科学有着深刻的认识，了解统计学的数学方法论，有能力独自开展对该方法论的创新工作。研究者还要是一个古文书学者，是法律法规和缴税实践方面的专家，对任何时候和任何地点的城市规划和农业技术都十分了解。研究者要知道如何把定量信息收集、分解和转换为打孔卡或录音带，还有通过计算机分析信息。研究者还需是一个贪婪的读者，掌握十几种语言，每年会从头到尾阅读完世界上所有地方出版的上百本科技杂志和其他书目。

霍宁斯沃思总结："这样理想的人口统计历史学家当然是不存在的。"

-2-

土 著 居 民

大概在40 000年前,一个空旷的大陆接纳了美洲土地的占领者。他们来自亚洲,通过内部的通道从西伯利亚到达阿拉斯加,或是根据最近的理论,他们是沿着海岸到达的。在更新世,覆盖地球的大面积的冰川吸收了大量的水,引起海平面的下降。如今被海洋覆盖的土地浮现出来,而其他在冰川下的土地则被空出。白令海峡在那时还没有形成如今的人类交通的障碍。

一、采集者和猎人的村落

采集者是以简单地采集野果或海产品为生的,猎人是以捕猎低等动物为生的。其饮食想必是多样的,但是不怎么规律,随意地取决于其发现的食物。儿童的死亡率必然是高的;然而,人们的离群独居使得疾病和流行病的散播非常有限。总的来说，这些村落人口的生命通常是短暂的。在原始部落的人口当中，寿命为大概18岁，于是在那时的生活方式下人口的寿命是值得怀疑的。与我们现在的常态相反，男人似乎比女人的寿命更长。没有在童年或青少年时期丧命的女人，最多可以活到29岁。因此，如果考虑到其结婚年龄晚的话，也就是在不到11岁的时候结婚，除去青少年时期不能生殖的2年，其生殖周期是很短的：16年。除此以外，游牧的生活也不可避免地意味着受孕间隙变长。母亲们顺产和抚养孩子的潜在机会终归是很少的。此外，在怀孕前后也会失去相当一部分的孩子（哈桑，1981）。在那样的条件下，人口的增长是非常慢的，但是这些并没有阻止数千年后采集者和猎人的村落从北到南遍布整个美洲大陆。

美洲土著人并不是只源于一个族系而繁衍下来的。不同的细胞组和语言组的出现，使人联想到美洲有来自亚洲的接连不断的新人口和新文化。其中就有一个依靠捕猎大猎物为生的部落，使原本的采集者—猎人村落陷入绝境，但也不至于使其消失。在极端的地方如火地群岛，这些村落可以幸存到20世纪初。

被找到的高级猎人所用的工具与大型的哺乳动物遗骸有关联，如猛玛象、乳齿象、骆驼科、马和羚羊。这些工具大概在公元前20000年到前10000年间就有，并且来自霍亚勒克（普埃布拉）、魔鬼之穴（塔毛利帕斯）、特基斯基阿克（墨西哥之谷），还有位于秘鲁的皮基马查（阿亚库乔）。后期更为复杂的数个文明遗留下来的工具和人类遗骸可追溯到公元前 9000 年到前 7000 年之间，并且其覆盖面积也不小，从墨西哥到巴塔哥尼亚。其中还可以找到位于巴拿马的马登，位于委内瑞拉的母阿科和埃尔霍沃，茵加（厄瓜多尔）和恩格尔菲尔德（智利）等。

可猜想到猎人的队伍是由大概 25 人组成的，人口不分年龄，不限性别，由多个家庭组成，当超过这个人数限制后，就需要再次划分。被迫分离的家庭就需寻找没有被利用过的打猎之地。这些地方的人口密度从来不会很高：每平方公里为 0.1~3 人之间。

当冰川融化，全新世开始时，气候变得温和，大陆变得更干旱，因而造成大型哺乳动物消失，这使得一些村落的发明得到激发。在对瓦哈卡的吉拉那基兹（Guilá Naquitz）的挖掘中，弗兰纳里（1982）已经证实于公元前 8700 年到前 7000 年之间，在洞穴里生活的居民中已经有 41% 靠食用禾本科野生植物摄取碳水化合物为生。接下来的步骤就是驯化野生植物和动物。人们获得资源和掌握繁殖技术，其形式比打猎或收割残留野生植物更安全。自然也不缺乏反对技术的村落，正如巴塔哥尼亚人一样，他们直到我们这个年代也没有从事过农业或畜牧业。

位于墨西哥的提瓦坎洞穴的土地的附加层上保存了当地的动

植物驯化痕迹。在公元前 7000 年到前 5000 年之间，洞穴居民在谷地中种植辣椒、牛油果和苋菜。在公元前 5000 年到前 3500 年之间，记载种植了人心果和莱豆。在公元前 3500 年到前 2300 年间，出现了玉米、南瓜和棉花（麦克尼什，1970）。其他分类学来源不详的生物或植物在安第斯山脉地区发展起来。大概公元前 5700 年，在海岸处（拉帕洛马，利马）还种植了玉米、花生、南瓜和辣椒。在山上（阿亚库乔）还可以收割昆诺阿藜和巴拉圭茶叶，同时还饲养豚鼠、绵羊。后来还可以在山上种植土豆。在亚马逊盆地还种植了本土植物，比如木薯。驯化过程包含了充满智慧的实验和谨慎的选择，直到拥有更有效的品种。

二、村落的定居

获得生活必需品的形式改变，这些人类群组的社会和人口行为也相应改变。当他们必须照看好其播种的土地时，其迁移的频率就会减少。如果说首批从事农业的人类仍然居住在洞穴的话，那么他们很快就会下到平原，并且在小村庄里定居下来。保存食物的工作限制了他们的移动范围，因为远离谷仓或仓库对于他们来说并不方便。此外，更多的人力使群组的生产能力提高。农业越发达，人口就会倾向于聚集和繁衍。

在童年和青少年时期有保障得更好的饮食，使其结婚年龄提前两年。于是，在女性的生命中，其生育时间就更长，而且女性拥有了更为稳定的孕期。同时，闭经情况也减少，怀孕的间隙也缩短。与打猎所造成的长期分离不一样，女性和男性在村庄的接触更为频繁。接触得越多，生育的间隙就更短。女性的生育能力和孩子的幸存率都会提高。

　　人口越多，疾病的传染就会更容易。但是，此外，谷物类等素食所包含的营养种类是很少的，意味着其蛋白质的摄入很少，这造成营养不良，而且感染某些特定的疾病的概率也上升（桑特利和罗斯，1979）。食物的缺乏甚至使人们染病的倾向更为严重。在这些社会中，食物方面的缺乏是季度性的，即在新收割的前几个月，或是当周期性的灾害或长期干旱发生时，食物的缺乏就会变得具有间歇性。因为有了农业，虽然农村居民的食物得到保障，但是其保障并不是十分有把握的。人口寿命几乎没有延长。从在巴拿马、厄瓜多尔、秘鲁和智利定居的农民的遗骸中所推定的死亡率中可以联想到与打猎群体的死亡率相比还是有所下降（科恩和阿梅拉哥斯，1984）。现存的唯一的农民寿命估算为 20.7 岁，并没有比打猎群体的人口寿命长很多。该数据来自里奥尔奥尔多（Real Alto）（厄瓜多尔）的发现，该数据与玉米的种植有关，并且可以追溯到公元前 3400 年到前 1500 年之间（克勒凭格，1979）。

　　以这种方式，人口增长机制在那时就形成了一种形式，直到今天持续存在了数千年，并且仍然在当今那些欠发达的农耕社会盛行。这种机制意味着生物和社会能量的持续充沛：很高的出生率，但是在儿童期和成年期也有很高的死亡率。然而，年出生率通常超过年死亡率，在这个进出的缺口中，人口数量持续上升。

通过对大量的可辨认的考古遗骸——在居住种植区里世俗的和宗教的遗迹——的研究，历史学家可以通过作物和居民建立起某些地区的发展性事务的次序。通过精细和高成本的挖掘工作，直到现在研究过的案例中，首先是已经提到过的提瓦坎的整个山谷（麦克尼什，1970），墨西哥中央盆地（桑德斯等人，1979）和瓦哈卡山谷（布兰顿等人，1982）。在墨西哥以外的地区，历史学家也研究过定居的规则，这些地区有尤卡坦低地（阿诗莫尔，1981）和危地马拉的卡米纳尔胡余（Kaminal Juyú）高地（桑德斯和默迪，1982），还有位于秘鲁的比鲁海岸山谷（威利，1953），桑塔（威尔逊，1988）和曼塔罗的内陆，等等。

在提瓦坎，农业大概于公元前5000年发展最为迅速。那些居住在山谷的人口数量几乎翻了3倍，尽管其人口密度仍然很低，直到公元前1000年也没有超过每平方公里1个人的密度。提瓦坎的人越来越以收割的果实作为食物，进食果实的数量超过了所进食量的一半。随着人口密度越来越大，人类依靠农业所得作为食物的比例越来越大。然而，全面农耕的社会直到我们这个时代的前夕才得以发展起来（见表 2.1）。

同时，在墨西哥中央盆地，桑德斯和他的同伴发现了人口数量在 500 年间在大概 5 000 多个分散式的居民中翻了 5 倍（直到公元前 650 年），然后直到公元前 300 年翻了 3 倍，在公元 100 年，又再次几乎翻了 2 倍，一共大概有 14.5 万人，到了这个时候，人口数量增长就停滞了，整体浮动很大，也有很多移民。几个世纪后走出了停滞，进行了一次极好的跳跃，这个盆地的人口几乎每个世纪翻 2 倍：在 1200 年到 1519 年之间，人口数量从 17.5 万人发展到大概 120 万人。

表 2.1 人口密度和源于农业的食物比例（提瓦坎）
公元前 10700 年到公元 1500 年

时期	每 100 平方公里的人口	农作物在饮食中的比例（%）
公元前 10700—前 7000 年	0.5	1
公元前 7000—前 5000 年	2.25	5
公元前 7000—前 3400 年	6.25	14
公元前 3400—前 2300 年	13.7	21
公元前 1200—前 900 年	42.62	43
公元前 900—公元 100 年	165.0	58
公元 100—700 年	1.11	65
公元 700—1500 年	3.639	75

信息来源：麦克尼什，1970。

至于危地马拉，桑德斯和默迪（1982）展示了在卡米纳尔胡余山谷的人口密度渐渐地从形成期（公元前1500年—前1000年）的每平方公里0.6人到经典重要时期（公元前600年—公元800年）每平方公里接近120人。即使现在看来，每平方公里120人的密度也是高的，但是这个密度并没有保持很长时间。山谷在达到饱和后，人口开始减少。这样的人口减少大概持续了4个世纪，后来再一次人口达到增长高峰期是因为移民。

第二次的高峰并没有达到经典重要时期的高度。考古学家在其他地方也观察到一样的人口困境，也讨论过其衰落的原因（卡伯特，1973）。一方面，地面的下陷、营养的缺乏和疾病通常是被引证得最多的经典玛雅文明衰落的因素（桑特利等人，1986）。根据地区的不同，这些因素的影响力也是不同的。海岸玛雅人或那些不在热带雨林生活的人似乎减少的幅度更小。另一方面，有可能这个衰落只是一个城市现象，人口变得分散。并且在城市变成废墟的时候，人们就移民到其他的地方去了。在某些地方，人口的增长甚至是直到西班牙人的到来才被中断。

考古学家的研究工作所得出的人口数量仅仅是规模的排序，并且存在很大的错误空间。然而，各个等级与其经济和社会政治阶层是对应的。人口数量和社会种类的作用是相互联系的。很明显耕作并没有养活种地的人口，相反，人口的高密度有助于社会更大限度的分层和政府权力的集中。

　　文字记载的发展表明史前人口数量并不总是增加的，倒退的阶段可能会持续几个世纪，正如在中美洲发生的一样。S.F.库克（1949a和1949b）在特奥特拉潘、米斯特克高地、米却肯和韦拉克鲁斯的土壤学研究在很久以前就引起人们对风化阶段的关注，该阶段伴随着该地区随之而来的人烟稀少的情况而存在。玛雅文明证实了这个现象的巨大重要性（默迪，1985），但是这并不是唯一的解释。对位于秘鲁的桑塔山谷（威尔逊，1988）的最新研究表明政治变化也会造成一个地方的衰落。继莫切人征服山谷后（公元400年—600年），事实上，在那里可观察到明显的人口数量的减少，这个减少幅度超过了25%。后来，桑塔山谷的人口数量以惊人的速度恢复，居住中心的数量也翻倍。然而，在公元900年到1350年间，山谷再一次衰落了。在第二个时期，人口数量减少了71%。威尔逊把该地区无人居住的情况归因于其被征服和并入奇穆王国。

　　在哥伦布到达美洲前夕，早期的殖民资料补充了考古数据。编年史作者、税务员或诉讼人带来关于过去的众多的参考资料。在收集起来并用文字记载下来的当时的传统口述内容中出现了与人口统计有关的信息，比如与干旱和大量死亡、疾病或传染病、面对繁衍或村落迁移态度的相关信息。土著手抄古籍或编年史包含了大量关于干旱和饥饿的参考资料，当中还记录了一个相关事件，就是整个托尔特卡村民（lost toltecas）迁移到了阿纳瓦克（Anáhuac）（弗罗雷斯卡诺和马尔维多，1982），或者也有关于流行病的参考资料。至于地方性疾病，比如说，格莱德（1979）把阻止印加人向东方前进归咎于当时在热带雨林中的地方性疾病。至于繁衍能力，高人口密度难道会导致人口数量的调整吗？

农民集体、墨西哥和安第斯山脉地区的中央大型领地好几次对现存资源的调整表示感兴趣。一方面，在安第斯山脉地区，印加帝国推动人口数量的增长，人口数量的增长通过在村落中宣传加强农作物耕作的技术得以实现，如可灌溉平台，还有把mitimaes[①]迁移到没有什么人居住但是很有农业潜力的地区。另一方面，在tambos[②]或国家仓库，当收成好的时候，社区就会在此储存食物，以期在周期性的饥饿发生时，降低灾害带来的死亡率。相反，从限制性的层面上说，社会不仅会推动人口增长，也会限制人口增长。当战争爆发或公共工程需要劳役时，男性就不再从事农业生产，并远离婚姻生活，从而造成人口数量减少。更为严重的是，部分女性被交到库斯科使得一部分留在村落里的男性成为单身，这些女性在库斯科的

---

① 原文是当年位于秘鲁和玻利维亚的土著居民凯楚阿人的语言，意思是指那些离开印加帝国并迁移到被征服的村落的土著居民群体，该群体会在新的地方居住，使得该地区的社会、经济、文化、政治和军事发展起来。
② 同上，该词语是凯楚阿人的语言，在古代的秘鲁，tambo是位于重要道路边作休息之用的地方。

不同场所工作，或是到拥有好几个妻子的公务员或士兵家里服务。于是，那些编年史反映出一个在印加人当中矛盾的人口统计政策。其人口增量也不全是负数，因此，人口数量还是倾向于增长的。在安第斯山脉地区，顺便提一下，并没有出现墨西哥式以抓获和牺牲战俘为目的的荣冠战争[①]（拉贝尔和阿萨杜里，1977）。由于其发生的频率高，阿兹台克仪式可看作是控制人口数量增长的尝试。

同样地，其调整采用了多样的程序，从性部落到对暴力堕胎和杀婴的使用。暴力堕胎和杀婴在通常情况下伴随着宗教色彩。比如说，在北阿根廷的圣玛丽亚文化中会以特别隆重的形式呈现作为仪式祭祀品的幼儿。在缺乏人口的村落里，装有一个奇特的美人的殡葬箱中保存着如此阴森的、无法想象的仪式留下的遗骸。考古学家在圣玛丽亚所展示的例子发生的时间是相当晚的，但是很清楚、很明显。把人口规模控制在一定限度内的意愿也许可以追溯到遥远的非农耕社会。根据瑞克（1979）的观点，长期定居在安第斯山脉高原区以打猎小羊驼为生的猎人，以长期倒退为代价（公元前7000年到前3000年），学习了如何调整群体规模，以此避免狩猎的过度开发和人口迁移。就是这样，其狩猎的频率得以保持平稳。

[①] 荣冠战争指的是前哥伦布时期中美洲国家之间常见的仪式性战争，资料来源于维基百科中文版。

除了由印加政府强行移民外，还记载了其他史前移民现象。最为轰动一时的便是托尔特卡人、齐齐米卡人和纳瓦人移民潮，他们通过相继的移民活动居住在墨西哥的山谷。托尔特卡人在数个世纪后到了尤卡坦北部。他们所形成的领地瓦解后，其后代便迁移到了如今位于危地马拉的半岛高地上，把当地的一部分居民赶走，在那里建立起基切王国（福克斯，1980）。另一方面，普兰顿（1981）把20世纪开端奥尔本山斜坡的造成归因于瓦哈卡山脉的农民移民朝墨西哥山谷的城市前进时所出现的分岔情况。没有那么先进的社会也开始出现移民潮。比如说，安的列斯群岛曾经相继地被亚马孙的农村人口占领。在西班牙人到达的时候，在这些移民潮中，发生于最后的加勒比移民潮仍然处于全面发展中。

三、城市的集中化

村落和城市作为宗教、管理和经济中心在社会上出现，并且其差异不断扩大。这些中心的领导者和服务者完成不直接具有生产意义的工作，远离其保护的大众（斯查尔德，1972）。这些中心采用不同的形式，它们在城市的等级系统中互相联系。

农民群体通常有规律地汇集的首批地点是仪式中心。初期最为突出的是位于北部山脉的查文德万塔尔、玛雅人的米拉多尔城和墨西哥湾奥尔梅克文明的拉本塔。这些圣殿（仪式中心）形成于公元前最后几个世纪。虽然这些地方是很多人汇集的地方，但是很少有人以长久的形式居住在此。其经济和政治功能仍然是很缺乏的。

城市化在公元纪年的前几个世纪才开始在其复杂程度和规模的意义上发展起来。对于这些首批城市核心是如何形成和发展起来的问题，可把特奥蒂瓦坎山谷的地方研究作为例子。特奥蒂瓦坎是大陆上大规模的史前城市之一。桑德斯（1966）把其城市化发展的主要时期划分出来。在第一个时期，人口是从山谷深处的山顶和山坡上下来的，这使得农业的发展变得密集。一个广阔且人口众多的城市从公元前1世纪发展到公元7世纪。特奥蒂瓦坎的人口大概为85 000人。社会差异变得明显，并且这被绘制成根据不同职业形成的区域图。这些区域的挖掘正揭露了不同人口群体的不稳定的身体状况，特别是在最后一个时期。正如在更现代的城市一样，孩子们遭受高的死亡率。史前城市只能依靠持续的乡村人口移民发展起来（斯多里，1986）。

第二个时期的山谷城市化从特奥蒂瓦坎的衰落持续到征服时期。没有任何一个城市核心在那时候达到旧首都那样的规模或宗教、社会、政治、经济的优越程度。增长规模更少的附属于一个网络的中心——其首要地区为图拉、特斯科科或特诺奇提特兰——在山谷外面轮流成为中心。征服这些外中心区域并没有阻止城市化在这个山谷的进程：四分之一的居民在那时居住在这类型的中心区。这个大首都的衰落以首要城市的人口集中结束，这使得人口分布更平衡：更多的人居住在规模更小的中心。

桑德斯（1976）的后期研究突出了在征服美洲前夕可达到的城市化高度：位于墨西哥盆地的一半居民居住在大村落或城市。特斯科科有 2.5 万个居民，或者不止这个数目；阿梅卡梅卡、霍奇米尔科、特拉尔玛那尔科分别有超过 1 万个居民。作为这个城市网络的首要城市，特诺奇提特兰建立了一个超过 30 万人的巨大的城镇。三分之二的人口居住在这个小岛上，并且从事城市职业（公务员、贵族、教士、手艺人等）；其他人居住在特斯科科湖岸旁边的区域，并且从事首都资源供应的工作。特诺奇提特兰成为在哥伦布到达美洲之前居民数量最多的美洲城市。

进入公元纪年，秘鲁海岸的酋长管辖区是由好几个山谷组成的领地。在整个领地的山谷里，只有一个中心超过了其他地方。然而，真正意义上的城市直到公元 750 年到 1200 年之间跨地区的大帝国发展起来的时候才出现：在山脉（瓦里）或在高原（蒂亚瓦纳科）。这些大帝国里的居民人口数量多且规范的城市，依其遗迹来看，拥有华丽的古迹，然而所覆盖的面积却比特奥蒂瓦坎更小。这些大帝国的瓦解促使大型地区中心的形成，如在北海岸区的昌昌，该地区大概有 3.5 万个居民。

在山脉南部的众多中心之一中出现了印加的潘安蒂诺帝国

（imperio panandino），其首都库斯科与其同时代的特诺奇提特兰一样成了美洲大陆上人口众多的首都之一，并且拥有辉煌宏伟的宫殿和寺庙（斯查尔德，1972）。库斯科拥有广阔的城市网络，这个城市网络是印加人以军事、经济或管理为目的征服或建立的。在这些城市当中值得一提的是基多王国的托梅潘帕，它注定成为北部的首都，要不就是位于皮萨克旁边山谷的未建设完成的奥扬泰坦博。

在玛雅人里，中心权力的缺乏，使在一段时间里人们猜想传统时期的核心不是城市，而是进行仪式的地方，这些地方仅从事暂时性的工作，并且稳定的人口稀少。在蒂卡尔（哈维兰，1969），科巴（弗兰等人，1983），科潘（韦伯斯特，1988），迪兹比尔查尔顿和其他地方，最近的挖掘反映出分散在果园之间的大型居住区。在蒂卡尔或科巴的植被覆盖超过60平方公里。这些城市所达到的人口数量，在蒂卡尔超过5万个居民，在科巴或斯马尔则相对少一点。其他城市通常是1万个到2万个居民之间。大型的遗迹表明其宗教功能，在宗教功能的基础上还添加了整个城市中心的政治和商贸功能。商贸功能在海岸区是众所周知的，海外贸易就是在那里发展起来的。大概在公元800年，传统的中心分阶段倒塌后，玛雅文明迁移到尤卡坦北部。奇琴伊察是新的首都中心。与阿兹台克人或印加人不一样，玛雅城市在热低地建立起来，甚至是在海对面建立起来 [塞哈（Xelhá），图卢姆]。

在大概一千多年里，美洲建立的城市已达到欧洲、亚洲和非洲北部当代城市的规模。当西班牙人进入阿兹台克或库斯科，对其文明叹为观止，并把该文明和其已知晓的大城市相比较。巴斯克斯·德·埃斯皮诺萨（Vázquez de Espinosa）把库斯科称为"南部地区的另一个罗马"。他们对西印度城市的建筑及其规模和外观的印象非常深刻。在市中心留出一片广阔的空地——广场——的习惯使他们感到非常熟悉。

在中东、地中海或西印度地区出现的城市先于美洲数千年。比如，底比斯、孟菲斯或巴比伦尼亚，在公元前第二个千年便超过10万个居民，雅典、埃克巴坦那或洛阳也在公元前第五个世纪达到相似的人口数量（钱德勒和科克斯[①]）。在两千年后，在大西洋中间出现了首批城市。在这个过程开始的时候，城市的数量很快翻倍。在一千年间，城市点缀式地出现在沿西部的地域带，包括从墨西哥北部的查尔奇维特斯到阿根廷西北部的埃尔普卡拉德蒂尔卡拉，或者更严格地说，从图拉到蒂亚瓦纳科。除了所指出的玛雅（顺便提一句，后来就开始了西班牙统治）情况特殊以外，城市的发展都在高地进行，并在那里发展出大型的文明。

---

① 原文为Cox，但是参考文献中没有这个人，估计应为Fox，而不是原文的Cox, 1974。

四、征服美洲前夕的土著人口

开发者或征服者用自己的笔或从编年史学家那里借用的笔，留下了关于其行进中碰到很多人的文字记载。他们的这些记载有时候是让人怀疑的，或因为他们借助夸大的数字以称颂其发现，或因为按照现今的精准度来说，这些数据被夸大了。当然，我们也不是从头到尾采用所有的数据，通过审核批判，我们可发现错误的数据。然而，明显的错误并没有让大量的一致证据失效。

在美洲征服之前，土著人口达到的规模是一个仍然没有定论的可争议的话题。新信息的出现和分析方法的持续更新要求对该话题进行周期性复查。除此以外，这个问题还有分支，其中情绪方面的分支使这个讨论一直保持活跃。实际上，我们对土著社会发展程度的评估和我们对美洲征服的理解取决于土著人口规模。美洲征服的捍卫者推崇低数据，他们相信这样可以掩盖征服带给美洲土著的灾难；他们的反对派则把数据提高，以揭露征服带给美洲土著的灾难和强调征服美洲的成本。此外，那样的人口规模使在殖民地上的生产、政治工作和人类定居拥有了更好的条件。

这个人口规模的估算有着信息可得性和方法上的困难。历史学家通常会通过文字记载的角度看过去。西班牙人入侵之前几乎没有文章，关于美洲征服的首批文章呈现出令人疑惑和信息缺乏的特征。因此，历史学家只能借助不直接的方法。比如说，使用后期的数据，如印第安人的贡税注册号。这个操作要求对已知数据作出调整：引入系数把贡税注册号转为居民，对户口册制作或保存所呈现的缺陷进行评估，并且估测其趋势。在如此多的猜想之下，所得出的结论没有获得全面的可靠性并不奇怪。另外，考古学家把人口数量的计算建立在有人类残骸和有人居住的地方或有农作物种植的地方的数据上，或建立在社会文化情况一样的社会类比分析上。这种假设也没有说服世界。然而，在专家之间的讨论并没有白费。由于有了这样的讨论，重要的资料被发现和被出版，这些资料甚至对于其他历史话题来说也是重要的。划出问题的界限，排除已探索过的方法，使分析的方法更完美。讨论还没有结束，但是范围慢慢地清晰起来。

虽然如今可靠的数据很稀少，但是仍然可以引用美洲征服前夕的土著人口进行估算，这个数据在 1 300 万（罗森布拉特，1954 和 1967）和 1 亿（多宾斯，1966）之间浮动。在这个区间内，德内文（1976）提出在整个大陆大概有 5 700 万人。在得到一个总数之前，我们将通过区域或种族来思考问题。

大陆的大部分人口居住在墨西哥中心区，这个中心区包括从齐齐米卡的边境到特旺特佩克地峡。一个高度文明在那里出现，在依靠密集农业的高人口密度的山上发展起来。那里由之前提到过的像阿兹台克规模一样的部落的首都统领着。在整个墨西哥中心区，历史数据上升到2 520万人（博拉和库克，1963）。然而，基于考古和生态现象的最近研究倾向于将人口数量减少到1 000万人（桑德斯等人，1979）。于是，从一个猜想到另一个猜想，人口规模减少超过一半。在人口数量少的期间，地区不至于荒无人烟，并没有因此而阻止这些被西班牙人盯上的集中区变得更强大。在这些人口数据的基础上必须加上具体分散在墨西哥西北部的成千上万的土著人，以使表格更完整（库克和博拉，1971—1979，Ⅰ）。

从特旺特佩克地峡到巴拿马地峡也有着类似人口规模的地域。多宾斯所提出的1 100万个居民，在德内文的复查下只剩下一半。德内文并没有算上尤卡坦、恰帕斯、索科努斯科、塔巴斯科和伯利兹的居民，但是包括了从尼加拉瓜到南部的高地人居民和属于哥伦比亚和委内瑞拉海岸文化范围的大西洋海岸居民。在这个区域缺乏像阿兹台克或印加那样的政治统一体。在当今国家里，现代的碎片化，加上不同文化范围的并置（中美洲或南部美洲村落和大西洋沿岸的热带雨林区），对分散式的研究很有帮助。在最近几年出现的零散的研究中，洪都拉斯和尼加拉瓜受到了纽森的注意（1986和1987）；福勒则对研究萨尔瓦多感兴趣（1988和1989）。如今属于墨西哥的地区都被研究过：格哈德（1979）研究过恰帕斯和索科努斯科；库克和博拉（1971—1979，Ⅱ）研究过尤卡坦。在离这些地区最近的地区，桑德斯和默迪（1976）则研究了危地马拉高地的人口数量,其他研究工作则是关于更小的范围:伯特兰(1983)制作了拉维纳尔的案例,洛弗尔(1982)则制作了库丘马坦的案例,维布伦(1982)负责托托尼卡潘的案例。所有的研究一致吻合了在西班牙人到达的时候自然人口就已经很多的情况,尽管一些地区在数世纪前还是荒无人烟的。

安第斯山脉地区也是人口数量多的地区。一个已被估计很久的最新的估算结果为900万人,位于现在的秘鲁地区(库克,1981)。在这个数据的基础上应添加现今玻利维亚和厄瓜多尔的土地上的居民数量,这是当时的塔万廷苏尤的一部分,还有安第斯北部,即如今分布于哥伦比亚和委内瑞拉的居民数量。科梅纳雷斯(1973)对哥伦比亚地域进行快速计算,人口数量大概为300万。这样的话,安第斯山脉地区的总人口数量就超过了1 000万,是一个几乎不低于墨西哥人口数量的区域。

西班牙岛从开始就一直是激烈讨论的对象。西班牙岛很早就被占领,对这个岛的关注比其他大型的安的列斯群岛还要多。关于这个岛的描述在那个年代有很多文章。由于土著人口在很短的时间内灭绝,于是人们就会怀疑土著人口是否曾经如此多。巴托洛梅·德·拉斯·斯卡萨斯教士(fray Bartolomé de las Casas)认为该地区当时有上百万的人口。索尔(1966)认为这是一个根据土地生产能力和土著社会得出的可以令人接受的结果。库克和博拉（1971—1979，Ⅰ）也认同这个观点。莫亚·旁斯（1986b）同样展示了在16世纪初登记的人口，通过不同的理论分析得出当时的人口数量大概为40万人，也就是相当于每平方公里5个人。对于古巴、波多黎各、牙买加和其他小岛，考古文件和研究很缺乏。种族和文化相似点使人想到了类似于西班牙岛的人口密度。

另一方面，随着在大陆南端草原和普拉达盆地大草原上发现早期的农业文明，这两个地区正被重新研究。然而，在这两个地区占据主导地位的是猎人，因此，在这广阔的地区里分散的人口并没有超过10万人（派尔，1976）。

最后，在奥里诺科、查科和大西洋的广阔沿岸地区还有着更多的隐藏点。该地区主要是茂密的热带树林和干旱的高原。人类进入这个地区的时间稍晚，这个地区仍然不怎么知名，但可从中找到惊喜。如果不清楚是什么村落曾经在那里居住过，就更不要说有多少个村落在那里居住过。德内文（1976）认为亚马孙可以容纳680万人口。亨明（1979）在后期的计算中认为在一个范围更小的地区，即如今的巴西，人口数量达到大概240万。关于海岸人口数量，迪安（1985）提供了卡布拉尔（Cabral）[①]发现这个地区时的当地有密集居住人口的证明。

[①] 佩德罗·阿尔瓦雷斯·卡布拉尔为葡萄牙航海家，被普遍认为是最早到达巴西的欧洲人。

—3—
土著人口的衰落

美洲几乎没有和其他大陆有过千年的联系。一方面,在数个时期美洲有来自亚洲的小型群体,这些群体还带来了不同的文化;另一方面,9世纪,维京人从欧洲过来,但是他们建立起来的殖民地在15世纪就消失了。在东北海岸处其微不足道的出现并没有在欧洲也没有在这里影响到人口或其他方面的发展。那些斯堪的纳维亚人甚至没有意识到他们已经到达了另一个世界。

在1492年,欧洲的第二次入侵打破了美洲的与世隔绝。在突然的入侵下,美洲大陆在这个地球上"出现",从那时起它就更多地依靠欧洲、非洲和亚洲发展。在不断发展的半个世纪里,西班牙人占领了美洲人口最多的地方。生产、社会组织和居民信仰瓦解,其人口也在突如其来的对抗中急剧减少。

土著人和西班牙人最初的接触可能是很友好的，但是当西班牙人定居下来后，这种关系不可原谅地变得恶化。西班牙人的首次定居是从第二次哥伦布航海开始的，即在 1493 年。西班牙岛上的开拓者强迫印第安人成为缴纳贡税者，或者强迫他们去河流开采黄金。尽管西班牙皇室把土著居民的奴隶化根除了，还是有一些人被抓获，甚至有些人作为奴隶被送到西班牙。面对虐待和迫害，土著人开始造反或逃离其果园。于是，不管是对于土著人来说，还是对于西班牙人来说，食物很快就变得稀少。食物匮乏、疾病和冲突引起了对土著人暴力性的歧视。二十年后，即 1514 年，当把印第安人分派到不同的殖民地时，其人口只剩下 26 334 人，正如我们所看到的，比起以前在西班牙岛上曾经居住过的十几万人口来说，这个数量是非常少的。在这个时候所制作的户口册中，集体的概念被打破，年龄和性别也以错误的方式分派（莫亚·旁斯，1986b）。土著社会呈现出如此的动乱，以至于其社会恢复也严重地受到拖累。

然而，西班牙人需要劳动力来满足其挖掘黄金和种植作物和甘蔗的需要。在邻近的小岛（特别是卢卡雅群岛）上俘获其他奴隶以取代消失的印第安人，或在更遥远的地方，即在美洲南部海岸，这些被俘获的人在曾经遭受过恐惧和无人居住的地方生存下来。在西班牙岛上于 1570 年进行再次计算，发现有数百名印第安人为土著人和被俘获的人的后裔。

西班牙岛作为美洲第一个表现出美洲征服影响的区域，把在大陆的其他地方的土著人所发生过的事情都提前和浓缩了，但其程度很明显是不同的。在小岛和加勒比低地的大部分地区，印第安人最后还是灭绝了；在高地，并没有减少得如此之多。毫无疑问，暴力造成部分人口的死亡，囚禁引起了一部分人口的死亡。同样，把作物和劳动力据为己有也造成了糟糕的后果。从欧洲和非洲带来的疾病最终造成了前所未闻的大量死亡。社会的瓦解最终阻止了土著人身心方面快速的反作用和恢复元气。在这个章节，首先我们将逐个地区考虑其衰退，以便稍后可逐个估量不同的因素，这些组合和汇总的因素引起了人类史上前所未有的灾难。

一、用数字形式显示的灾难

西班牙人随着皇室的征程到达美洲大陆。在其向内陆前进和攻陷阿兹台克的过程中，由一群男人组成的部队对抗着上万人的土著士兵。关于人数的估算专家们的看法并不一致（库克和博拉，1963；桑德斯，1976），但是西班牙人和土著人之间的不均衡总之是非常明显的。土地被征服，深受传教精神鼓舞的传教士们急急忙忙地对上百万的土著人进行洗礼，让人怀疑其洗礼的效率。那个年代的信息与士兵或宗教人士发现的大量土著人口相一致。

一个世纪以后，萨尔瓦铁拉（Salvatierra）总督整理出墨西哥中部的贡税注册号资料，该地区从北部的纳亚里特和塔毛利帕斯延伸到南部的特旺特佩克地峡。在这个地区，根据库克和博拉（1971—1979，Ⅲ）的研究，印第安人中的女人、孩子和老人，还加上那些被漏掉的人口，一共有72万人。在一个世纪里，这个起初的过度就变成不足；财政部对相应的收入减少感到不安。

墨西哥中部的人口是从什么高度开始突然消失，又减少了多大比例呢？17世纪初的数据和以前的如1568年的数据，均来源于户口册，也就是说，有着文件的记载。土地或社会阶层的疏漏还需要调整，但是计算的基础是可检验的。相反，在1568年前，数据就没有那么可靠了。库克和博拉（1963）对于这个时期也提出过好几个数据。用这些数据他们建立了一个分界标的次序，这个次序从1519年的最高点下降到1625年的最低点。曲线从最高的2 520万个土著人向下倾斜到72万个土著人（见表3.1）。这个做法引起了人们的注意，并且其可信度让人们在墨西哥以外的地区也进行了相似的工作。正在进行的关于美洲无人居住的讨论也联系到了这个话题。

巨大的影响力并不意味着一致的认同。正如可以想象到的，这个数据被数个理论抨击。施克利范·巴弗（1978）和桑巴尔蒂诺（1980）提出数个应用方法以补充资料的缺失。把村落要求的贡税注册号系数化为居民人数是冒险的事情，对此也出现了怀疑的声音。另一些检验则出自考古学：桑德斯（1976）在一个比库克和博拉研究过的地方更小的地域里检查了种植地域和农业生产力，并且推断出这个地方并不能养活如他们所提出的如此多的人口。

表 3.1　16 世纪墨西哥土著人口的衰落（百万）

	墨西哥中部	高原	
	（库克和博拉）	（库克和博拉）	（桑德斯）
	1	2	3
1519	25.2	6.4	2.9
1532	16.8	4.6	2.4
1540	6.3	2.4	−
1568	2.7	1.0	1.0
1580	1.9	0.8	−
1595	1.4	0.5	−
1625	0.7	−	−

数据来源：库克和博拉，1963；桑德斯，1976。

因为桑德斯的数据是基于计算得出的，所以他所统计出的 1568 年之后的数据更为可靠，但是他也有检查第一时期估算的数据。表 3.1 把所得出的最旧的数据和最新的数据进行比较。第一栏再现了库克和博拉对墨西哥中部地区提出的原始数据；第二栏收集了库克和博拉提出的由桑德斯研究过的受限制的区域所对应的人口数量；第三栏是桑德斯自己对于这个更小的范围提出的数据。根据他的看法，在美洲征服前夕，该地区应该是有人居住的，大概有290万人，比库克和博拉得认为的640万人的一半还要少。然而，新绘制的曲线向下倾斜的坡度变小并没有减少灾难的严重程度。在第一种情况中，原始人口减少到5.5%；在第二种情况中，人口减少到17%。尽管第一种情况比第二种情况在比值上更严重，但第二种情况的剩余人口数量明显是一个悲剧。

在特旺特佩克地峡和巴拿马地峡之间，灾难也是类似的。在这个地区，像库克和博拉所做的关于墨西哥中部一样的整体研究并不存在。最近的研究工作由麦克劳德展示其结果（1973；1985）。他提供了一系列的案例，从这些案例中至多分离出一个总体趋势。该地区在地理概念上是一个碎片化的地域，在人类角度看，这使对其的研究也变得碎片化。

库克和博拉（1971—1979，Ⅱ），加西亚·贝纳尔（1979）和法里斯（1978和1992）重新整理了尤卡坦北部的人口变化轨迹。从蒙特霍于1548年制作土著居民村落的税费开始到1609年，土著居民人口从24万人减少到17.6万人，也就是说，减少了27%。如果我们接受1528年的猜想性计算，这个比率可以达到80%。如果我们追溯到西班牙人占领海岸之前的流行病时期，这个比率还会更高。也许减少量是没有这么大的，因为占领了热带雨林，很多印第安人可以逃离，以保存其独立性和性命，尽管其踪迹已经在户口册里消失。不管怎么样，对于殖民者来说偏僻且分散的居住地似乎能更好地抵抗外来入侵和避免土著人口的灭绝。

再往南一点，从索科努斯科到巴拿马，最近的研究同样突出了土著人口剧烈减少的情况，不同的地区减少的比例也不一样。总的来说，高冷地带比低热地带能留下更多的土著居民。在这些低热地带，土著居民几乎消失了。极端情况出现在尼加拉瓜，在美洲征服前，当地大量的土著人在砍伐和运输造船所使用的树木的过程中大量死亡。极端的情况还出现在运输到秘鲁的奴隶中，虽然过程短暂，但是很密集。拉德尔（1976）估计在1527年到1536年间通过海洋被送到南部的奴隶达到44.8万人。在1578年，整个尼加拉瓜几乎只剩下8千个土著人。

至于哥伦比亚的安第斯地区和整体的情况，我们也只有地区的研究。根据由弗里德（1965）和科梅纳雷斯（1970）提供并且由库克和博拉（1971—1979，Ⅰ）重新整理出的通哈贡税者的检查分别得出，这个省份的土著居民在1537年为232 407人，在1564年减少到168 440人，而在1636年则减少到44 691人，也就是说，在一个世纪里人口减少到19%。哥伦比亚的其他复查研究大致上与这些数据一致。科梅纳雷斯（1969）发现在潘普洛纳少了73%的印第安人，这是在1559年和1602年之间发生的现象；法哈多（1969）计算出在贝莱斯从1572年到1617年人口减少了56%；欧亨尼奥（1977）则计算出在1556年到1602年之间，圣菲人口减少了 29%。这种人口减少的情况在 17 世纪依然继续存在：在通哈和圣菲皇室，缴纳贡税人在 1602 年到 1690 年之间分别减少了 69% 和 47%（鲁伊斯·里贝拉，1975）。由于缴纳贡税人隐藏起来或者逃离到其他的地方，一部分的减少可能只可以通过计算而得到。同时，位于旁边的委内瑞拉，有证据表明土著人口数量巧合地在加拉加斯建立后不久出现减少的情况。

在新格兰纳达以南，基多表示在卡涅特（Cañete）总督（1561）和托莱多（Toledo）总督（1573）的清算工作之间，也就是说，在 12 年间（泰尔，1988）损失了一半的缴纳贡税者。在部分地区，缴纳贡税者的减少似乎由从东方来的移民进行补充。面对土地将荒无人烟的威胁，居民集体社区想必通知了在生态补充层中最为突出的成员。[①]缴纳贡税者数量的回升造成了中央山谷人口出现增长的错误印象（鲍尔斯，1987）。海岸区、矿产区和东部地区是基多人口衰落影响最严重的地区。在扎莫拉矿产区，印第安人在 1561 年达到 6 093 人，在 1573 年只剩下 685 人（蒂勒，1988）。

N.D. 库克（1981）提出印加帝国后期居住在秘鲁的 900 万人口在 1620 年减少到 589 033 人，只比当时居住在墨西哥中心的居民数量少一点。在一个世纪后，只剩下几乎不到 7% 的幸存人口。

---

①由于该地区人烟稀少，社区就让居住在安第斯山脉上其他高地的人前来，以补充贡税。

开始的最大人口数量是假设的，于是话题就变得具有争议性；然而，唯一的数据是在一贯使用的家访做法中建立起来的，家访可以提供更为可靠的数据。根据阿萨杜里（1985）的观点，人口数量大量减少到一半或更少的时候就是在西班牙人征服美洲的前十年。然而，从一本户口册到另一本户口册记录下的减少的人数只能是在骤然下降的前十年过去后和对土著居民进行标数的时候开始的。实际上，第一次全面家访从 1573 年开始，并且是托莱多总督在现今的秘鲁、玻利维亚和厄瓜多尔地区执行完成的，根据这些数据和后期的数据，库克制作了表 3.2。在这个表格中呈现出每隔十年秘鲁的贡税人口与人口总数。

根据表 3.2，贡税人口在 50 年间（1570—1630[①]）从 315 005 人减少到 132 906 人，也就是说，减少的数量比一半还要多一点。三个海岸地区从 54 301 人减少到 18 877 人，也就是说，减少到只剩下约 35%；那三个山脉地区，居住的人口数量最多，从 260 704 人减少到 114 029 人，也就是说，减少了 57%。很明显，比起山脉地区，这个悲剧对海岸地区的影响更大，说明在山脉地区能更好地抵抗侵略。

在查尔卡斯的听证会上，在 1573 年为 91 579 个注册缴纳贡税

[①] 根据表中数据，此处应为 1620。

表 3.2 秘鲁土著人口，1570 年到 1620 年

地区	1570 贡税人口	1570 总数	1580 贡税人口	1580 总数	1590 贡税人口	1590 总数	1600 贡税人口	1600 总数	1610 贡税人口	1610 总数	1620 贡税人口	1620 总数
北海岸	20 401	77 529	15 353	60 651	11 759	48 270	9 160	39 062	7 252	32 131	5 835	22 815
中心海岸	25 189	128 820	20 567	101 399	17 082	82 044	14 331	67 710	12 140	56 942	10 374	42 323
南海岸	8 711	36 587	6 403	26 406	4 936	19 883	3 935	15 394	3 193	12 164	2 668	8 168
北山脉	42 677	209 057	34 544	180 753	30 224	163 366	26 002	146 274	22 372	131 034	19 356	106 125
中心山脉	42 024	241 143	36 955	207 381	33 025	181 111	29 731	159 082	26 874	139 998	24 431	109 792
南山脉	176 003	571 394	103 739	506 910	93 465	452 961	84 599	406 266	76 905	365 644	70 242	299 810
总数	315 005	1264 530	217 561	1083 500	190 491	947 301①	167 758	833 788	148 736	737 913	132 900②	589 033

数据来源：库克，1981。

① 应为 947 635。
② 应为 132 906。

人，在 1684 年则只剩下 49 971 人。拉帕拉塔公爵（el duque de la Plata）于 1684 年在安第斯进行了第二次全面人口清算（桑切斯-阿尔博诺斯，1983b）。所观察到的时期是稍晚的，在几乎一个世纪里，人口减少了 45%。印第安人的后裔在其居住的村落里减少得更厉害：在 1684 年，只剩下 29 949 个土著人，也就是说，为 1573 年土著人口数量的三分之一。剩下的人口是由总共 20 022 个外来的印第安人组成，也就是说，当中有移民及其后裔，他们占领了前人没有使用过的空地或已去世者留下来的空地。居民群体以这种方式补偿了部分失去的人口。不同的地方人口成分的改变不同：在东方的山谷，土著人几乎消失，但是外来人口却发展起来了。这种绝对的印第安人口损失的情况，比起死亡，更多是因为逃难而到达东方未被征服的土地，在这个热带雨林中至少可以逃避缴纳贡税（赛涅，1985a）。往更南部，土著人口数量在智利北部和中部也有减少（贡戈拉，1960）。

最终，关于大陆的最为广阔但居住人口相对较少的其他地方，带有定量性质的文字记载并不存在。于是，其人口发展必须通过考古学进行推断。一方面，拉普拉塔河和巴拉圭稍晚才被部分占领，居住在当地的印第安人也不需要缴纳贡税。没有贡税户口册，甚至现在也没有对此进行过考古研究，让人不禁猜想在 16 世纪和 17 世纪那里所发生过的事情。另一方面，在巴西，趋势至少有两种：在内陆，居民与世隔绝地幸存到今天，尽管来自欧洲和非洲的疾病在向内陆蔓延的时候并没有放过他们（德内文，1976b）；在被占领的海岸地带，土著人在很短的时间内就消失了（迪安，1985）。最终，在拉丁美洲的中部和北部，于17世纪进入的欧洲人就与当时已经因传染病而减少的土著人口接触。居民数量在密西西比山谷的东南部似乎比东北部减少得更多。这里远离加勒比，当地的印第安人远离早期的殖民中心地（拉梅诺夫斯基，1987）。

总的来说，西班牙的贡税文件使我们得知大陆居民数量最多的地区的临时发展情况。掠夺和征服的最初数十年并不被计算在内，因为注册号的制作是在管理和掌握这个被征服的地区后才开始的，也就是说，在一段时间之后。现存的数据有待完善并且需要整理。比如，根据不同的家庭结构变化而变化的灵活的乘数，有必要把缴纳贡税人数量转换成居民数量。

另外，缴纳贡税人并不等于成年男性，因为很多印第安人选择消失。财政部及其社区团体需要缴纳贡税人，并没有因为这些缴纳贡税人消失就不将其计算在人口统计工作簿中。印第安人有时候穿过帝国边界，然后在那里生育，以更好地在大陆生活，尽管这里不属于殖民社会。在其他时候会在庄园里作为雇工和在城市里作为手艺人或仆人再次出现，当中不仅有土著居民，还有混血种人。因此，需要注意到人口统计的收缩比财政收缩要小。在秘鲁，有差异的数据的建立开始得稍迟：从 1645 年起土著居民和外来人口只在另外的注册登记中出现。

通过简短的回顾，我们能很清楚地看出土著人遭受过形式上的全面性、严重性、长期性和反复性的灾难。是什么因素引起灾难的呢？

二、暴力

印第安人所屈服的恶习使安东尼奥·德·蒙特西诺斯修士（fray Antonio de Montesinos）为土著居民村落发出了声音。抗议在巴托洛梅·德·拉斯·卡萨斯多产的笔下成为一份全面起诉书的判决。其生动的散文毫不吝啬地描述了屠杀的故事和暴行。他试图取得可信度，他写下的那些富有争议的文章把他目睹或听到的故事联系在一起描述。在他的论证中，他把美洲征服前后的人口数量进行比较，这发挥了根本性的作用。其列举的数字在细节中有出现错误，但是大体是正确的（桑切斯-阿尔博诺斯，1986）。比起作为改良主义者，拉斯·卡萨斯更是一个报刊撰稿人，他的文章呈现了美洲征服的暴力形象。

不管有多少屠杀，也不能表明灾难的密度及其时间长度。毫无疑问，乔卢拉的攻陷和阿兹台克最后的包围意味着一场血浴。来自对战争、粮食或财富的缺乏的恐惧是常有的。在努尼奥·德·古兹曼（Nuño de Guzmán）进入米却肯和哈利斯科的时候，暴力达到神经错乱式的极端程度。一方面，在这些行动中不仅失去了战士的生命，也失去了所有年龄和性别的土著人的生命。另一方面，明显的暴力加剧了不同种族之间的斗争，正如自古以来把特拉斯卡尔特卡斯（tlaxcaltecas）和乔卢特卡斯（cholutecas）分裂的暴力行动一样，并且为土著族群之间抗争后的重建提供了机会。钢剑、长矛尖、铁箭、火枪和大炮的杀伤力并不大。不管在战争中造成了多少伤害，至少这些伤害都是暂时性的。在现代的战争中，尽管现代武器具有更强大的毁灭性的能力，人口数量还是能够得到补偿的。士兵们回到家中，出生人数就会增加，在很短的时间里便可凭此来补充在战争中损失的人口。如果新世界的土著人口需要几代人的时间才可恢复，其他非暴力死亡的因素应该影响到了其人口数量的恢复。

战争并不仅仅惩罚发生战役的场地。士兵们生活在土地上，当他们穿过土地或在当地居住，通常会用尽当地居民储存起来的备用品。军事的战斗会破坏收割，并使播种变得困难。运输装备和粮食的搬运工的征用使集体居民的人力分散。那些征服者在其远征过程中拉来的援助军队在战争中死亡或者不再回来。比如说，乌安卡斯人在与西班牙人的40年的战争中，人口减少到原来的四分之一（埃斯皮诺萨·索里亚诺，1981）。因此，由这些事件和另外的事件所导致的生产和交换的不平衡造成了饥荒，还会引发大规模的疾病和死亡。

一些印第安人的首批户口册在群组中呈现出缺口，通过其年龄判断，这些缺失的人口可能是战争的牺牲者。金字塔的顶端比成年人群还要宽，都是寡妇和孤儿（奥尔蒂斯·德·苏尼加，1967）。这些人口发展的轮廓依靠自身的经历证实了在美洲征服之前的人口规模。

三、经济和社会的再调整

西班牙人的入侵在土著人口之中引起的动乱并没有在美洲征服得到巩固的时候停止。欧洲人继续以不断增加的人口数量到达美洲，并且把土著人从他们的土地和位置上赶走。在那时欧洲人并不是以战争的姿态到来，而是以贸易、管理和开发土地和地下层的姿态到来。对于那些已播种的土地、牧场、矿区或城市来说，它们需要劳动力；印第安人负责缴纳贡税、履行条约或服苦役。与此同时，西班牙人通过购买、组合、赏赐或强夺来获得土地。一个地位优越的少量的群组从印第安人的贡税中取得食物、原材料或加工材料。一个外来社会阶层通过掠夺另一个社会阶层的精力、产品和所有权得以扩大。在强迫之下，土著人的生存条件一步步受到破坏，而且这些土著人还毫无保护地受到新疾病的袭击。

同样侵入大陆的植物和牧畜有时候对土著人有帮助，但是更多的时候会对他们造成伤害。西班牙人企图在美洲享受他们所习惯的地中海饮食：小麦、肉类、葡萄酒、油和甜品。他们尝试把种植小麦作为特别贡税。然而，看到印第安人不愿意，殖民者选择雇用印第安人短工种植小麦。因为天气和土地种类的不同，比起葡萄酒和油，在当地更适合种植和生产谷类，于是前者的生产只限于很少地区。

　　与此同时，畜牧业以惊人的速度发展。小型牲畜（猪、山羊和绵羊）马上合并到地方经济和土著人的饮食当中。逃离的猪进入热带雨林区和沼泽地，家养的猪位于山上的村落里。在安第斯山脉地区，相当一部分的"卡斯蒂亚"绵羊被迁移到了原驼群和大羊驼群中。大型牲畜（牛和马）在已清理好以便其生长的草原上自由自在地繁殖，那些溜走的牲畜就占领了拉普拉塔河的潘帕斯草原、奥里诺科平原或新西班牙北部平原，并且形成大型的牲畜群。多亏了这些新的骑马游牧民族，猎人村落得到改变。在人口密集的地方，牲畜并没有带来益处，而是使农民的利益受到损害。游牧民分散地在没有界限的土地上放牧，没有任何事物阻止他们的牲畜进入已播种的土地，摧毁村落里等待收割的农作物（谢瓦利埃，1962）。牲畜越多，男人就越少。由于附近的土地被毁坏，土地所有者用尽力量去获得荒地和壮大其牲畜群。

乡村人口由于死亡或逃离变得分散。皇室开启了集合或征服运动以抵消这种分离现象。印第安人被迫迁移到有新植被的村落，这些新植被种植在文艺复兴式的格子外观的土地上。根据世俗当局和教会当局的需要，一个人口聚集的核心，除了在经济方面会发展得更好外，也更方便于统治和传教。印第安人在新的村落接受土地，并且当地有世俗当局（大村长或市长）或教会当局（传教人）的管理。为了避免印第安人逃离，当然这种情况并不总是可避免的，旧村落通常被毁坏。这种强迫式的再定居是土著人抵触的，有时候对于村落的领主来说也是如此。从人口统计的角度来看，最具意义的便是在相对一致的新的大核心里对印第安人再次分组，分组的人数在 1 000 人到 3 000 人之间。从文化上来看，在同一个地区聚集来自不同地方的人，其融合会把深刻扎根于过去的民族特性逐渐削弱。

这个规模的融合必须是阶段化和估量着发展的。在 1545 年到 1548 年间发生的大型流行病过去后，当局进行了一次大规模的集合。这次集合在整个新西班牙完成，但是由于韦拉斯科总督的去世而中断了（格哈德，1977）。直到下个世纪（17 世纪）的初期，蒙特雷（Monterry）和蒙特斯克拉罗斯（Monteclaros）总督才重新开始集合土著人。在 1603 年到 1608 年之间，25 万印第安人得到再次定居（克莱因，1949；加西亚·马丁内斯,1987），也就是说，大概是在那时幸存人数的四分之一。在秘鲁，通过几次努力后，托莱多总督在基多到查尔卡斯开始了一次与全面征税同时进行的对土著居民的征服（马拉加·玛蒂娜，1972）。在安第斯山脉上的一部分的大型印第安人村落就是从那个时期开始出现的。在新格兰纳达，督察员路易斯·恩里奎（Luis Enrique）于1602年进行了一次类似的行动，但是土著居民的抵抗让这次行动失败了（科梅纳雷斯，1970）。对土著居民更为缓和的征服也进行过，正如在哥斯达黎加中央山谷所进行的一样（梅伦德斯，1978）。

由阿拉伯人引进地中海和由葡萄牙人引进大西洋群岛的甘蔗在新世界出现，在那里有适合其生长的土地和气候。其种植和后期的制作从西班牙岛和波多黎各开始，传到新西班牙低热地带和秘鲁海岸。这里的甘蔗种植于荒无人烟的土地上，这些土地由于印第安人的灭绝或减少而变得无人居住，也就是说，甘蔗的种植并没有让土著居民消失。由于缺乏劳动力，甘蔗的种植需要从非洲引进劳动力，有时候也会需要印第安人作为劳动力的补充。顺便提一下，糖成了美洲出口到欧洲的少量农业产品之一。

葡萄牙人在从印第安人那里抢夺来的巴西海岸的土地上发展甘蔗种植业，具体位于从南部的圣维森特到北部的伯南布哥。刚开始的时候，土著居民成为奴隶，为甘蔗的播种、收割和压榨提供劳动力，葡萄牙王室直到1570年才禁止土著居民奴隶化。在种植场所进行的艰苦工作对土著居民造成了灾难。为恢复遭受的损失，葡萄牙人组成 bandeiras[①]，把未被征服的或逃离的土著人居住的热带雨林或山地夷为平地。耶稣会教徒反对这些袭击，并且力图把土著人汇聚到村庄里，在极端的情形下最终使用武器去保护土著人。在耶稣会教徒的村庄里，印第安人受到保护，然而其生活方式却发生了深刻的变化。他们不能在热带雨林里到处转悠，只能在固定的场所居住。并不是所有的土著人都能适应定居的群体生活。在这里，土著居民的数量一直在减少（施瓦兹，1985）。由于在村庄里死亡、逃离或减少的土著居民很多，其数量就变得不足，于是，种植甘蔗越来越依靠从非洲带来的奴隶。在17世纪，种植劳动几乎只由黑人承担。

采矿业也对土著居民造成了严重的伤害。金矿业所要求的劳作密度导致在西班牙岛上的土著居民灭绝。劳动力被耗尽，沙金矿床被开采完毕，采矿业就来到大陆。在墨西哥或秘鲁，印第安人挖掘井口或山洞，把矿物抽取到地面，把银从矿石中分离出来。印第安人也在新格兰纳达将黄金从土地里挖掘出来（费里德，1967）。印第安人也从万卡韦利卡提取出水银，并且用水银调制出波托西的汞合金（洛曼·比列纳，1949）。银矿区加深了印第安人村落的被侵蚀程度，但使这种侵蚀开始的并不是矿区的建立。

---

① 葡萄牙语，原意为旗帜。

当在墨西哥或查尔卡斯开始进行大规模的矿产开发的时候，印第安人的人口规模就已经在数十年间趋向衰退。贡税份额或矿产苦役消耗了集体土著居民的力量。查尔卡斯省被迫每年派出其人口的七分之一到波托西，其财富和人口没落到其贡税必须时不时重新调整以适应这种衰落（桑切斯·阿尔博诺斯，1983b）。

私人建筑和公共建筑，不管是世俗还是宗教性质的，同样消耗了大量的土著居民的劳动力。天主教会修士、官员和普通人狂热地建造修道院、城市和大房子，在这些16世纪的建筑中留下了建立在石头之上的辉煌的证明。然而，这种努力所意味的生命代价几乎没有被考虑在内。托里比奥·德·莫托里尼亚修士（fray Toribio de Motolinía）把重建在阿兹台克废墟之上的墨西哥城类比为《圣经》提及的瘟疫之一。

如果对于蒙特西诺斯和拉斯卡萨斯来说，土著居民所经历的迅速衰落是有清晰原因的话，那么它们的持续衰落对于后继者就不是如此清晰了。当然，并不缺乏头脑清醒的官员，他们警惕所保护的人的遭遇，提出判断和解决问题的办法。然而，当时的人并没有给予带来灾难的主要原因之一该有的重视，我们将在接下来的内容中谈及这个话题。开发者和征服者自身携带疾病，这些疾病对新大陆造成了不可预见的灾难。

四、流行病

家养动物和植物是由人类带来美洲的，人类所到之处，种子、昆虫或啮齿目，还有在大陆上不为人所知的细菌，也隐秘地留下踪迹。除了人口，欧洲还向美洲输入它的花卉、动物及其病态幽灵[①]（克罗斯比，1972和1986），这样的生态扩张造成了地球上生态的统一。来自欧洲的细菌一直侵袭大西洋另一端的人口。在没几个月的时间里，由于他们带来的饥荒和疾病，在1493年，来到新大陆的西班牙人的数量减少到三分之一。格拉（1985）证实了这种在加那利岛上患上并在船上酝酿的猪瘟一样的疾病。这种情况并不是特殊的，但是总体来说，西班牙人对这些疾病袭击的抵抗力比较好，特别是比印第安人要好。起初是有关于那些在热带地区生病或在到达目的地之前就去世的西班牙人的消息，但是山地和高原对于他们来说更容易适应，在那些地方他们很快定居下来。即使他们对当地细菌没有免疫力，他们也没有患病。美洲从来都没有成为"白种人的坟墓"，相反，美洲却成为非洲和亚洲回归线上的人群的坟墓。

一直以来，新世界没有参与旧世界之间的细菌交换当中。尽管沙漠或草原在欧洲、撒哈拉以南的非洲和亚洲尽头之间出现，

[①] 根据上下文，"病态幽灵"在这里指来自欧洲的病菌或传染病病毒等。

病菌还是在它们之间传播。比如，腺鼠疫，其中心源头在亚洲，但在14世纪就把欧洲摧毁，直到18世纪初才逐渐消失。数个世纪后，经历千年的转变，欧洲人对这些疾病是免疫的。从那时起，年轻人并没有大规模地染病，但是小孩和老人或是虚弱的群体，由于缺乏营养或饥饿，就悲惨地染病了。欧洲人到来的时候，美洲作为一片从未受过这些病菌影响的土地，为其数千年的与世隔绝付出了代价，正如之后在大洋洲所发生的一样。欧洲只是摆脱了居住在热带地区的带菌者所传播的感染性病菌，正如黄热病是通过蚊虫传播的情况一样。温和的欧洲气候阻止其繁殖。然而，在美洲，非洲带菌者在热带地区发现了有利于其病菌传播的环境。

在欧洲人到达前，土著居民就已经患病。这些疾病的痕迹在骨骸或木乃伊上都有印记。已证实存在的疾病包括从呼吸道的病毒感染（流行性感冒、肺炎、肺结核），到肠菌（痢疾），寄生虫（查格斯和卡里翁的疾病或利什曼皮疹），到衰退（关节炎），到性病（梅毒），到饮食引起的疾病（沙门氏菌或甲状腺肿）（纽曼，1976；奥尔蒂斯·德·蒙特利亚诺，1990）。玛雅人把其过去理想化，强调美洲征服摧毁了一个时代的健康（比如，秋玛叶尔区的契伦巴伦之书）。亚利桑那的皮马人（los pimas）遭遇到发病率的细微改变，他们能分辨出"固定的"疾病或慢性的疾病，也就是说，自古以来就被熟知的疾病和由外来人口引发的"巡回式"的疾病（莫比斯，1989）。只有一种传染病，梅毒，其蔓延方向是相反的，就一个说法，是从美洲传到欧洲的。顺便提一句，梅毒并不是最具恶性的病毒之一。

来自旧世界的细菌经过大西洋，碰到了毫无准备的群体，便利用这个机会在他们身上进行大规模的繁殖。有时候只需要一艘船经过海岸，甚至不需要有人下船占领海岸，船员和土著人之间的接触就会产生一个感染的开端，稍后这个开端通过传染在内陆进行扩散。有时候传染病病源是来自西班牙人的。先是比萨罗（Pizarro）在秘鲁染病，到后来病毒结束了印加帝国的生命，并开启了由于美洲征服带来的一系列斗争。天花病也瓦解了阿兹台克对科尔特斯的抵抗。

在那时，传入美洲的传染病中有一些只会在欧洲儿童身上才会产生非常严重的症状：天花病、麻疹、猩红热、百日咳、伤寒、脊髓灰质炎……在由带菌体传染的疾病中以腺鼠疫、黄热病和疟疾最为突出，这些疾病通过老鼠、苍蝇或蚊子传播。贩卖黑奴很快就带来了非洲的疾病：黄热病或天花病变种的疟疾。这两种疾病很快就在大陆的低热地区变成了地方性疾病（库克和洛弗尔，1991）。于1519年在加勒比和于1558年到1560年在巴西出现的天花病被认为是来自非洲的（奥尔登和米勒，1987）。

关于这些疾病的信息在编年史和文件中都有大量记载，这些被记载的疾病用旧的名字或不确定的土著名字记录着：感冒（catarro）、发烧（calentura）、溃疡（bubas）、中暑（tabardillo）、风疹（alfombrilla）、鼻黏膜卡他（romadizo）、黄热病（vómito negro），用纳华语来说，地方性斑疹伤寒被称为cocoliztli或者matlazáhuatl，玛雅语则为gucumatz，或者用凯楚语，叫rupa。尽管疾病的名称仍被使用，比如麻疹或天花，但是在那时是否与其所指疾病一致还是不确定的。现在对这些命名错误的疾病进行诊断时会考虑到所描述的病症和疾病的整个过程，还有疾病感染到了什么样的人群。对于流行病的描述并不少，比如弗朗西斯科·埃尔南德斯在西印度群岛的御医用拉丁文精细地写下的描述（索莫里诺斯·达赫多斯，1982）。埃尔南德斯强调了在1567年出现的疾病主要在年轻人中传染，并没有在老年人中传染，在高冷地带摧毁了印第安人，仅仅在不久后在更小的程度上袭击了非洲人和西班牙人。正如这种疾病一样，流行病通常区分年龄和种族进行传染，并且主要在印第安人当中传染。

第一种来自欧洲的流行病，正如我们所看到的，是始于1493年的。另外一些流行病在后面几年出现，并且加速了西班牙岛的土著人口减少。到了大陆，第一种被记载的流行病是在征服时期摧毁了墨西哥的天花病，并且其流行持续到1521年。洛佩斯·德·戈马拉（López de Gómara）用以下形式描述其起源和影响："这次战争造成了……大量印第安人的死亡,并不是用铁器,他们死于疾病;正如纳尔瓦埃斯(Narváez)的人离开土地一样,[①]也出现了一个患有天花病的黑人,将病传染给其在辛波阿兰劳作的房子里的人,然后一个印第安人传给另一个;由于当时人数很多,他们一起睡觉和吃饭,疾病很快就在他们当中传染开来,直至在那整块土地上传染开并造成大量死亡。由于对于他们来说这是一种新的疾病,于是在大部分的房子里所有人都死亡了,在很多村落里有一半的人死亡……尸体太臭,没有人愿意将其掩埋入土,于是尸体铺满了街道;据说管理人员为了不让人们把尸体抛到大街上,就把房子推倒在尸体上面。"

比起上面所说的情况更轻一点的麻疹于1531年出现,并且在次年重复出现。黄热病在1545年到1548年里以非常残暴的形式攻击着新西班牙。致命的爆发相继出现:在1550年是甲状腺肿;在1550年到1580年间,是地方性斑疹伤寒或日射病。总体来说,这个世纪内最漫长、最严重的就是甲状腺肿的肆虐了。多米尼加人达维拉·帕迪利亚(Dávila Padilla)把这个开端与世纪中期的疾病作比较。"几乎总是——他说——在整个土地上有剧烈的疾病蔓延和造成人口死亡,通常是一些普通的瘟疫集中在一起造成

---

① 指西班牙帝国开启的一次对西属佛罗里达的征服,这次征服以失败告终,幸存者有四个,其中有一个是非洲奴隶。

的。1545年在他们（印第安人）当中出现了严重的疾病，造成80万人死亡。这数字很大，但是相比于1576年和1577年死亡的人口数量来说是小的，在提到的两年间，瘟疫在整个土地上蔓延，速度之快让人们来不及腾出地方埋葬尸体。"

在后期的瘟疫当中——1587年、1595年、1604年到1627年——病症互相交织，并造成饥荒。具体起因很难找出。随着时间的流逝，新西班牙的流行病不再是源自海外地区，而是起源于本土，具有地方性特点。其造成的死亡也开始不那么密集（普雷姆，1991）。

于是，一连串的流行病在16世纪的新西班牙土地上出现，高峰出现在1520年、1545年到1548年和1576年到1580年。在危地马拉听证会上，编年史学的版本与墨西哥的版本几乎一致，除了一些轻微的改变：1519年到1521年、1533年、1545年、1558年到1563年、1576年到1578年，这意味着流行病是从北部开始蔓延的。除此以外，危地马拉还承认了另一些命名仍然不正确的地方性疾病（洛弗，1991）。在波哥大和基多也发现了类似的情况。流行病并不总是从墨西哥来这里的，而是直接从西班牙岛上引入的，就如1556年的天花，或从非洲来的，正如1588年天花和麻疹的开端（比亚马林和比亚马林，1991；纽森，1991）。

始于葡萄牙和非洲的大型流行病也在巴西蔓延。来自里斯本的天花首次出现在巴伊亚，并且情况非常严重，从那时起就在沿海地区开启了长达三年的传播（1562—1565）。那些逃离疾病的人把疾病传到了内陆。定居在环巴伊亚湾区的三分之一的印第安人在这时候死亡（施瓦兹，1985）。黑人替代了印第安人，这样从非洲带来了新的瘟疫。这些瘟疫似乎与非洲西部和安哥拉的干旱、饥荒和流行病吻合。在17世纪和18世纪，比起欧洲的病源，巴西的流行病看起来与非洲的病源更相关（奥尔登和米勒，1987）。

秘鲁的第一次流行病，记载为1524年到1526年，并且被判断为天花，先于西班牙人进入该地区。此后不久，美洲征服爆发，随之而来的就是天花和麻疹流行病的爆发。接下来的是1546年的黄热病，1558年和1559年间的流行性感冒，接下来两年的瘟疫和1585年到1591年间的重大流行病，在这次重大流行病中交织着天花、麻疹、黄热病和流行性感冒。16世纪中期，大陆的北部和南部之间的流行病一致地减少。在1585年到1591年之间，流行病在秘鲁突发，这种情况在墨西哥是前所未有的。一些疾病的开端源于地方性的聚集区，另一些有着不同的来源。我们认为1585年到1591年间的天花由一艘贩卖黑奴的船通过进入卡塔赫纳而传入。从码头到达波哥大，然后从那里经过基多、秘鲁、查尔卡斯，在智利结束。另一些疾病也确认了相同的传染路径。那些年的流行性感冒似乎源于波多西，在利马蔓延，并且朝秘鲁的北部发展（多宾斯，1964；库克，1981；佐拉勒蒙，1982）。

随着时间的流逝，瘟疫也在并不那么宽广的土地上蔓延，这也许是由于人口减少，居民聚集区的空间扩大造成的。人口密度下降，当村落消失后，剩下的人口之间的距离就更大。某些预防性的方法，如在欧洲有着已被证实有效的卫生带或隔离区，都应被采用并且避免受感染的城市间的交流。

流行病的证人，如洛佩斯·德·戈马拉或戴维拉·帕迪利亚，见证了很多疾病。初期教区的书籍和居民花名册的缺乏，以及极少进行过的研究并不能证明这些流行病的存在，但是已记载的情况是确凿无疑的。墨西哥乔卢拉的圣安德列斯和圣伊莎贝尔教区的一次人口普查发现，在1576年到1577年间爆发的黄热病造成了儿童死亡，而且这个现象几乎很普遍；然而，成年人的死亡率则突出加剧到75%（马韦多，1982）。在阿伊马亚（查尔卡斯，查扬塔）的一份洗礼和入土登记的副本中发现，在1574年到1623年间人数有着持续的高低变化。在某些年间，死亡的人数超过了洗礼的人数。比如，在1590年，那时被埋葬的平均人数达到194人，而洗礼的平均人数仅为20人。在这些死亡的人数中，教区牧师把147人的死因归于天花。与乔卢拉相反，14岁以下的小孩在那时的死亡率达40%（埃文斯，1991）。1593年阿卡里（秘鲁，卡马纳）村落的居民花名册缺口让我们隐约看到儿童和年轻人中最新近的死亡影响，但是大量的移民使成年人的情况难以观察（库克，

1981）。

解决这个难题的做法便是减少土著人口。N.D. 库克（1981）为16世纪的人口减少建立了一个模型曲线。根据模型计算，在秘鲁感染天花和记载的流行病的1 000人在理想的时候可以剩下207人，或在1616年最糟糕的时候剩下83人。N.D. 库克的做法证实了这种规模的减少不是不可能的，尽管也没能保证人口一定会减少。

五、对生命的失望

在人口低迷期生育能力充当了什么样的角色？会消除高死亡率所带来的影响吗？在儿童中出现的高死亡率使几年后进入生育年龄的人口减少。一个"空缺"的年代牵连到20年后的出生情况。那么，16世纪的流行病就不仅仅击败了年轻人，而且让具有生育条件的成年人也受到伤害。从乔卢拉的例子中可以看出，流行病不只是影响未来的人口生育能力，而且影响到当时的人口，有不少于四分之三的成年人死于流行病。这个年代的成年人也在其儿童时候感染过疾病，这并不奇怪，于是这批成年人就比之前更少了。流行病连接在一起，其后果又交叠在一起，于是，这使得具有生育能力的人群减少，这些人群应该对此做出反应，然而他们并不能。

这种性质的人口危机在几个世纪后被仔细地研究过（马韦多，1973；莫里，1973）。如果伴侣重组并且保留着生育的冲动，人口危机通常并不会阻止人口数量的增加。因饥荒、瘟疫或战争造成的人口危机通常会在平稳的社会重新出现的时候让步于超高出生率的情况。新伴侣的重组、丧偶的人重新结婚、新的婚姻养育后期出生的孩子，"满"的层段代替了"空"的层段。人口金字塔在这些情况下呈现出圆齿状的特性，但是并没有收缩。在16世纪缺乏类似的情况。

16世纪和17世纪初期的人口花名册中出现了夭折或短小的家庭组，数不清的带着孩子的丧偶母亲，这些人有可能是由于破裂的婚姻、疾病、战役、事故或配偶消失而丧偶的，她们的情况与单身母亲的情况一样，如果不是单身母亲的话，她们是应致力于强制进行基督教婚姻的宗教人士的要求，成为第二任被遗弃的妻子。除此以外，一个更仔细的分析发现，很多家庭没有孩子，或者其孩子很少。人数多的家庭只在富有的人中发现。

家庭没有很多孩子的情况可以归因于儿童死亡人数的增加和避孕措施的传播。在一份从圣多明戈寄给国王的信件中，省教区大主教佩德罗·德·科尔多瓦修士（fray Pedro de Córdoba）害怕又气愤地写道："对生育感到疲惫的妇女逃避受孕和生育；因为怀孕或刚生育的话，她们需要做很多工作；很多怀孕的女性采取措施堕胎，并且已经进行堕胎，其他女性在生育后用其双手杀死自己的孩子，以逃避后期艰苦的喂养。"然后他继续写道，基督徒已经毁掉了这些可怜人的自然生育能力。本来这些土著人就采取避孕措施,于是"这些人不生育,其人口数量也不能翻倍",没有了生育能力后就"不能生育,其人口数量也不能翻倍"。这个多米尼加人揭露了避孕和杀害儿童的行径,并预言土著人群会灭绝,正如在西班牙岛上发生的一样。

几年以后(公元1550年),一个市政公务员,而不是一个教士,法官勒布朗·德·基隆雷斯在新大陆上展示出类似的一幅图景和言论:"在很多村落里,看到这些行为,我清楚那些没有死去的人有方法让其妻子不受孕,而另一些则是通过违反自然常规的渠道接触女性的①,如果有些女性怀孕了,就会想办法在分娩前杀死肚子里的婴儿,说是不希望看到自己的孩子生活在他们所处的监禁和奴役的生活里。"于是拉丁美洲出现了避孕、流产和谋杀婴儿的现象。

18世纪的一篇后期文章中重复了这个言论,但是提出了一个新的想法。P. 古米亚(Gumilla)在他的书《带插图的奥里诺科》(*Orinoco ilustrado*)中解释了以下内容:"在印第安人数量显著减少的地区——他写道——可以看到很多没有孩子的印第安女性,但是这些印第安女性是完全具有生育能力的:她们是与印第安人结婚的;但是同时在这同样的村落中也承认了所有与欧洲人、美斯蒂索人②、夸尔特

---

① 基督教认为肛交是不可以做的,这些人就是通过这样的行为使妻子不受孕。
② 印欧混血人种。

隆人①、木拉托人②、桑博人③，还有与黑人结婚的土著女人，她们都是具有生育能力的，可以肯定她们可以繁衍后代，与被孩子们围绕的希伯来女人一样。"在环境条件相同，但是社会条件不一样的情况下，同样的女性会改变其行为。越高的社会地位，代表越强的生育能力。这个差异并不是种族性的，也不是物质性的，而是出于不一样的思维。"如果一个与印第安男性结婚的印第安女性生育——他继续写道——卑微的印第安人……是屈从的，畏缩于其动力及其天生的恐惧，受迫于赋税，还有……这些女性只会生育第一胎以安慰自己，然后便会食用草叶来避孕。"

同样，对生活的否定也导致他们酗酒，这在印第安人中非常常见，并且通常以自杀结束。自杀的新闻在初期非常多。除此以外，还有对集体自杀情况的记载。关于造成这种对生命的厌倦和阻止了人口的及时恢复的最终原因，总督侯爵德·卡斯特福尔特（Castelfuerte）在1736年精明地写道："所提到的印第安人口衰退的原因是多样的，尽管所有提及这个问题的文章指出这衰退的主要原因在于结扎，以及繁重的工作，正如矿产业的工作，尽管我不怀疑这样的工作、劳役以及其他工作会造成人口数量的大幅

---

①白人与印欧混血人种或白人与黑白混血人种的混血人。
②黑白混血人种。
③黑人和土著人的混血人种。

减少，然而，就算没有这些起因，这个民族仍会灭绝的更为普遍的原因恰恰是其不可避免的状态，即这个民族被另一个民族统治，正如在其他帝国发生的事情一样。原本有社会地位、受人尊敬、拥有财富的民族被他国征服，这自然地使他们不能维持本民族的孩子的出生和养育。"

-4-
欧洲和非洲的建立

在瓜哈纳尼站稳脚跟并且走遍了古巴和西班牙岛的北海岸的三个月后,哥伦布驶回西班牙。其身后在弗内特-纳维达德(el fuerte Navidad)留下了沉没于海洋的圣玛利亚帆船里的 39 个船员。在其第二次航行时,哥伦布认为这个地方已被摧毁,并且这个地方的人已经死亡。尽管有一个不幸的开端,在接下来的五个世纪内,上百万的欧洲人冒险穿过大西洋。西班牙人和葡萄牙人是第一批移民到新世界的,并且在新世界居住。接下来,非洲人赶到,接着是另一些欧洲人,还有少量的亚洲人。本章节只涉及 16 世纪和 17 世纪上半期的移民和定居问题。

一、西班牙人和葡萄牙人

哥伦布第二次航行（1493）给西班牙岛带来了 1 500 个男人，没有 1 个女人。饥饿、疾病和逃离很快就使初期的殖民地聚集区的人口减少了三分之一，在这个地区还包括后期到达的少部分人口。圣多明戈市和好几个要塞由这些人在小岛上建立起来，与此同时，他们最初的孩子出生，这是西班牙人和土著女人的结晶。

西班牙人的统治在 1502 年得到巩固。奥万多（Ovando）的统治者带来了 2 500 人，在这些人当中首次出现了绅士、公务员、手艺人和教士，还有一小部分的家庭。这群人的组成说明了他们有着比发现新大陆的首批开拓者更加深思熟虑的移民目的。那时，旧的和新的居民一起在内陆的 15 个建立起来的城镇中获得居民身份。依附于赋税和私人服务的土著人有义务向他们提供食物和劳动力，多亏了这样，西班牙人可以致力于其他事务和管理。

初期在巴西定居的葡萄牙人是被抛弃的流浪汉或受法律制裁的人，他们以此替换其刑罚。那些幸存的人充当印第安人和移民的中间人，在其流放期间他们已经熟悉了当地语言，并能够使用当地语言。葡萄牙人很快就在当地建立工厂，以向欧洲供应巴西红木，也称染色木，于是这个地区也以此命名。

1. 人流的测量

多少西班牙人和葡萄牙人在一个半世纪的殖民时期移民到美洲？为了可以通过数量来讨论，我们必须拿出那时被保存下来的数据。当时，交易所负责登记离开的人口和到达新大陆的西班牙船只。很幸运地，这份文件从火灾、侵蚀物或搬迁过程中被拯救出来。到达西印度群岛的原始证件、乘客定居的册子和航海登记今天存于西印度群岛的总文档中，并且可以查阅。葡萄牙则没有如此完整的文件。除此之外，从西班牙人在塞维亚建立办公室和船只的接待中，可看出其管理是有效地被巩固的。那时塞维亚是到新世界航海的天然港口，船只甚至是有义务带上随从人员一起出航的。每年受保护的船队很容易被统计。航海或移民的数据在那时并没有被汇集起来。这个工作轮到了现代研究人员的身上。

西印度群岛的档案收集了在 1509 年到 1559 年间离开的乘客的情况，共 3 册信息，这些信息是从文卷中被剔除出来的。这份收集工作中断了 40 年后，又添加了 2 册，包含了 1560 年到 1577 年间的相关信息。这 5 册（西印度群岛总档案，1940—1980）中登记了 25 000 人，这只是一部分穿越海洋的人数。以接下来的节奏直至现在，还有待长期的研究。仅是这份档案中的信息就能加速后人的研究。

信息以良好的状态和一定的顺序被大体保存下来，但因为当时有很多人参与其制作，又因为时间的流逝，这些信息中不排除包含错误：一方面，缺乏年份，有些页面丢失或弄乱，在塞维亚的办公室建立之前所做的备注并不总是一样仔细地列出，或没有半岛的其他港口的资料（雅各布斯，1983）。另一方面，流浪汉也没有出现在档案中，除了出现控告或突然的船只检查以外。这个数据至少是需要在原有的基础上增加的。

秘密进入的人员也没有出现在数据中，但是可以通过船只的限制人数看出。每艘船带有船员和用于越洋的食物，并且装有可以证实这次航海资金的货物。剩下来的空间可用于搭载乘客。不管是合法还是非法的，每艘船都会有一个可承受的人数上限。船上乘客的数量可以超过官方登记的数量，但是不可以超过船本身可承受的人数上限。

从塞维亚的登记开始，于盖特（Huguette）和皮埃尔·肖努（Pierre Chaunu）列出了在1506年到1650年间往来于西班牙和西印度群岛的船只。其12册的内容指出了每次出航船只的种类、其出发和归来的日期、其目的地和出发地、船上装载的货物及其他情况。观察过船只的大小和每艘船进行过的航海之旅后，能够推测出船只的最大容纳人数，因此还可推测出船只可能运送的人数。在这些数据的基础上，莫纳收集整理了表4.1。

其前两栏通过不同的时期告知了进入和离开塞维亚的船只的数

目。回程的数目比去程的数目要少，据推测所缺少的船只上的船员可能是在沉船中消失或者是留在了西印度群岛。顺便提一句，逃离的水手可以作为移民进行计算。这个表格包含了接下来三年的平均数值：船的吨数、船员和乘客、船只的进入和离开的次数、船员和乘客的平均数。右边的总数栏表示没有回程的水手加上乘客的数量。莫纳考虑到在船上可能出现的或沉船导致的死亡，采取了从这个总数中减少五分之一人数的做法。用水手与乘客两个栏目的总数估算了总移民数。

表 4.1　1506 年到 1650 年到美洲的西班牙移民

	越洋		每只船的平均数			移民		
	去程(a)	回程(b)	吨数(c)	船员(d)	乘客(e)	水手(f)	乘客(g)	总数(h)
1506—1540	1 781	1 092	100	30	15	16 536	26 715	43 251
1541—1560	1 511	1 206	150	40	20	12 200	30 220	42 420
1561—1600	3 497	2 408	230	60	30	52 272	104 910	157 182
1601—1625	2 480	1 711	230	60	30	35 912[①]	74 400	111 312
1626—1650	1 366	915	300	80	40	28 864	54 640	88 504[②]
					总数	1506—1600	242 853	
						1601—1650	194 816	
						1506—1650	436 669[③]	

来源：莫纳，1976。
备注：越洋的次数和每只船的平均人数主要来自肖努（1955—1958）的数据。留在西印度群岛的水手（栏"f"）是由去程的船员减去回程的船员得出的，还减少五分之一在船上死去的或因沉船死去的人数。乘客的总数（栏"g"）可通过栏"a"乘以栏"e"得出。

---

① 应为 36 912。
② 应为 83 504。
③ 应为 437 669。

船的容积——可以观察到——随着时间的增加，装载量和乘客也随之增加，同时，船员的人数也增加，这些船员占用了部分所增加的船只容积。同时，航程的次数也增加。总的来说，在1600年到1625年间，船只供给的位置数量最大，每年4 452个。随后，航程减少了。

数据表示，在一个半世纪期间总运载的乘客数量取整数大概为45万人，这意味着是全满的状态。从这个数量中可推断出有进行过好几次航行的人。然而，回程的乘客无可奈何地是非常少的，因为其花费高，位置缺少，因此纯移民只是比乘客数据少一点点。

在美洲的海滩和码头，没有人会记录到达的移民。然而，这些移民在上千份所提供的含有私人信息的文件中留下轮廓、名字和签名，而这些文件正是塞维亚的文件的补充文件。博伊德·鲍曼担心美洲语言的起源，恰恰构思了用出现在海外的所提及的人群资料来完善西印度群岛乘客的目录册。经过复杂的寻找过程后，语言学家在所有的资料中辨认出在1493年到1600年间大概有5.5万人到达美洲（见表4.2），是通过其他途径所辨认出的人口数量的两倍，虽然只是大概四分之一的人口进行了移民。除此以外，博伊德·鲍曼收集到其来源、目的地、社会条件、职业和性别的信息。虽然汇集的数据依然是不完整的，但是被辨认出的人数比例可组成16世纪移民的可变的特性。

表 4.2 1493 年到 1600 年到美洲的西班牙移民起源已识别

	1493—1519	1520—1539	1540—1559	1560—1579	1580—1600	总数	%
安达卢西亚	2 172	4 247	3 269	6 547	3 994	20 229	36.9
埃斯特雷马杜拉	769	2 204	1 416	3 295	1 351	9 035	16.5
新卡斯蒂利亚	483	1 587	1 303	3 304	1 825	8 502	15.5
旧卡斯蒂利亚	987	2 337	1 390	1 984	970	7 668	13.9
莱昂	406	1 004	559	875	384	3 228	5.8
巴斯克省	257	600	396	515	312	2 080	3.8
加利西亚	111	193	73	179	111	667	1.2
瓦伦西亚、加泰罗尼亚和巴利阿里	40	131	62	113	55	401	0.7
阿拉贡	32	101	40	99	83	355	0.6
穆尔西亚	29	122	50	96	47	344	0.6
纳瓦拉	10	71	81	112	52	326	0.6
阿斯图利亚斯	36	77	49	90	71	323	0.6
加那利	8	31	24	75	24	162	0.3
外国人	141	557	332	263	229	1 522	2.8
总数	5 481	13 262	9 044	17 547	9 508	54 842	99.8

数据来源：博伊德·鲍曼，1973 年和 1976 年。

不清楚从葡萄牙离开了多少人,但是估计在1570年左右大概有2.07万个葡萄牙人居住在巴西。他们中有32%的人居住在巴伊亚,29%的人居住在伯南布哥,14%的人居住在圣维森特,剩余的人口散布在沿岸区。同样的时期里,洛佩斯·德·韦拉斯科把在225个西班牙人的城市和村镇里的2.3万户住户,按照每个住户6个人的比例进行计算,总共得出大概是14万个居民,这个数量大概是在巴西的葡萄牙人口数量的7倍。事实上,在他们当中还包括在美洲出生的一些人口。葡萄牙的人口数量是其邻国人口的五分之一,然而却在三个大陆拥有殖民地,于是,葡萄牙就没能把像西班牙给予其在美洲的殖民地那么多的人力资源输出到巴西。

2. 来源和目的地

博伊德·鲍曼在表4.2和表4.3中总结了其收集的在16世纪西印度群岛的不同地区上生活过的西班牙人的私人信息。根据表4.2,他们中超过三分之一的人来自安达卢西亚,这一点都不使人惊讶,因为进出西印度群岛的船只最后都是经过瓜达尔基维尔河。一方面塞维亚接收来自新世界的最初成果,在这里生活并且对新世界感到眼花缭乱的人出航了。水流不只是从塞维亚城及其村落流出。很多别的来自安达卢西亚西部的人,也穿越过海洋。博伊德·鲍曼的假设出发点是美洲的语言源自安达卢西亚的词汇和音调,这也在这些

表 4.3　1493 年到 1600 年到美洲的西班牙移民目的地已识别

	1493—1519	1520—1539	1540—1559	1560—1579	1580—1600	总数	%
圣多明戈	1 145	1 372	389	1 115	259	4 280	8.5
古巴	743	195	32	191	209	1 370	2.7
波多黎各	111	108	51	152	22	444	0.9
安的列斯群岛	1 999	1 675	472	1 458	490	6 094	12.1
佛罗里达	–	701	s/d	239	28	968	1.9
北边境	–	s/d	s/d	s/d	420	420	0.8
墨西哥	–	4 022	2 057	7 218	2 360	15 657	31.2
尤卡坦	–	278	s/d	120	60	458	0.9
新西班牙	–	4 300	2 057	7 338	2 840	16 535	32.6
恰帕斯	–	s/d	s/d	s/d	21	21	–
危地马拉	–	468	s/d	478	151	1 097	2.2
洪都拉斯	–	s/d	s/d	s/d	61	61	0.1
尼加拉瓜	–	137	181	250	16	584	1.2
哥斯达黎加	–	s/d	s/d	226	6	232	0.5
北美洲	–	605	181	954	255	1 995	4.0
委内瑞拉	–	350	s/d	167	67	584	1.2
陆地黄金王国之新卡斯蒂亚和巴拿马	390	957	506	927	431	3 211	6.4
新格兰纳达	–	906	892	1.577①	454	3 829	7.6
基多	–	s/d	s/d	291	208	499	1.0
秘鲁（包括查尔卡斯）	–	1 434	3 248	3 882	3 451	12 015	23.9
拉普拉塔河	–	1 088	600	768	169	2 625	5.2
智利	–	–	999	488	343	1 830	3.6
南美洲	390	4 735	6 245	8 100	5 123	24 593	49.0
总数	2 389	12 016	8 955	18 089	8 736	50 185	

数据来源：博伊德·鲍曼，1973 年和 1976 年。
备注：s/d 表示没有数据。

---

① 应为 1 577。

数据中得到确定。另一方面,塞维亚在那时对于半岛人和外国人来说是一个具有极大吸引力的中心。从非塞维亚人变成塞维亚人的现象并不奇怪。

在安达卢西亚人之后还来了大量的埃斯特雷马杜拉人,因为埃斯特雷马杜拉在地理上位于其旁边。他们占已知的移民总人数当中的六分之一。新旧卡斯蒂利亚争夺第三位。实际上,在16世纪上半期,北部高原是派出人数最多的;然而,在下半期出现了相反的情况:更多的人从南部出发。莱昂位于旧卡斯蒂利亚之后,但是数量就少得多。

位于西班牙南部和西部的五个区域——安达卢西亚、埃斯特雷马杜拉、新旧卡斯蒂利亚和莱昂——构成了移民的主体来源:约89%。剩下的约九分之一是由半岛和加那利剩下的人口组成的,在16世纪的上半期巴斯克人移民的数量也较为突出。还有一小部分的外国人(2.8%)。在利马、库斯科和阿雷基帕的记录中,洛克哈特(1968)摘录出从1532年到1560年间在秘鲁的多种公证事务中留下证据的汇集表。在西印度文件中出现的这些数据与博伊德·鲍曼发现的比例很一致:85%来自同样的五个地区,同样是以安达卢西亚人为首。

除了以地区区分外,还有另一个更仔细的区分。事实上,博伊德·鲍曼(1973)记录了在辨别出的乘客中有三分之一的人来自西班牙的城市。在1520年到1539年间,这些地区只有17个,在人流量高峰期甚至减少到只有 11 个，人流量的高峰期是指在 1560 年到 1579 年间。在同样的这个阶段，一半的乘客数量，并非三分之一，从 39 个地区离开。于是，移民并不是一个广义化的现象，而是局限于西班牙的很精确的情况。移民的局限性始于亲戚和同乡人移民链的建立，并且相当城市化，是当时的潮流。除了出生于欧洲的大都市之一的塞维亚人，实际上，大部分的移民来自卡斯蒂利亚的小城市或大村庄。

到达美洲的移民目的地根据不同的时期有所不同（见表 4.3）。在前三十年，西班牙人居住在那时被开发的土地上：安的列斯群岛和陆地黄金王国之卡斯蒂亚（包括巴拿马地峡）。随后不久，对墨西哥的征服向他们打开了一片新的土地，从那时候起，大陆就慢慢吸收他们。加勒比的血液在一段时间内由新进入的人口进行补充，但是在某个时期里移民甚至只会从当地经过，并没有逗留。在 1520 年到 1539 年间，他们当中三分之一的人口直接进入新西班牙。在接下来的时期，从 1540 年到 1559 年，大量的人口进入秘鲁。这片土地在移民潮的顶峰期间，即从 1560 年到 1579 年成为具有极大吸引力的地方。墨西哥仅仅在一个时期将其取代，在 16 世纪的末期秘鲁又重新占领首位。毫无疑问，南美洲是 16 世纪下半期接收移民的主要地区。所观察到的变化表明移民非常留意机会，并且懂得抓住这些机会进行迁移。

在一份细致的研究中，阿特曼（1992）在特鲁希略（Trujillo）和卡塞雷斯（Cáceres）的记录中发现那些从这两个埃斯特雷马杜拉城市出来的人群的信息。特鲁希略是比萨罗的出生地，在这份文件当中揭示了移民对秘鲁的可解释的偏好：实际上，比萨罗招募了很多他的同乡出征印加帝国。在这批特鲁希略人之后，在16世纪还有超过一半的特鲁希略人乘船出发到安第斯；墨西哥仅仅吸引了四分之一的人口。卡塞雷斯人同样也表现出对秘鲁的偏好，尽管其程度没有那么高。五分之二的移民在秘鲁停留下来，并且在新世界分散开来。于是，同胞之情和家族纽带至少在很大程度上加强了将邻近地区作为目的地的可能性。亲戚朋友链在那时就使他们做出移民的选择，与现在的情况是一样的。个人移民的选择具有多样性，而且移民基于不同的动机和梦想，这些只能通过推测得出的不明显的移民原因并没有出现在数据当中。数据来源，如记录，才刚开始被查阅，然而，正是这些资料使我们有可能想象出当时的情况。

在巴西定居的葡萄牙人主要来自国家的北部和亚速尔群岛。那些在东北部定居的人主要来自米尼奥（Miño）和贝拉（Beira）；众所周知，亚速尔群岛的人主要定居在里约热内卢。一方面，巴西还有高卢人的沉淀，这可以追溯到法属南极和圣路易斯德·马拉尼昂（São Luiz de Maranhão）的建立，这都是葡萄牙人在法国统治稳固之前撤出的殖民地。另一方面，三十年的占领（1620—1650）在伯南布哥留下了轻微的荷兰痕迹。

3. 移民的特点

在远距离的移民当中，那些最先并且出行最多的通常是年轻的和单身的男人。西印度群岛的大冒险也并不例外。直到16世纪的中期，穿越海洋的西班牙女性是很少的。那些穿越海洋的女性大部分来自安达卢西亚，甚至在一个比例上还超过男性（表4.4）。征服稳定了以后，在新大陆上的生命危险降低，更多的女性坐船出发。一些女性陪伴其家人——丈夫、父亲或其他亲戚——移民美洲；另一些女性是被在海外定居的亲戚叫去的。很少女性是独自出发的。尽管这个数字有增加，移民的性别从来就没有得到平衡。在16世纪后期，女性仅达到移民人数的四分之一。

在首批移民中占据主要地位的是士兵和水手、市政官员和军队，还有传教士，除此以外，还不乏商人、律师和手艺人。于是，在这个新队伍中聚集了来自不同社会阶层的人，然而，在其中很少有社会地位极端的人。权贵和农妇几乎不会穿越海洋。权贵不需要从西印度群岛中获得财富或优越地位。仅仅是在后期，当国王向他们托付高职位时，他们才开始到新世界完成其任务，但是并没有在那里定居的意愿。另一方面，农民没有条件解决昂贵的路费，因而不能像其他人那样移民。至于手艺人，洛克哈特（1968）观察到他们当中很多人早期就出现在秘鲁。纺织工、铁匠、泥瓦匠、银匠和其他职业的人组成了在那里定居的西班牙人总数的四分之一。他们所带来的需要体力和智力劳动的工艺和行业对地区发展做出了首要贡献。

表4.4 1493年到1600年女性的移民

	女性	占移民总数的百分比（%）	占安达卢西亚人的百分比（%）
1493—1519	308	5.6	67
1520—1539	845	6.3	58.3
1540—1559	1 480	16.4	50.4
1560—1579	5 013	28.5	55.4
1580—1600	2 472	26	59.7
总数	10 118	16.56	58.16

来源：博伊德·鲍曼，1973年和1976年。

在16世纪下半期，仆人大量出现，占所有乘客的八分之一或九分之一。高官的随从人员向缺乏生存条件的、有野心的人提供了移民的机会。主人负责乘船的证件和船票。仆人自知需要在乘船期间和到达西印度群岛后的一段时间里为其主人服务，当这个时间过去后，协议会重新商讨。如果其忠诚获得了主人的信任，这个主人会尝试把这个仆人留在家中，或者，通常情况下，会给他们报酬或任命书，有着这些东西的话，通向财富或高社会地位的大门就会向他们打开。于是，服务业成了殖民社会里移动的河床之一。在由阿特曼（1992）找出的特鲁希略人和卡萨雷斯人当中，大部分人是与一个家人或一个主人陪伴出行的。单独一人通常不会成为移民。

移民抛弃其家乡有多种多样的原因。有些人甚至是秘密地去冒险；有些人受公共管理的职位招聘或生意的吸引；还有一些人是回应来自美洲的号召。需要提醒的是，当在新世界的居民吸引其同乡和亲戚的时候，就结成了链条，当这链条有时候在好几代人中重复的时候，他们就确保了持续的移民流和在旧世界和新世界之间很密切的连接。

西班牙王室不允许外国人进入西印度群岛，但是还是有些人合法进入了西印度群岛。有时候他们是入籍西班牙后才过去的。在这些人当中主要有意大利人、葡萄牙人、德国人和希腊人。他们首先是商人、水手和炮兵，最后这两个必不可少的职业缺乏足够的专业人士。同样，一些来自欧洲王国的教士也被准许进行传教。另一方面，葡萄牙人可以进入西班牙人的西印度群岛是由于卡斯蒂利亚和葡萄牙之间的联盟关系，在费利贝二世及其接替人的统治期间（1580—1640），在像利马和墨西哥城这样的大城市中建立了坚固的殖民地。他们当中有很多人是新基督教徒，但被认为是信奉犹太教的人，因此在美洲遭受到迫害。相应地，西班牙人也进入葡萄牙人争夺回来的地区——圣卡塔利那和巴拉那，甚至还进入圣保罗，还有北部海岸加固的广场。

正如前面所看到的，接触西班牙人的土著人数以百万计。西班牙人与他们并不是全面性的接触，而是部分式的接触，也就是说，只是与一些特定的村落接触。总之，西班牙人口与土著人口的比例在一开始就是过于失衡的：几百个卡斯蒂利亚人面对成千上万个在西班牙群岛或古巴生活的居民或面对阿兹台克或印加帝国上百万的属民。土著人感染的流行病和遭受到的社会与经济的解体造成了大量人口的死亡，使其人口数量上的优势减少。每年来自海外的数以万计的西班牙移民并不能弥补这个群体人数的不平衡。17世纪初期，西班牙人，加上已经在新世界出生的其后代，一共有15万人；而印第安人的数量，是其人口数量的20倍。于是，西班牙人口数量在殖民时期总是处于少数状态。印第安人主要生活在乡村地带；西班牙人则生活在其建立起来的城市里。

每年4 000人次背井离乡，与卡斯蒂利亚原有的500万居民对比，也就是说，减去坎塔布里亚海岸的人口，竭尽全力到美洲的人大概是这个地区人口数量的0.8‰，这个比例远低于19世纪大量人口移民期间离开本土的比例（第6章）。那时候每年的人口迁移造成了王国的人口稀少，正如17世纪的仲裁人的言论一样。刚开始，在卡斯蒂利亚剩下女性是生育必不可缺的组成部分。除此以外，比起出发到海外的人口数量，周期性地摧毁一个国家的流行病或饥荒通常会损失更多的生命。

葡萄牙移民在性别、年龄和社会出身方面呈现出与西班牙移民相似的特性，但是并不是西班牙的摹本。两个国家的移民的确大多都是年轻单身的男性，女性的数量很少，在社会阶层方面，都缺少贵族移民。然而，被流放的人在初期布满巴西的早期葡萄牙区，这在西班牙的西印度群岛上没有相似的情况。另一方面，王室的绅士则负责对海岸线划分的15个军区司令辖区进行殖民化。之后，由于制糖业发展的高潮，很多手艺人在那时进行甘蔗园的建设和维护。

西班牙和葡萄牙移民并没有如后期的移民浪潮那样提供了大量的人口和劳动力，而是成为深刻变革的动因。欧洲人推动了新大陆的社会、经济和文化的多样化。除此以外，在民族类别上，随着他们还有非洲人和一些亚洲人到来，这些非洲人和亚洲人是违背自身意愿被拖来的。

二、非洲人和亚洲人

在塞维亚所获得的数百个非洲奴隶，在新世界征服期间充当辅助的角色。奴隶来自非洲的西海岸，因此也受伊斯兰教的影响，王室阻止这些会说西班牙语的奴隶的步伐，以保全西印度群岛的宗教完整性。

初期用于奴隶进口的证书是授予制的，正如授予科尔特斯和比萨罗的文件一样，这是对在征服期间造成的损失的弥补或对那些王室官员的帮助。随着西印度群岛劳动力的缺乏变得严重，这样的贩卖变成了更具有经济意味的事务。

《托尔德西里亚斯条约》（*el tratado de Tordesillas*）的签订阻止

了卡斯蒂利亚人进入非洲，该条约是西班牙人和葡萄牙人在瓜分新世界，那些在整个非洲西部进行贸易的葡萄牙商人在大概 1530 年负责供应奴隶。其运作的基地位于圣多美岛（isla de Santo Tomé）。然而，在 16 世纪末期，卡斯蒂利亚王室决定授予他们其中一人贩卖黑奴的特权，并以最好的出价签署了长达好几年的垄断协议。通过一个相当高的价格，商人有权自己每年在西印度群岛的卡塔赫那引入一定份额的西班牙语讲得不好的黑人，从那里分销到安的列斯、韦拉克鲁兹（Veracruz）和农布雷德迪奥斯（Nombre de Dios）。也有商人从卡塔赫那引入黑人到巴拿马，然后到秘鲁，这个过程可能需要好几个月，消耗钱财和生命。另外的一些码头，如布宜诺斯艾利斯，是不对这种贩卖行为开放的。葡萄牙人的黑奴贩卖垄断制度持续到 17 世纪中期。

由肖努（1955—1960）研究过的黑奴贸易许可证和垄断文件看出，卡斯蒂利亚王室在 1551 年到 1640 年之间授权从非洲运出 17 万人口。用那个时期的词语来说是"西印度群岛的物件"[①]，这等同于一个壮年的劳动力。女性和小孩、年轻人和一些畸形的或生病的男性所组成的社会呈现出一个整体的分裂，因此，授权的总数是一个更大的数目。在这个授权的数目中，大概有 10 万人于 17 世纪前 40 年被

[①] 在黑奴贸易时期，黑奴并没有被看作是人，而被看作是物品。

授权予以贩卖。在1640年到1650年间，在葡萄牙背叛伊比利亚王室联盟的时候，黑奴贸易被暂停。

除此以外，授权并没有呈现出实际的收入。在很多时候，黑奴贸易者在完成其份额的过程中碰到困难。同时，因其糟糕的卫生条件，供给食物的减少和日航程的长时间，黑奴装载的数量也会减少。耽搁的时间越长，黑奴受感染的可能性和食物受损的危险就更大。在远海死亡的奴隶在1700年前大概为20%，如今这依然是继续被议论的。最近的说法是贩卖黑奴者对于其"货物"会减少并不担心，船上的黑奴死亡率是不确定的，与其说是因糟糕的遭遇而死，还不如说是因为制度而亡。可以很肯定，贩卖黑奴的大船是相当一部分非洲流行病的潜伏地，这些流行病后来就散播于美洲（克莱因，1986a）。

合法的贩卖活动并没有向西班牙统治阶层提供所有劳作需要的劳动力。强制的高昂费用、王室要求的缺乏远见性和对贸易关闭的某些海岸使得美洲马上出现了黑奴短缺，于是荷兰人利用了这个机会。荷兰在17世纪初期征服了圣多美和葡萄牙人在非洲的市镇后，就有条件地强制成为中间商。

16世纪和17世纪上半期引入西班牙统治区的奴隶源自非洲西部和几内亚湾。从17世纪初后，也有来自安哥拉的。秘鲁是其在大陆的主要目的地。17世纪中期，秘鲁有10万个非洲奴隶，占当地居民的10%。然而，墨西哥在那时大概有3.5万个非洲奴隶，仅占当地居民的3%。在秘鲁低地，北部的糖业庄园和南海岸线的葡萄种植园招用奴隶，也有发现奴隶在负责照顾大型牲畜、在做精炼银和在工厂服劳役，在好些城市工作中也有租用来的奴隶。在城市里，拥有黑奴并且有黑奴在家中当仆人会使这个家的社会地位提升，主人也变得有优越感。在17世纪中期，利马黑奴的数量为1.4万人，相当于利马人口的一半（鲍泽，1974）。

  16世纪末期，巴西不再出口红木，并且将其经济重心定位在伯南布哥和巴伊亚的大型甘蔗种植业上。在圣维森特的经验没有延续，生产从南部转移到北部。巴西在那时候成为最大的欧洲糖业拥有地。刚开始的时候，主人让土著的奴隶和一部分非洲人在种植园工作。海岸处的印第安人急速灭绝，在内陆捕获土著人的费用高昂，并且出征捕获土著人的路径越来越远，还有在生意中积累起来的巨大利益和资金，这种种原因使得他们慢慢地从使用土著人变成了使用黑人作为劳动力。贩卖黑人的活动是葡萄牙人进行的，供应源在航海没几天后就需要节省成本。除此以外，巴西也生产令人渴望的物资（烟、烈酒），以此通过物物交换来获取奴隶。因此，在直接的贸易中，巴西商人使其农作物有了出路，他们放弃了在贩卖黑奴中获得现金，也成功规避了欧洲的中间商。

  在16世纪巴西获得了大概5万个非洲奴隶，也就是说，比起西班牙人拥有的大概少了 2.5 万人。在 17 世纪上半期，相对的位置倒转了。在那时，巴西进口了大概 20 万人，而西班牙语美洲则进口了 13.2 万人（柯廷，1969）。

引进的非洲人口数想必是满足了革新和劳动力扩张的需要，并且也减少了奴隶贩卖活动的资源，俘虏得到幸存，却不能很好地繁衍。被剥削的艰苦条件使他们的生命很短，女性的缺乏使新一代人的出生变得困难。实际上，尽管西班牙王室颁发了法令，要求在贩卖黑奴的船上至少要有三分之一的女性，但是这法令并不总是被遵守，大部分贩卖黑奴的大船运来的都是年轻的男性。尽管如此，这些女性也不能满足群体的生殖需求，更多时候女奴隶是与她们的主人结合并生出木拉托人。混血、奴隶的解放和向未被征服的土地逃跑也是俘虏群体减少的原因。

最近有讨论，在性别之间的不平衡是由商贩和买家，还是由卖家强制形成的。目前还不确定种植园主是否更明显地偏好男性，因为女性通常是在男性旁边完成农作业，这些工作甚至是更艰苦的。相反，供给奴隶的非洲种植园主人和商人确实是有兴趣保留女性以向权贵和阿拉伯世界销售，在那里可以卖到更高的价钱。不管如何，奴隶制度还在之后的数次越洋活动中持续保留。

从 1565 年到 1597 年，来自马尼拉的数千个亚洲人通过阿卡普尔科进入美洲，直至费利贝二世禁止亚洲人口的贩卖活动。这些亚洲人不仅是在墨西哥分散开来，躲藏在总督管辖的首都区和内陆城市（卡尔活，1983），而且也被带到秘鲁。1613年利马的人口普查发现了其来源和职业。人口最多的是中国人，还有日本人、朝鲜人、柬埔寨人、印度人，当然还有菲律宾人，这是一个非常多样的群组，在这个群组中发现他们在亚洲本土中就有先前的迁移活动，不管是不是自愿的。他们在总督管辖区从事的活动主要是服务业和手工业（库克，1968）。

三、城市

如果当年那些来到西印度群岛且人数不多的西班牙人在乡村地区分散的话，他们早就被冲淡，本土社会也会很快地将他们吸收。为了保存他们的身份和继续使用他们的语言和规则，他们需要保持扎堆。于是，西班牙城市就因殖民者的利益而出现，他们也很高兴这样做，因为他们当中很大一部分的人来自城市中心，正如上文提到的一样。西班牙人在新世界重建了他们所熟知的城市，特别是半岛南部刚刚收复的城市。

征服者和居民建立了城市，甚至在后来，利益驱使他们在城市中建起了他们居住的豪宅，并且每年在庄园里住上好一段时间。政府部门鼓励这种行为。甚至有一条法令还规定他们应该在城市里拥有房屋并且至少在每年重要的节日住在城市的房屋里。

西印度群岛的城市是西班牙式的，因为其居民是西班牙人，也因其外观是西班牙式的。其采用了西洋跳棋棋盘式的分布格局，在中心广场的周围是公共建筑和豪宅。这个平面图在西班牙语美洲的现代城市的古老中心保存到今天。只有那些临时的矿业营地，如塔斯科（Taxco）、萨卡特卡斯（Zacatecas）、瓜纳华托（Guanajuato），其建筑使用了形状不规则的土地。甚至是征服的印第安城市也是采用西班牙风格进行再次设计和重建，正如他们在库斯科所做的一样，渐渐地巩固其建筑外观。

土著人的农劳役是在他们主人的城市房屋里，但是那些从事普通劳作的印第安人——建筑、清洁等——是在较远的地方，由一个围栅、一条河或任何地形与西班牙城市分隔。于是，殖民城市含有相互交织的两部分：中心是西洋跳棋棋盘式的，而有印第安人工作的有围栅的地方或区域并不总是规则的建筑。然而，随着17世纪美斯蒂索人、木拉托人和自由黑人等中间阶层形成，初期的隔离出现了破裂，与此同时，随着中间阶层壮大，城区超越了其原始的范围并且包括了其附近的地区。

当殖民者在陌生的土地上随意地获得新发现，并且对环境并不熟悉，但仍在加勒比的小岛和海岸上建立不稳定的设施时，西班牙美洲的城市发展第一阶段就开始了。在这些设施当中仍然存在到如今的位于圣多明戈。圣多明戈在某个时间段里是整个西印度群岛的首都。

当埃尔南·科尔特斯到达阿纳华克并且在那里发现了罕见的由高度文明建立起来的城市时,这种漫无目的的情况就结束了。他察觉到这些城市所包含的象征性价值,就强制排斥土著人的政治和宗教统治。于是,西班牙人把他们初期的城市安置在土著人的大都市之上,把其居民迁移出中心。墨西哥就是这样建立在阿兹台克的首都特诺奇提特兰的瓦砾之上;特鲁希略建立在秘鲁的北部,在旧昌昌(la antigua Chan Chan)的旁边。相当一部分的殖民城市网络复制了土著人的城市网络。

建立和管理一个大陆帝国的需要迫使殖民者在其他地方建立具有新职能的城市,而这种需要并不像土著人那样具有地区性。洛斯雷耶斯(los Reyes)的崛起,即如今的利马,意味着安第斯山脉的首府迁移到太平洋海岸,以使其与大都市的连接更为方便。韦拉克鲁兹、哈瓦那、西印度群岛的卡塔赫那、农布雷德迪奥斯、巴拿马、卡亚俄,以及后期的布宜诺斯艾利斯,都是作为之前不存在的越洋交通首府而兴起的。其他城市,如阿雷基帕,满足了地区交通的需要。洛杉矶的普埃布拉是在新农业的繁荣地区对面建立起来的。总之,其他地方,如波多西或萨卡特卡斯,使冒险建起的矿产营地更高档了。

基础的城市网络很早且很快地形成。在科尔特斯到达大陆后,不到半个世纪里便形成了,而且在很长的一段时间里并没有进行物理上的改造。宇宙结构学者洛佩斯·德·韦拉斯科把189个城市登记在《西印度群岛的地理和总体描述》一书中,该书是基于在1574年前向西印度群岛理事会发出的文件编辑而成的。居民数量是以整数形式出现的,并不是仔细计算后的结果。这些人口资料是具有价值的,它展示出管理层是如何得知这些人口数量,并据此进行文件的加工制作的。除此以外,还可以用此来对城市进行分级。在西印度群岛,那时候的城市空间都由占领者进行过预测和规划。它们的功能——管理、经济和宗教——是具有非常典型的城市特点的(哈多和阿拉诺维奇,1969)。这些功能先于其城市大小。在城市网络发展的顶峰时期,开始出现能与欧洲城市相比较的大城市,正如总督管辖区的首都一样。

一个半世纪之后,巴斯克斯·德·埃斯皮诺萨编写了一份类似的报告——《西印度群岛的摘要和描述》,这本书直到20世纪初才得以出版。在他所提到的331个城市中,只提供了165个城市的居民信息,也就是说,比在1574年提到的城市还少。在两个列表里出现的城市,平均大小几乎是比过去50年高出4倍。很明显,这些城市吸收到大量的移民。更多的城市和更多的居民并不影响主要位于太平洋山坡高地之上的城市网络分布(见图4.1)。

在1574年到1624年间,墨西哥听证会的城市在数量和大小方面都有增加,但是当碰到北部不可逾越的边界线时就没有获得

图 4.1 巴斯克斯·德·埃斯皮诺萨认为的大概公元 1620 年的西班牙城市中心

更多的空间了。在南部，毗邻在那时一直沉寂的危地马拉。作为总督管辖区首都的墨西哥是大陆上人口最多的城市，其1.5万户住户或9万个居民是可与同时代的欧洲大城市相比较的。

在这半个世纪里，在基多、查尔卡斯和加勒比海岸相继出现主要的变化。最引人注目的增长似乎是在基多发生的：在四十年间，城市的数量从16个增加到24个，其居民人数也翻了8倍。在查尔卡斯，城市数量增加了3倍，居民人数也增加了5倍。查尔卡斯在当时包含了高原区，加上拉普拉塔河上的潘帕斯草原，对这个地区的征服在那时还没有完成。在查尔卡斯也是，波多西，作为新世界银矿的主要发现地，其高速发展直到变成新大陆的第二大城市。巴斯克斯·德·埃斯皮诺萨把数以万计的在矿产区或甘蔗园领工资的人数或运送作为赋税收缴上来的东西的土著人数加起来，一共是4千户住户。利马的1万户住户在数量上超过了波多西，但是总督管辖区的管理和商贸首都不需要也并没有如"帝国城镇"那样大量的劳动力。

在所有的城市中，哈瓦那是增长得最快的。从60户住户（洛佩斯·德·韦拉斯科）到1 200户住户（巴斯克斯·德·埃斯皮诺萨），也就是说，增长了19倍。在一起启航回塞维亚的船队聚集点，资金充足的大帆船让等待着它们的码头更繁荣并且吸引更多的居民。哈瓦那在那时取代了作为加勒比首府的圣多明戈。西印度群岛的卡塔赫那，作为承担这项事务的另一个码头，也经历了一个巨大的上升期，从250户住户到1 500户住户，也就是说，数量增长了5倍。在太平洋，多亏了出口可可和布料衍生出来的经济活动，瓜亚基尔成了唯一的一个人口呈现出显著增长趋势的码头。

人口减少的案例几乎没有，但是也有由于自然地理的原因，如地震或火山爆发，出于地方生产减少或安全原因，人口出现减少的地方。1582年和1600年的火山喷发摧毁了秘鲁的瓦努科和阿雷基帕，并且造成了后期其居民的逃跑。1609年的火山喷发迫使当局把尼加拉瓜的莱昂城迁移到了另一个地点。在中美洲，圣米格尔和桑松纳（Sonsonate）也由于地震和火灾而被毁灭掉了。在这样的困难冲突中，其可可的生产被摧毁，以至于后来不可恢复到之前瓜亚基尔进口物资所占领的市场。新西班牙北部、新加利西亚和新比斯开矿产区的一些营地在移民寻找更丰富的矿脉过程中被抛弃。于是，瓜纳华托失去了它一半的住户。阿劳卡的暴动强行地赶走了比奥河（el río Bío-Bío）南部山谷的人，造成了智利南部边界的后退。

葡萄牙城市初期的成长是更温和、更迟缓的。葡萄牙人没有在巴西发现土著人所统治的大都市。奥林达（Olinda）、伊列乌斯（Ilheus）、圣埃斯皮里图（Espíritu Santo）、里约热内卢或圣保罗的海岸处的设施并没有成为不稳定的军队或农业营地。巴伊亚，作为殖民地的管理驻地，在 16 世纪末期尽管有着上千个黑人和已洗礼的土著人，其住户数量还不到 800 户（阿泽维多,1955）。同时，葡萄牙的城市也同时代地采用了地形学，而在西班牙人所占领的美洲土地上却没有如此频繁地使用地形学（史密斯，1955）。引进地理刻线的是荷兰人。在他们统治东北部的短暂时间内，他们根据一份有序的平面图在经常被淹的土地上建立了累西腓（Recife）。

欧洲人更多时候会尊重土著的居住地，使城市的迁移具有持久性，尽管这是与其用意相反的。殖民地城市没有成为丰富土著生活的汇集点，而是成了在大陆以外的城市制度深入发展和连接的关键点。海外的人口、生活的方式、社会和经济组织的模式等通过这些城市进入大陆，这些东西后期都在内陆得以扩散。常见的向心运动被离心运动取代。除此以外，整个大都市的依赖性要求建立适应新的关系需求的中心，最终渐渐地取代了土著人的遗产。

-5-

新 航 线

从17世纪下半期到19世纪前三分之一的漫长时间里,土著人口不再减少,并逐渐得以恢复。伊比利亚人、非洲人或美索蒂斯人的人数增加,然而也没有成为大多数。死亡率和出生率通常很突然的浮动,但是结果还是出生率大于死亡率。这个内增长是由于欧洲人和非洲人的进入引起的。在这个时候移民出现了大量的地区迁移,特别是朝向大西洋的边缘,与此同时,其他移民朝向城市迁移。于是,这些城市就相当快速地在其人数和规模方面发展起来了。

一、稳定

村长和市长辖区的土著人每年需要向教堂的建筑用雷阿

尔支付的贡税的清算使米兰达（1963）计算出在17世纪中期和末期在墨西哥、普埃布拉和米却肯的人口增长。在那三个主教管区的人口平均增长率是28%，有数据表明可能出现了20%的逃税情况。这个数据被拆分为墨西哥32%、普埃布拉19%和米却肯53%。在17世纪的末期，三个主教管区有170 476个已登记的缴纳贡税人，加上他们的家人和寄居者，一共大概是100万，也就是说，博拉认为，三个主教管区加起来的人口比1605年墨西哥中部的人口还要多。到了这个时候，土著人口所遭受到的困境似乎被克服了。

地区以不同的形式发展一部分说明了在它们之间会有借贷[①]。在巴希奥盆地（Bajío），齐齐米卡（chichimecas）流浪汉通常会自由自在地露宿，于是那里可看到定居的印第安人占据当地。半个世纪里，在包括塞拉亚（Celaya）、阿坎巴罗（Acámbaro）、希洛特佩克（Jilotepec）、克雷塔罗（Querétaro）、奥里萨巴（Orizaba）和瓦图斯科（Huatusco）的区域里定居的纳税人数扩大至原本的4.5倍：从2 000个人扩大到9 000个人。同时，排在前头的村落数量、另一些村落的划分和新村落的建立同时发生，这意味着移民人数也增加了。

[①] 这里的借贷指的是人口迁移。

在秘鲁，印第安人在更多的时间里是减少的。当在 1683 年进行新的数字排列时，拉普拉塔省总督表现出对殖民政府持续的人口损失感到担心："在很多年里——总督写道——可以看出秘鲁扩大的省份中所有村落的人口严重稀少的情况，也可以看出持续出现的严重困难，这个困难在于没有应对存在如此普遍的问题的措施，如果一个王国除了城市以外的其他所有部分都如现在正在发生的那样变得衰弱和荒无人烟，那么只拥有主要的城市是不可能保留住整个王国的。"总督把这个行为部分归咎于"土著人口把住址搬迁到城市并且躲藏在他们的酋长和统治者的消息永远都到达不了的地方的方便性……通过附属关系支付赋税的方式来获得自由"。于是，人口稀少还伴随着逃税。如果逃税不意味着人口的流失，那么他们也不会因此停止生育，因为根据记录，移民的生育能力低于稳定人口的生育能力（桑切斯 - 阿尔博诺斯，1983a）。

原始本地人口的情况及其被"外地人"部分替代在表 5.1 中可以看出来，这里汇集了由拉普拉塔省总督于 1683 年为查尔卡斯的地方辖区免除的税率数据。这些地方辖区位于不同的生态层（安第斯山脉的草原、高原、山谷和山脉），因此，能够看出与地理和经济条件相关的人口现象。顺便提一句，"外地人"这个词语，不仅包括新近的移民，也包括从社会中被挖走的工人的祖先。顺便提一下，拉普拉塔省总督是第一个要求同时计算本地人和外地

表 5.1 1683 年到 1786 年间秘鲁高地的土著人口

省份	1683 本地人 1	外地人 2	土著仆役 3	% [2/(1+2+3)] 4	总人口 5	人口比例 6	1786 本地人 7	外地人 8	总人口 9	人口比例 10	1683 年到 1786 年间的增长（倍数）11
草原和高原											
阿塔卡马	211	6	–	3	966	4.5	676	21	3 469	5.0	2.6
利佩兹[1]	240	376	75	54	2 021	3.0	–	–	3 950	4.0	1.0
卡兰加斯	2 251	351	–	17	8 382	3.2	2 045	578	15 174	5.8	0.8
帕利亚	2 287	476	116	23	10 065	3.0	3 986	993	30 428	6.1	2.0
奥鲁罗	1 642	–	292	25	6 819	3.3	–	1 460	6 861	4.7	0.0
查扬塔	4 440	3 312	245	34	26 467	3.3	1 801	6 883	54 620	6.3	1.1
波尔科[2]	3 127	1 891	779	29	22 350	3.9	6 962	1 213	32 117	3.9	0.4
锡卡西卡	1 137	2 255	443	59	13 049	3.4	2 577	3 457	30 794	5.0	1.4
巴耶斯和永加斯											
丘卢马尼	502	805	936	36	8 472	3.8	1 141	7 010	29 766	3.7	2.5
科恰班巴	361	5 488	540	90	33 586	5.2	434	10 451	59 199	5.4	0.5
米斯克	141	365	245	49	2 128	2.8	121	1 764	9 993	5.3	3.7
托米纳	260	840	51	77	4 356	3.8	209	1 759	11 005	5.6	1.5
扬帕拉埃斯（和拉雷塞拉塔）	904	1 637	1 100	49	7 567	2.1	...2 365...		9 851	4.2	0.3
波多西	1 328	–	–	–	4 427	3.3	1 977	663[3]	12 213	6.2	0.8
塔里哈和奇查斯	656	1 137	53	63	6 633	3.5	1 243	2 318[4]	15 156	4.1	1.3
皮拉亚和帕斯帕亚	194	710	572	48	6 672	4.5	257	1 676[5]	9 934	5.1	0.5

来源：国家综合档案馆，布宜诺斯艾利斯。

1 第二次数据是 1792 年的。
2 缺少 1683 年剧院份额的数据。这个增加的计算并没有算上 1786 年那个地区的居民数。
3 64 个土著仆役。
4 410 个土著仆役。
5 155 个土著仆役。

人的统治者，这可使我们分辨出两个群组的来历。

外地人在高地上通常会少一点，在高地上达到总人数的30%的时候很少；在低地，则相反，外地人会超过一半。在科恰班巴有个极端的例子，外地人的数量超过了90%。如果贡税和苦役驱赶了安第斯山脉草原区和高原区的集体社会中的印第安人，那么肥沃的土地和更宽松的社会环境把他们吸引到了山谷和山脉。

外来人并不是来自秘鲁的，而是用这个或那个名称存在于美洲的其他地方，尽管很少出现在见到过的高比例中。那么当印第安人消失后，并不总是被划分到这个等级，而是在通常情况下被划分在混合的群组中。在18世纪的中期，西班牙人和美斯蒂索人组成了在新格兰纳达的通哈城超过一半的人口。人种的混合使这个群组变得丰富，虽然这个群组可能一部分来自普通的文化同化。在智利的北奇科（Norte Chico），土著集体社会的人口保持停滞，其逃亡者却以美斯蒂索居民的身份重新出现在大庄园里。不管如何，人口的大体迁移到那时为止就没有反映在原生印第安人的轨迹中。

西班牙人和葡萄牙人在智利南部边界，土库曼山谷，巴西内陆的sertões[①]地区，亚马孙森林，委内瑞拉的平原或新西班牙北部的平原——这些地区是没有被征服的或者刚刚被占领的地区——对这

---

①原文为葡萄牙语，这里指巴西东北部半干旱的地理区域。

些领土劫掠的目的是寻找可进行劳役的男人，这种情况依然在土著人的村落里持续。根据不同的地方，这种劫掠被称为"maloca"①，或被称为bandeiras，或者集会。在17世纪的中期，仍然是通过这样的方式来获得智利殖民者所需要的劳动力。在土库曼旁边的统治社会里，从1630年到1665年卡尔恰基人的暴乱引发了一次漫长的战争，在这场战争里山谷被毁灭。其居民被迁移到阿贡基哈（Aconquija），甚至是到了布宜诺斯艾利斯和圣菲，也就是说，与他们古老的山脉距离超过1 000公里。

这种摧毁性的行为在巴西以特定的规模存在。捕获队的首领在关口处抓获了上万个野蛮的或者是来自sertões地区的土著人，那个关口是通向农作物的耕地或离海岸近的畜牧庄园，这使得内陆变得人烟稀少。因此，在东北部，土著人消失殆尽，必须要引进非洲人（施瓦兹，1985）。与此同时，印第安人在南部耶稣会的土著人村落里得到了暂时的安稳。这些土著人村落遭受到的持续性包围有时候会被该村落的土著人用手上的武器在传教牧师的指挥下击退。就这样这些村落在一个多世纪里在经济和人口数量上得到繁荣发展。瓜拉尼的传教地区从1641年的36 190个信徒发展到1732年的141 182个信徒，在这个增长中可以看出，传教的成功与农作物产量的高速

---

① 即白人对土著居民的突袭。

增长得到相互印证 [根据梅德（1990）的看法，粗略来看农作物增长速度是每年 2%]。相反，bandeirantes[①]的血腥的远征也在熟悉领土内陆的情况方面作出了贡献，要是没有这样做，就不能容纳后来的人口了。

  矿区的发现使这次扩张得到巩固。17 世纪末期圣保罗的奴隶过着冒险的生活，但这样的生活是既黑暗又悲惨的，但是当所渴望的黄金在去 sertões 的路上出现的时候，他们的生活突然受到动摇。在那里的河流含有黄金，而不是白银，这与安第斯的山丘不一样。一群人急忙到达那片无主土地[②]。首批到达的人是圣保罗人，是他们发现了这个地方，随后巴伊亚人和伯南布哥人来了，甚至皮奥伊海岸的人也来了，他们逆着圣弗朗西斯科河流而上，终于到达了这个地方。在大都市中，上千人在争夺一艘向巴西出发的船只上的一个位置，直至王室在数年后，即 1720 年，出于对大都市可能出现人口稀少的情况的担心，禁止土著人进入殖民地。

  在刚开始，圣保罗人尝试把这个新的金矿留给自己，他们不让其他人进入。北部和东部的线路被关闭。在 1701 年，政府要求出示进入这个矿区的通行证。一切都是无用的，1709 年大概计算出在矿

---

①这里指进行前文所说的袭击的人。
②原文为 tierra de promisión，这里指还没有相关规定或协议承诺的土地。

区已经有 3 万人。这片土地上原有居民的后裔和外来人之间的紧张局势让他们之间发生战争（emboabas）[1]，前者被打败。米纳斯吉拉斯（Minas Gerais）对移民开放。由于在任何一个矿产营地，性别和年龄的分布都是不平均的，死亡率高，伴侣关系少见，自由式的种族间的结合很常见。于是，短时间内出现了很多大城市。在不到二十年间，据说在比亚里卡德欧鲁普雷图（Vila Rica do Ouro Preto）就有大概 10 万个居民，排名仅次于墨西哥和利马。

没有人会拒绝接收黑人奴隶，他们提供所需的劳动力，而且也不需要与他们分享利润。根据用于按人分摊的赋税收入登记，在 1736 年的第一个季度，不算上逃税的情况，在米纳斯吉拉斯就有 98 730 个奴隶，还有 1 384 个自由黑人（博瑟尔，1969）。根据不同的地区，奴隶分布情况如下面的数据所示：玛利亚那（Mariana），作为主教驻地，26 752 人；萨巴拉（Sabará），24 284 人；比亚里卡（Vila Rica），20 904 人；里奥达斯莫特斯（Rio das Mortes），14 471 人；塞罗弗里奥（Serro Frio），8 988 人，还有内陆，3 331 人。金矿更多出现在内陆地区：库亚巴（Cuiabá）（1719），戈亚斯（Gioás）（1725）和瓜波雷（Guaporé）（马托格罗索，1734）。其发现促成了人们共知的朝向矿区的外露矿脉的组成。相反，后期钻石的

---

[1] emboabas 在这里指 1707 年到 1709 年在巴西发生的关于抢夺金矿的动乱。

发现并没有引起那么大的骚动，因为从早期开始，王室独享了开采，并且禁止个人开采。高企的劳动力死亡率，加上一连串的发现，要求持续性的奴隶替补，这就造成了不断的黑奴进口。

从 1701 年到 1760 年，按照每年大概 1.6 万人的数量，也就是说，比 17 世纪下半期的平均值翻 4 倍的数量，几乎有 100 万非洲人进入巴西（柯廷，1969）。至于这些人口的来源，苏丹人因其更好的抵抗力而更受欢迎，但是班图人最后在这个群体中占大部分。在 1741 年到 1750 年间，黑人贩卖商带来了 13 万个安哥拉人，而来自几内亚的黑人只有 5.5 万个。

相反，西班牙人统治的地区被停止供应奴隶。这种贩卖活动在 1640 年到 1651 年一直保持禁止状态。在 17 世纪下半期所进行的数次贸易经历——直接的管理、垄断份额、几内亚湾的法国公司——并不能保证规律的大量供给奴隶。根据柯廷（1696）的看法，于 1651 年到 1700 年进入西班牙美洲的非洲人有 16.3 万人。当西班牙向英国让出贩卖黑奴的权利时，这个数量并没有增加很多。《乌得勒支条约》（*tratado de Utrecht*）（1713）授权英国在坎佩切（Campeche）、韦拉克鲁兹、哈瓦那、卡塔赫那、波托韦洛、巴拿马、加拉加斯和布宜诺斯艾利斯进行奴隶贸易份额的再次划分。英国王室让出其权利给南太平洋公司，该公司保证在 37 年的黑奴贸易垄断期间引进大概 14.4 万个奴隶，但是最终没能兑现人数上的承诺。于是，轮到了英国人进行法国人和荷兰人曾经做过的走私行动，主要是在委内瑞拉的海岸进行。公司的好一部分的利益随着这种密集的不正当"货物"贸易得到补偿，而它本是可以进行其他贸易活动的。

关于欧洲人的进入，大概有 20 万个葡萄牙人在那时进入了巴西，也就是说，是引进的黑人数量的五分之一。来到西班牙美洲的有加利西亚或加那里的殖民者，他们受王室的派遣来到荒无人烟的地方或具有战略意义的地方进行开拓，正如拉普拉塔河的潮淹区——在那里建起了蒙特维的亚（1726）——加勒比群岛和新西班牙北部的边界。除此以外，印第安人捍卫家园的行动迫使殖民者派遣大都市的军团。已婚的士兵在他们家人的陪伴下赶到。合约兑现后，或因逃离而在合约兑现之前，大部分的军人宁愿重新应征入伍或留在西印度群岛；军官是选择回国的最多的人群。殖民者和士兵组成了多样的移民群体，而这个移民群体政府并不能从先前并不了解的模式中推测出来。

在迪茨·德·拉·卡尔（Díez de la Calle）和欧克劳利（O'Crouley）的作品比较中，博拉（1951）推测出在 1646 年到 1774 年间在墨西哥的好几个城市的人口增长。杜兰戈（Durango）的西班牙住户数量翻了 29 倍，普埃布拉的住户数量翻了 13 倍，巴亚多利德为 10 倍和瓦哈卡（Oaxaca）为大概 7 倍。其他城市，至少也翻了 2 倍；只有库利亚坎（Culiacán）的人数没有改变，阿卡普尔科（Acapulco）的人口减少了。一方面，案例一共有 11 个，但是这意味着在双方信息被分开的 128 年间西班牙城市人口的巨大增长。另一方面，核对巴斯克斯·德·埃斯皮诺萨的数据和科西姆·布埃诺（Cosme Bueno）的数据（从 1628 年到 1761 年），可以隐约看出秘鲁人口有着更长时间中断的增长。在众多最具活力的城市中，拉巴斯在那时的居民数量翻了 13 倍。

更多的出生人数、社会迁移、领土扩张、城市聚集和大量移民是不同地区人口恢复的明显的征兆。然而，大量的死亡使人口数量的再次增长停滞了。饥饿或流行病，或是两种情况一起，都是死亡危机最为普遍的原因。这一系列的情况使新西班牙的基础粮食的价格，如玉米（弗罗雷斯卡诺，1969），出现明显的浮动。物资匮乏不仅增加了死亡人数，而且把婚姻和受孕的时期也推迟了。图 5.1 中就描述了在 1650 年到 1810 年间在扎卡特科（Zacatelco）的土著人口年度迁移的变化情况，展示了饥荒或者随之而来的流行病是如何把活人清空，特别是儿童，还有受孕和婚礼是如何延期的。危机使正常的行为变得无序。

1692 年起，教区登记清楚地表示出埋葬人数超过了受洗礼的人数，因此，人口数量减少。在图 5.2 中，也涉及扎卡特科，用标黑的方式强调了这些减少的数量。在 18 世纪末期和 19 世纪初期，人口减少的情况不仅在农村里越来越常见,而且在城市里也是如此。比如说,在布宜诺斯艾利斯,高峰期在1642年到1643年、1652年到1653年、1670年、1675年、1687年、1694年、1700年到1705年、1717年到1720年、1734年和1742年间出现(贝西奥·莫雷诺,1939)。比起饥荒,起因更多的还是流行病。在

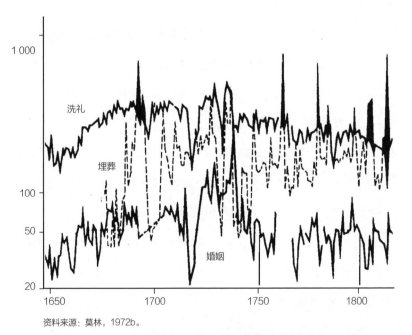

资料来源:莫林,1972b。

图5.1　1650年到1810年扎卡特科土著人口的年度迁移

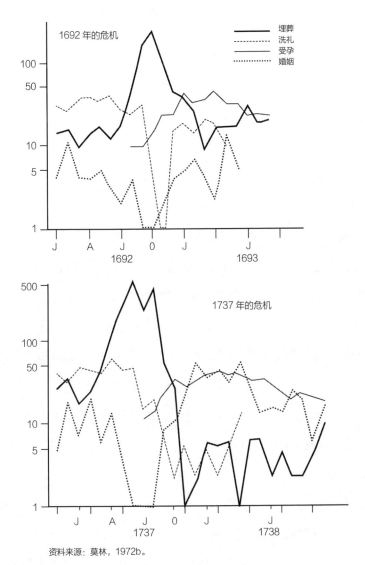

资料来源：莫林，1972b。

图 5.2　1692 年到 1737 年间在扎卡特科的危机：洗礼、受孕、埋葬和婚姻

瓦尔帕莱索，等同的高峰期相当吻合，出现在1687年、1694年、1706年、1713年和1718年（塞耶·奥赫达，1934）。另一些证据使人回想起在新西班牙、新格兰纳达和基多类似的危机（弗罗雷斯卡诺和马尔维多，1980；库克和洛弗，1991）。

那个时期最严重的瘟疫想必是从1717年起就摧毁了秘鲁总督管辖区的腺鼠疫。瘟疫起源于在布宜诺斯艾利斯靠岸的一艘贩卖黑奴的船上，传播到河域上游，直到巴拉圭遥远的米西奥内斯（misiones），在那里大概造成了五分之一的人死亡。另一方面，瘟疫到达了"上省区"（秘鲁高地），并从那里传到了秘鲁低地。"这个王国中有二十五个省份遭受到——圣克鲁萨达（Santa Cruzada）的法庭对国王说道——这个全面性的灾难，可怕的瘟疫造成巨大的危害，从其被发现开始，就是最严重的瘟疫之一，因为……摧毁了村落、城镇和城市，使这些地方变得动乱不堪和荒无人烟，根据神父和总督的统计，在很多地方死亡人数达到了四十万，很多房屋里空无一人，上帝在严肃地惩罚我们的过错。"关于库斯科，他指出，"……在那里有6.6万人死亡，每天在大街上都可以看到被狗分尸的躯体上演的血淋淋的戏剧，因为活人没有勇气去埋葬这些死人。"最受折磨的社会阶层又再一次是来自"低等地位，这是更容易经历类似命运的主体"。"那些西班牙人——在写给总督的信函中利马的御医补充道——有规律的饮食，食用被我们称为 multe virtutis et pauce molis①的食物，在这些地区，他们不容易受到感染并死亡。"（科林，1966）

在那时候，在麻疹、腺鼠疫和来自旧世界的其他感染病的基础上还要加上来自非洲的疾病，这些非洲疾病在热带海岸低地处发现了最优的繁殖条件。还有携带黄热病病毒的蚊子在大概1648年席卷了古巴、韦拉克鲁兹和尤卡坦的海岸地区，在那里，"黑色呕吐物"直到最近的年代才消失。大概在半个多世纪之后，系统性的运动才使其从那里连根拔起，消失殆尽。在疾病朝南部扩张的过程中，在1685年于巴西东北部出现，两年后，在16个月期间使加拉加斯不得安宁。在巴西，这个疾病叫"peste da bicha"，首先是在城市里以地方性的形式固定下来，除此以外，这个疾病更偏向于攻击上流社会阶层，当中也有欧洲人。当时的一位观察员写道："这个传染源没有使在巴伊亚和伯南布哥的黑人、木拉托人、印第安人或混血人种得病，这是值得思考的。因此，对于这些病人来说，他们并不缺乏服侍他们的健康仆人，这些仆人也在各种需要的方面服侍他们；然而，从前那些把他们带到城市的人不愿意再冒着自己的生命危险这么做，因为在那里传染是如此疯狂。"（阿泽维多，1955）"海岸码头的地方性疾病和美洲温

---

① 原文为拉丁文，意思为数量少且能量大。

热的气候——这是阿尔瑟多在一个世纪后定义的——周期性地攻击刚刚到达的欧洲人，并且造成了如此大的灾难，更严重的是在波托韦洛（Portobelo），这种疾病在大帆船上停留下来过冬，因为船上所有的船员都死去了。①在韦拉克鲁兹、加拉加斯和卡塔赫纳出现的情况也差不多，因为这种疾病能治愈是非常奇怪的事情。"

地震和火山爆发也时不时地摧毁着城市。人口众多的首都崩溃，忍受着这一切的居民一次又一次地致力于重建住宅或陵墓，正如在坦塔洛所发生的惨况一样。在这样的造成大量生命死亡的灾难当中，我们大概只记得1678年、1687年、1725年和1746年的地震摧毁了太平洋的南美洲海岸。

总的来说，平稳期直到现在还不怎么被认知，掩盖了其复杂的过程，而且其时间也是矛盾的。似乎墨西哥对于这种长期的衰退很早就有了反应。其定居的土著人口潜入北部或支撑着城市的人口发展。巴西的内陆在那时经历着巨大的发展。依靠扎营为生的自由土著部落建立起了社会，社会富有的同时还很荒诞，这个社会吸引了勤劳者，把增长的大量的非洲人口推到奴隶桎梏中去。在西班牙语美洲的南部，直到进入18世纪，土著人继续衰落。过多的工作、赋税的压力和食物的不足继续对其生存施加巨大的压力。然而，人烟

---

①这里指疾病使船上所有的人死去，于是就没有办法传染更多的人，于是就说疾病在船上过冬了。

稀少程度不比居民花名册记录的更甚,因为那些逃避土著居民村落的领主和总督所管辖范围的赋税的人还活着,并繁衍出后代。后来,那些逃跑者的后代返回家乡,这就造成了人口增长,这个增长也许在生物学方面并不是如此重要。除此以外,又有多少人忘记了自己的印第安血统,把它与扩大的混血人种混为一谈呢?

二、扩张

从18世纪最后三十年起,那些因素——饥饿、流行病、卫生条件——不仅在欧洲,而且在美洲,减缓人口增长,降低人口密度,使得人口增长更具规律性。与此同时,人们从地区、城市或大陆迁移出去比之前更容易。整个世界范围内的生产活动和交换活动的发展也有利于类似的扩张。然而,经济变化和人口变化根据不同的地方以不同的形式交织其影响。

广泛的乡村地区人口众多,每个地区都根据当地主要的农作物种类发展。在安第斯山脉地区,16世纪的人口灾难摧毁过的墨西哥和中美洲的大部分地区保持着一种生存制度。这并不意味着全面的自给自足的经济,因为由地方长官要求的赋税和所强迫上交的食物份额,加上其他的程序,迫使了印第安人在市场上出售他们的部分生产物品或劳动力。然而,这部分是很少的;实际上,农民几乎是为了勉强生存而劳作。于是,在他们当中依然存在旧时的人口状况:

寿命短暂和低出生率。

在另外一些地方强制实施大规模的剥削行为，以满足出口需要，当缺乏合适的交通运输能力的时候，其潜力并没有最大限度地发挥出来。那时候，最活跃的地方和人口增长最多的地方位于朝向大西洋的地区，因此人口中心轴从太平洋迁移到了东部，与征服之前的分布相反。

根据杜兰德的估算（1977），美洲南部和中部的人口在1750年到1850年间增长到一个无比重要的积累比率，稍微比年度0.8%的比率要高。正如所有的平均值一样，它包括了不同的增长速度。

图5.3呈现出面积具有可比性的四个地区的人口快速增长。所有的这些地区的居民数量都翻倍（刚开始时是10万人），在1750年到1850年间翻了4倍或5倍。这些地区是古巴，位于现在哥伦比亚的安蒂奥基亚—考卡地区，智利圣地亚哥主教管区和巴西圣保罗的军区司令辖区。两个位于北半球，两个位于南半球。这四个地区的地理位置基本上没有相似的地方：其中一个地区是加勒比热带岛，另一个地区位于北部的安第斯高山谷，第三个地区位于南太平洋的温和地带，最后一个地区同时包括南部大西洋的高原和海岸。

这四个地区的历史或人口发展也不相似：第一个地区是依靠奴隶获得利益的种植区；第二个地区，偏远且衰落，到达南部并且超出边界线（帕尔森，1968）；第三个地区，经过多年的忧虑后变得安稳，

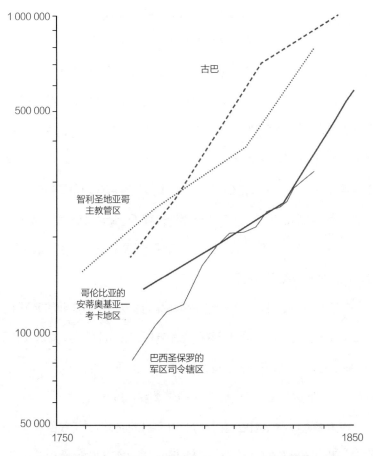

资料来源：古巴数据，格拉，1971；智利数据，卡玛纳尼，1967；圣保罗，利桑蒂，1962—1963；安蒂奥基亚—考卡，维加拉和韦拉斯科，1891。

图 5.3 1750 年到 1850 年古巴、智利圣地亚哥主教管区、巴西圣保罗的军区司令辖区和安蒂奥基亚—考卡地区的人口增长趋势

靠其自身的努力获得生存；至于最后一个地方，是开放的领土，不管是对西部和北部的草木丛的魅力，还是对南部的殖民化，还是对海外的欧洲。在这四个地区中，两个朝向大西洋，两个朝向太平洋。古巴和巴西圣保罗的军区司令辖区从外面接收到大量且稳定的人口；在智利圣地亚哥主教管区或安蒂奥基亚—考卡也发生了同样的情况。古巴人口普查的工作做得最好，而且移民使其人口增长得最快，同样也是移民人数上升最急速的地方；其人口几乎每25年翻一番。安蒂奥基亚—考卡是最为封闭的地区，其人口增长较慢：首先是用了半个世纪翻了一倍；然后，在另一个二十五年中又翻了一倍。尽管每个地区的情况都是不一样的，但所有地区的人口都是明显增长的，这种增长程度可以在半对数图表中看到。

前面的例子不是唯一的，也不是特殊的。在拉普拉塔河的另一个人口规模上，其增长趋势是重复的（拉特斯，1986）：委内瑞拉（隆巴尔迪，1976），波多黎各（皮科，1986），圣多明戈（莫亚·旁斯，1974）和哥斯达黎加（希门尼斯·卡斯特罗，1956）。

在土著人口群体重复着所有农业社会初期必须进行艰苦劳动的地方，人口的增长就更慢了。在墨西哥近期进行的教区登记的众多研究中表明了在1650年到1737年间所观察到的人口快速增长，这个增长的速度有时候会接近3%，直到大概19世纪才出现了更慢的速度，这说明了多次人口危机（拉贝尔，1990；佩雷斯·埃雷罗，

1990）。在图 5.1（扎卡特科）中可以明显地看到人口增长的减速，并且在图 5.4 中得到证实。图 5.4 体现了在洛杉矶的普埃布拉城的教区人口迁移登记系列数据，这个教区是阿那科（Analco）土著人占主导地位。阿那科的人口增长出现停滞，不仅在印第安人当中，也在西班牙人和种姓制度的人群中出现停滞（库恩亚，1987）。

在安第斯山脉，一些地区的发展与其他地区的显著衰退相互交替。在 1780 年到 1825 年，在基多、东部（Oriente）和中部山脉（Sierra Central），特别是里奥班巴（Riobamba）、阿劳西（Alausi）和昆卡（Cuenca），居民人数有所减少，与此同时，在瓜亚基尔和马纳比（Manabí）海岸，人口数量翻了一倍（哈梅利，1973；明冲，1986）。在秘鲁，于 1792 年到 1827 年间，特鲁希略也损失了人口，在皮乌拉（Piura）海岸就没有在山脉和亚马孙盆地损失那么多的人口（[卡哈马卡] Cajamarca 和 [查查波亚斯] Chachapoyas）。然而，库斯科的管理使其人口增长了 18%；在利马、塔尔马（Tarma）和阿里卡（Arica），人口增长就更慢，在 7% 到 10% 之间。更往南部，在秘鲁高地，所引用的表 5.1 留下了前面增长的证据（1683 年到 1786 年），不同的地区的人口增长趋势由于外来人群不同而不一样。

最新的地方研究证明了很难规范地缩减生育率。总体来说，生育率似乎是高的，因为女性通常很早结婚，比欧洲要早七年。在恰帕斯

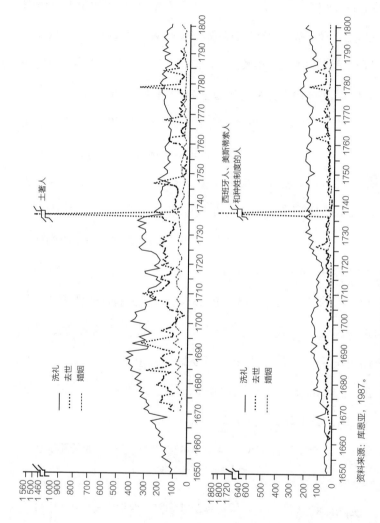

图 5.4 1650 年到 1800 年阿那科（普埃布拉）人口的年度迁移

资料来源：库恩亚，1987。

的土著聚集地，克莱因（1987b）观察到女性结婚的平均年龄为 16.8 岁，在 27 个月后会有第一胎，也就是说，在 19.1 岁的时候开始生育。要是真的如此早熟的话，她们大概会生出 9 个孩子；然而，这些土著人比欧洲女性的受孕间隔时间更长，生育的孩子数量更少。那些超过 30 岁的已婚女性身上出现的过早不孕的现象，不管是因为经济困境影响了她们的健康，还是因为一夫多妻或是由于配偶的年龄差异大，这些会使受孕的间隙更长（萨利纳斯，1982）。在分娩后母亲死亡的高比率，加上儿童的高死亡率，在同样的意义上造成了人口数量少。

城市上流社会的女性，正如布宜诺斯艾利斯商人的妻子，与乡村地区的女性相比，婚礼举行得更晚，自然而然地她们是在年龄比较大的时候，孩子才出生（索科洛，1978）。除此以外，在这里，孩子的稀缺也有社会原因：这个阶层的一些女性会到修道院去，而另一些女性选择一直单身，是因为没有找到能配得上她们的丈夫（阿伦，1985）。

经济原因投射在生育率上，有时候相反的征兆也会出现。由于耕地危机引起高死亡率，丧偶的男性和女性尽力去结婚，使因死亡中断的生育循环再次运行。相反，特别是在农村里的被迫害的父母，他们抛弃了自己无法养育的后代（马尔维多，1980）。

抛弃儿童的事情时常发生。在这些儿童中，也有一些因为其他原因被抛弃的，比如说，不同社会或民族地位的伴侣的非婚生的孩子。私生儿比例很高，这些私生儿常常成为孤儿或教会的孩子，这意味着很少女性会去做流产，因为流产是在道德上受到谴责而且在法律上会受到控告的。根据教区或庄园洗礼册可知，到处都是私生的子女。作为参考的例子，诸位可以看一下关于这个话题的众多研究。我们在这里仅限于提一下它们的出处：马尔西利奥（1968）关于圣保罗的研究；克莱因（1969b）关于米纳斯吉拉斯的研究；卡玛纳尼（1972）关于查尔卡斯和圣路易斯波多西（San Luis Potosí）的研究；卡尔沃（1973）和莫林（1973）关于普埃布拉乡村人口的研究；梅亚弗和萨利纳斯（1989）关于智利的研究；佩雷斯·布里尼奥利（1989）关于哥斯达黎加的研究……

前面的列举表明这个现象在巴西和西班牙语美洲十分广泛地存在。根据时间、地点、条件和民族群，他们的比率也不一样。私生身份也与伴侣所属的群体的内聚力有关。传统观念的根深蒂固，加上传教人和酋长执行的有效控制，使得私生儿的比率在土著人中非常低。比如说，在萨卡特科和阿卡钦戈（Acatzingo）为 4%。在社会阶层相反的一端，西班牙人通常也呈现出一样低比率的私生儿。然而，高比率的私生儿在美斯蒂索人、木拉托人和奴隶中最多。美斯蒂索人大部分受到社会的排斥，而作为劳役主体，他们也不能很好地享受稳定的婚姻生活，于是在他们当中出现高比率的私生儿并不奇怪。与其说是其种族，还不如说是其生存条件使他们有着高比率的私生儿。木拉托人或自由的黑人，由于有着更为稳定的纽带，他们的私生儿比率比同种肤色的奴隶的私生儿比率低。

如果群体内聚力放松，性规范和婚姻规范就会放松，私生儿的比率就会提高。比如说，当摆脱枷锁的人聚集在一个村落、种植园或矿区里的时候，移民一定会导致私生儿比率增长，与此同时，地方也会变大。超过一半的已接受洗礼的儿童作为私生儿或弃婴并不是不常见的。总的来说，私生儿的人数是最多的，也是变化最多的，而弃婴的数量相对更少，但是持续地存在。私生儿的爆发式增长在地区找到新的内聚力之前可能会经历数十年。群体定居下来，在一段时间后私生儿的低比率状态会恢复或在开放的群组中惯常的比率会得到巩固。

这个时期的高生育率，因高死亡率和婚姻习惯而下降，与殖民化最初的几个世纪的土著农民的低出生率形成对比。

关于死亡率，抛开本章节前一部分所分析的生存和饥饿危机，流行病一直在展现出其可怕的一面。天花、麻疹、痢疾、伤寒是普遍的灾难，这里并没有算上流感。除此以外，在低热土地上还有霍乱和黄热病。关于墨西哥城的情况，我们有一个包含五种流行病的仔细的研究（库柏，1965）：1761年的斑疹伤寒与天花萌芽期相吻合；另一种诊断不确定的瘟疫（白喉？），其不幸的后果加上饥饿，在1784年到1787年间发生；1797年到1798年间天花流行；最后是1813年的流感。这些浮动都可以与前面看到过的信息相比较，但是在密集度方面并不与征服时期的等同。在半球的另一个极端，贝西奥·莫雷诺（1939）在布宜诺斯艾利斯查阅过的登记资料中发现另一系列的流行病（发生于1796年、1799年、1803年、1809年、1817年、1823年、1829年、1843年和1847年）。比墨西哥的流行病规模要小，但并没有因此而减少其频率。在太平洋海岸区的瓦尔帕莱索，在1783年、1803年、1822年、1832年到1833年、1840年和1846年发生了其他流行病。日期的吻合程度是具有意义的。对于在中间年份里所发生的事件，就知道得更少了。于1766年在加拉加斯出现的初期天花使城市居民减少到原来的四分之一。

无法隐藏的事实开启了一次对抗天花的战役，而这次流行病很久后才被确定为天花。天花病在1799年到1780年间和1797年到1798年间传入美洲，直到哈维尔·德·巴密斯（Javier de Balmis）大规模地在美洲和菲律宾进行远征，天花疫苗才在有限的群组中传播。巴密斯于1803年从加利西亚启航，他带上了一组医生和护士，还有22个手臂上带有脓疮的儿童，他们从这些脓疮中抽取了疫苗。巴密斯首先到达了波多黎各，从那里到了卡贝略（Cabello）港和加拉加斯。在那里给居民接种了疫苗以后，也在库马纳（Cumaná）和马拉开波（Maracaibo）给居民接种了疫苗，然后继续前往巴兰基利亚（Barranquilla），从那里离开后派遣一个分队去萨瓦尼（Salvany）。巴密斯向哈瓦那和梅里达（Mérida）出发。在尤卡坦分出了第三组向危地马拉出发。然后巴密斯到韦拉克鲁兹、普埃布拉和墨西哥，从那以后，开始到北部。再次回到墨西哥后，他又去了阿卡普尔科，从那里坐船到菲律宾。最后回到加的斯，在此前他已经打着博爱的旗号环绕了世界一圈，这在世界上是没有先例的。

在美洲的团队兑现了其承诺。萨瓦尼派了一支队伍从巴兰基利亚到巴拿马，与此同时他到了波哥大的圣菲，并且深入基多、昆卡、皮乌拉、特鲁希略，最后到了利马。从主督首都分出了另一个分组向瓦努科进发，然后调头向南，在智利结束行程。由萨瓦尼带领的团队中心经过了阿雷基帕、普诺（Puno）和拉巴斯，在穿过高原的五年后，在布宜诺斯艾利斯结束了其任务（迪亚斯·德·伊劳拉，1947；史密斯，1974）。

这奇迹般的行动只是马上获得了有限的结果。尽管规模庞大，但是只能给一部分儿童接种疫苗。在墨西哥，给10万人接种了疫苗，也就是说，每五个人中有一个人接种了疫苗（库克，1941，1942）。巴密斯在征程途中通过在公共地方和专业人士之间传播疫苗接种知识，同时也对专业人士进行预防流行病的行动给予官方支持。

码头和大型城市是最先受益于疫苗接种的，其中主要是上流社会可以接受疫苗接种。在平民阶层中，不管是城市平民，还是乡村平民，传播得更慢。尽管疫苗的接种是免费的，但是人们不可避免地对此感到害怕。即使天花的毒性减少，在19世纪好长一段时间内依然肆虐。在1842年，秘鲁授权财政官在瓦伊拉斯（Huaylas）对印第安人进行户口登记时写道："由于在这个省份里缺乏疫苗液的传播，天花让人们不断地感受到其致命的后果，由于那种流行病的危害，不断有已登记的整个家庭在1836年天花肆虐的时期消失。"然而，在1848年，这个登记工作的接替者可以庆祝一下："流动接种员的疫苗接种传播制度是由最新一届的议会确立的，首都的疫苗保存则由区域职称医生负责，在其他村落则由教区首领和地方政府部门负责，这样的做法把受到天花折磨的相当一部分病人从死神手中抢夺过来。"至少在秘鲁，这种对天花决定性的消除记录于19世纪的中期，其原因在于流动接种员制度的确立。

另外一些时候，由于突发事件，人口会减少。当卡洛斯三世把耶稣信徒清除出其美洲统治地的时候，在他们庇护下的印第安人利用这个机会在被转移到另一种宗教信仰或世俗管理时进行逃离。巴拉圭米西奥内斯（misiones）的土著人就是这样少了一半的。1768年30个村落里的88 828人，大概40年后，在1807年，只剩下8个村落，一共40 890个居民（梅德和博尔西，1982）。在驱逐耶稣信徒之前人口的减少就已经开始,但是由于耶稣信徒的离开,人口更急剧地减少。那些离开的人,大部分都是年轻的成年人,他们通常不会再回到森林里,而是会找类似杂工、手艺人或水手这样的工作,从前就有好几代人曾经离开过那片森林。当他们逃离以后,会在牧场和旁边的村落定居,但是也有人去到很遥远的地方,如城市或布宜诺斯艾利斯的野外。流行病和普遍的高死亡率也是其人口减少的另一个原因。1792年和1803年的天花流行病与旧时的人口减少相当吻合。

种族解放引起了相当多的人口损失,因为在那里发生了剧烈的抵抗,正如在海地、墨西哥、委内瑞拉和乌拉圭河流的东岸地区所发生的一样。海地的种族动乱,是拉丁美洲第一次成功的解放运动。这些动乱意味着奴隶主和庄园主的牺牲,以及接下来的白人向大都市或加勒比的其他殖民地逃跑,特别是古巴。1804年进行的人口普查表明新成立的国家只剩下50万黑人和木拉托人,还有之前统治圣多明戈的少数白人阶层已经消失。黄热病加剧了这个情况。尽管击溃了拿破仑派遣来收复殖民地的军队,确保了独立,海地公民和军队也还是受到了很大的损失(杨,1949)。

在小岛东部,圣多明戈被让给法国和海地后来被入侵除了造成损毁和死亡,也造成了很多人逃离到西班牙的其他殖民地(代韦,1989;皮科,1986)。古巴和波多黎各,作为接收这些人潮的地方,也变成了安全的小港湾,从各自帝国的瓦解中逃离的西班牙人和法国人也在这里寻求庇护。

如果我们相信一个现实主义记者记录的内容,"死亡之战"让委内瑞拉失去了221 741条生命,其中包括武器冲突中的牺牲者和那些如果交战没有影响到村落发展的话本该出生或幸存的人。城市人口的金字塔,特别是1822年的加拉加斯,在25岁到29岁之间呈现出一个凹槽,而且女性的人数比男性的人数要多,所有的这一切都似乎确认了之前的战争的可怕之处。

如果伊达尔戈(Hidalgo)在巴希奥和米却肯的所作所为没有造成很多死亡(卡尔沃和洛佩斯,1988),那些由莫雷洛斯(Morelos)的拥护者组织的冲突在这么多年里就不会在南部造成这么大的影响(库克和博拉,1968)。在1811年著名的"redota"①发生以后,乌拉圭东岸(Banda Oriental)地区遭到毁坏,然而,在墨西哥并没有出现可比较的情况。根据移民到恩特雷里奥(Entre Río)的东部家庭的居民花名册,这次迁徙中有五分之一的公民穿越乌拉圭河岸,因为他们害怕保皇主义者的报复或葡萄牙人的横征暴敛。

在这个突发历史的前后,内部迁移也是相当重要的(罗宾逊,1990)。在基多,山地上的人下到海岸处(埃斯特拉达·伊卡扎,

---

①在历史上,乌拉圭东岸居民集体迁移。

1977）。在古巴的海岸再次出现有人口居住的现象，这与百年前所发生的情况相反。在波多黎各却发生了相反的事情：曾经有人居住的内陆变得荒无人烟。在哥斯达黎加，人们从海岸迁移到高山，以寻找更温和的气候和更多的经济机会。在1815年，4.6万个居民中的84%居住在高原区，根据加尔扎·赫雷斯（Garza Jerez）和圣何塞主教的报告，不久前建立起来的首都（1755）有其四分之一的人口（希门尼斯·卡斯特罗，1956）。

大量的移民活动也在新西班牙和新格兰纳达内陆出现。在墨西哥，由于到处的饥荒和干旱，流浪者更多了。不稳定性并不是移民的唯一原因。北部矿区新营地的开发或畜牧业的扩张都吸引了外来人口。在已被研究的米却肯（莫林，1979；罗宾逊，1989）、新加利西亚和新比斯开（库克，1970；卡尔沃和洛佩斯，1988；斯万，1982）的迁移活动基础上，还要加上在南部的尤卡坦（法里斯，1992）和在北部的内陆省份的（特哈尔克斯,1974和1978）迁移活动。

现哥伦比亚西部，安蒂奥基亚（Antioquia）在金矿耗尽后，再次把其经济转向农业发展，与此同时，早期的婚姻和人口数量多的家庭产生了过多的人口，以至于这个地区无法留住他们。安蒂奥基亚人向北部出发，沿着山脉的温带斜坡，占领了未开垦的土地。这个即时的迁移受益于1789年的法官赦许，给开拓者分发领地和建立农业殖民地。然后，独立战争摧毁了一些地方，如安塞尔马（Anserma），在这些地方保皇主义者变得更强大，并且把发展推后，但是共和党很快就重新让步，这使安蒂奥基亚人退到了考卡（Cauca）（帕森斯，1968）。

养殖的牛和马在18世纪遍布田野，与当年把印第安人从他们的领土里驱赶出去的祖先所做的不一样，人们为了牛马养殖而来，而这些人就是墨西哥北部的牧场主、奥里诺科（Orinoco）盆地的平原区居民（隆巴尔迪，1976），或者来自南里奥格兰德州（Río Grande）维亚芒（Viamão）的高乔人和布宜诺斯艾利斯的潘帕斯人。一个没有边界的、荒无人烟的平原区在拉普拉塔河接纳了来自圣地亚哥德尔埃斯特罗（Santiago del Estero）、科尔多瓦、库约，或者正如前面所说的，来自衰落的米西奥内斯的混杂人群。这类人群散布在牧场和村落的平原区。在南里奥格兰德，在葡萄牙人统治加强的过程中，圣保罗人带走骡子，他们把货物放在骡背上，人骑着骡子，进入马托格罗索（Mato Grosso）。他们将牛群扎营，做出干咸的腌牛肉卖到巴伊亚、皮奥伊和塞阿拉（Ceará）。顺便提一下，1791年到1793年的大型干旱期使他们损失了地方畜牧数量的八分之七，并且使南部有了农作物的供应。

在殖民末期和独立初期，黑奴贸易达到高峰，与此同时，在解放以后，葡萄牙人、西班牙人和其他欧洲人进入美洲。在18世纪，大概有 30 万到 50 万的葡萄牙人进入美洲。在 18 世纪初期，他们中有一部分人是因为发现了金矿和钻石矿而来，但是有另一部分人是 18 世纪末期才来的。在 1807 年到 1808 年之间，有大概 5 万名葡萄牙人到了巴西，他们当中大部分是公务员和朝臣，他们和皇室家族在拿破仑的武器威胁之下一起抛弃了大都市。里约热内卢，作为君主国家的新首都，在很短的时间里其居民人数就翻了两倍。在这些到来的人当中，好一部分没有和里斯本的国王一起回欧洲，而是在巴西扎根。

开启 18 世纪新篇章的西班牙移民的规定与征服和开拓时期的规定很不一样，并且这些新规定在 18 世纪得到了巩固。数量众多的士兵继续赶到新世界（马切纳，1983）。殖民计划变得更密集，派兵防守帝国南部边界（巴塔哥尼亚：佩埃萨，1971）和北部边界（新墨西哥、得克萨斯和佛罗里达），或者还有在加勒比的古巴、波多黎各、圣多明戈和特立尼达。皇室的举措扩散到那时让给它的领土上：葡萄牙（阿戈斯塔，1979）。加那利人是首先离开的（帕森斯，1983），但是坎塔布里亚海岸和地中海东部离开的人口也是相当多的（德尔加多·里巴斯，1989）。发展殖民制的渴望甚至有些时候会对外国人的许可要求降低。法国殖民者在特立尼达定居（纽森，1979），爱尔兰人在波多黎各定居（比科，1986），这里没有把从法属圣多明戈逃离并且在当地定居的法国人计算上，定居地点正如刚刚所说的，在古巴和圣多明戈。18世纪以移民为特点的群体中也有加泰罗尼亚和巴利阿里的商人。他们通常出现在古巴和波多黎各的码头（德尔加多·里巴斯，1989）。

当皇室在里奥定居下来没多久，巴西就向其他欧洲人打开了大门。这让我们想起四年后在拉普拉塔联合省的三头政治。外国人并没有等到其身份合法后才进入。在战争的帮助下，寻求财富的士兵和生意人来到此地。这些生意人大部分都是英国人，最终掌握了巴西早期的商贸活动。然而，其短暂的出现几乎没有在人口统计中体现出来。之后，有些国家提出了极具野心的殖民计划，正如1821年布宜诺斯艾利斯省在里瓦达维亚（Rivadavia）政府统治之下所做的一样。在那里，这些企图结果都是无用的，但是值得作为经验被记住，以准备应对后期大量的移民。

非洲人的进入在1761年到1850年间（见表5.2）达到了顶峰。到巴西的黑奴直到18世纪末还在增加。在短暂的抗争后，黑奴贸易在被废除前达到了高峰。在1761年到1810年间，每年都有18 636个奴隶进入伊比利亚美洲，比前六十年都要多，但是当平均数上升到38 734人的时候，则比1811年到1850年间的人数少一半。在那里，巴西吸收了超过70%的奴隶；剩下的到了西班牙语美洲。在1810年后，奴隶只是到古巴，在更小规模里，到波多黎各，古巴和波多黎各是西班牙语美洲地区唯一繁荣的土地。需要提醒一

表 5.2 从巴西到西班牙语美洲的进口奴隶（按千算）

	1761—1770	1771—1780	1781—1790	1791—1800	1801—1810	总数
巴西	164.6	161.3	178.1	221.6	206.2	931.8
西班牙语美洲	121.9			185.5		307.4
总数	447.8			791.4		1 239.2
	1811—1820	1821—1830	1831—1840	1841—1850	1851—1860	总数
巴西	266.8	325.0	212.0	338.3	3.3	1 145.4
古巴	79.8	112.5	126.1	47.6	123.3	489.3
波多黎各	6.4	12.1	14.1	10.6	7.2	50.4
总数	353.0	449.6	352.2	396.5	133.8	1 685.1

资料来源：柯廷，1969。

下，在那时，巴西和西班牙语美洲一共只接收了引入美洲的40%的非洲人；大部分非洲奴隶到了英国、法国和荷兰在加勒比的殖民地，还有奴隶到了位于北美洲刚刚成立的美利坚合众国。到巴西的黑奴中，每十个就有八个来自安哥拉。

于是城市变得重要起来。这个时期有很多聚集区建立，并且在后期变得有名气和富裕起来。这是当时在圣保罗军区司令辖区（摩尔斯，1965）、乌拉圭东岸地区（里亚尔等人，1976）类似的村落或者阿根廷西北部（罗宾逊和托马斯，1974），还有委内瑞拉（隆巴尔迪，1976）建立起来的数十个城镇中的其中一个例子。大型的城市在发展，但是并没有发展壮大。当然，运气降临在其中一些城市上。城市当中，似乎随着西班牙的征服，土著人口的发展停滞了，但是在一个与周边环境相处相对稳定的年代里，是有过发展的。城市在成为一个帝国制度的代表之前，努力地去履行其地方职能。

大西洋海岸地区参与了世界贸易，这推动了主要出口地区的发展，比如哈瓦那、加拉加斯、布宜诺斯艾利斯和里约热内卢。哈瓦那从拉斯·卡萨斯（Las Casas）（1791）的人口普查中得出的 51 037 个居民发展到从西恩富戈斯（Cienfuegos）（1817）的人口普查中得出的 84 075 人；加拉加斯从 1772 年的 24 187 人发展到 1812 年的 42 000 人，尽管在这一年里由于地震造成了人口损失；普拉达的首都，从 1778 年贝尔蒂斯总督发现的 24 363 人发展到 1822 年的里瓦达维亚的人口普查中的 55 416 人。两次巧合的政变联合起来使里约热内卢出现在所有地区中最快速的人口增长。随着巴伊亚总督管辖区首都迁移到里约热内卢，里约热内卢从 1763 年开启了两条世俗管理的道路，在 1960 年当首都再一次迁移到巴西利亚的时候结束。前面提到过，在 1808 年葡萄牙王室来到巴西。当独立发生的时候，根据洪堡（Humboldt）的数据可知，在里约热内卢有 135 000 个居民。经济并没有对里约热内卢的发展带来多大的益处，因为新的咖啡出口并没有弥补其更小型的经济活动的停止带来的损失，如矿区。然而，布宜诺斯艾利斯的总督管辖区，以及加拉加斯和哈瓦那军区司令辖区的建立扩大了这三个商贸城市的职能，在文明的政府部门的支持下，赋予了这三个地区城市化的外表。

在那些不那么具有活力的地区，旧的大都市发展得很慢。利马从

1792年的52 627个居民发展到了1813年的56 284个居民，这是无足轻重的增长。而墨西哥城从1790年的112 926人发展到解放前夕的168 846人，也就是说，在三十年间增长了接近一半的人口。

基于这样具有差异性的增长，城市是如何划分等级的呢？当独立运动成功后，墨西哥正如往常一样处于顶端位置，虽然里约热内卢与其相比，没有差很远。在哈瓦那后面紧跟着利马、布宜诺斯艾利斯、加拉加斯、智利的圣地亚哥（大概每个城市5万居民），还有同样规模的首都地区，如普埃布拉（5.2万）和圣萨尔瓦多的巴伊亚。位于第三水平的是大部分的地区中心，如危地马拉（在1776年有23 434个居民），基多（在1778年有28 451个居民），库斯科（1792年有32 000个居民），波多西（在1779年有22 000人），奥罗佩萨（Oropesa），即今天的科恰班巴和拉巴斯（1796年分别有22 000和21 000个居民），波哥大的圣菲（21 394个居民），累西腓（大概有30 000个居民），圣路易斯马拉尼昂（São Luiz Maranhão）（22 000个居民），瓜纳华托（32 000个居民），萨卡特卡斯（25 000个居民）和梅里达（28 000个居民）。三个墨西哥城市的人口数据都是1793年的。最后是典型的省会，我们抽一些来列举一下，杜兰戈（在1790年有11 027个居民），圣萨尔瓦多（在1807年有12 504个居民）或科尔多瓦（在1818年有10 587个居民）。

-6-

统治就是开拓

　　政治、社会和领土的争夺，加上世界贸易的长期低迷使拉丁美洲的独立推后到 19 世纪中期。刚开始的时候，一些首领，从巴拉圭的弗朗西亚博士（Dr. Francia）到秘鲁的加马拉（Gamarra）将军，他们都相信他们的国家可以从内部开始发展壮大，也就是说，比起基于国际需要，更是基于国家内部需要，但是时间打消了他们的念头，向他们证明了其内部发展壮大的局限性。新共和国的财政部因连续不断的困境，在进行征收难以收到的直接税收前，先征收海关税。这种财政上的做法与新的经济大都市对于海外产品的不断增长的需求相吻合。拉丁美洲的经济就是这样在 19 世纪下半期果断地向出口发展。生产和经销出口物资的地区得到了新一轮的繁荣发展；那些没有产品出口的地区则变得落后。繁荣帮助解决了新国家巩固时期出现的政治和社会冲突。

拉丁美洲经济接轨世界经济，这给其人口分布和人口行为方面带来了变化。越多的出口，越多的岗位，越大的空间迁移，因为工作岗位并不总是出现在有劳动力的地方。这些不均衡引起了人口迁移，同时，也引起了更大的人口自然增长。

每个国家或地区都会以不同的方式碰到劳动力问题。拥有一个单纯的人口自然增长会错过某些发展的机会或者会使发展的起飞延迟，有时候是错过一整个年代。最应急的方法就是刺激人口迁移。所选的模式主要有四个：黑奴贸易、强制招兵和要求大量劳动力的农业或社会结构的分解，最后一个是移民自由。所有的这些模式，除了第三个以外，还有两个变体，一个内在的，一个外在的。事实上，奴隶、招雇的士兵或自由劳动者从大陆或海外的另一些地方到来。

本章节的前面两部分考虑到了当时借助的两种模式。同时代的欧洲移民出现在第三部分。第四部分展示了拉丁美洲人口在1930年的危机前是如何增长、增长了多少，还有如何被再次分布的。

一、非洲贸易和亚洲士兵招募

在美洲稳固下来的甘蔗种植业需要相当多的且有纪律的劳动力。甘蔗种植的工作是如此艰苦，以至于不能想象没有劳动力的话，种植园该如何运作。然而，在1801年，海地的奴隶获得解放。

独立本身带来种植园的衰落，因为旧时的奴隶更愿意把种植园分成小块，并在自己的小种植园上劳作。在隶属英国的加勒比地区，黑奴贸易的废除减少了劳动力。顺便提一句，在那些小岛上产生的劳动力空缺与世界的糖需求量增加相一致，伊比利亚美洲的统治者和种植者则懂得从这个机会中获得利益。

发展他们的种植业的第一个方案是尽可能地延长劳役时间，增加奴隶赋税，把废除黑奴贸易的国际条约当作不存在一样。英国和伊比利亚美洲的国家协商过关于废除黑奴贸易的事情，也和西班牙商讨过，并且滥用海上监视。尽管会被捕，进入美洲的黑奴数量超过了以前的任何一个时期。通过这种形式，贩卖黑奴活动在1821年到1850年间向巴西引入了大概88万个非洲人，在1821年到1870年间，往加勒比的西班牙附属地引入了大概52万个非洲人。在这520 000个非洲人中，超过十分之九的人到达古巴和波多黎各（柯廷，1969）。古巴并没有准备浪费这个可以在世界糖业原料主要拥有地上崛起的机会。从1830年到1860年，安的列斯群岛的糖生产量翻了四倍。没有奴隶，这个生产量是不可能达到的（奈特，1970）。

大量的奴隶并没能阻止制糖业高潮在巴西结束。东北部的剩余人口没过多久就在里约热内卢内陆的咖啡种植场找到了暂时的工作，与此同时，黑奴贸易的废除终于被接受和强制推行。如果在 1823 年东北部有 53% 的农奴人口，东南部则为 38%。相反，在奴隶制废除前夕，也就是说，在 1887 年，这个关系已经变得相反：28% 比 67%。奴隶从北部到南部的迁移和贩卖——一个强制的移民——是早期咖啡种植扩张的主要劳动力来源（康拉德，1971；克莱因，1976；西恩斯，1986）。

其他拉丁美洲国家也没有停止贩卖黑奴，尽管其数量相对来说更少。宣告分娩自由[①]和贩卖黑奴结束后，拉普拉塔联合省并没有因此停止引入奴隶。邻国乌拉圭在奴隶贸易中活跃地装船，经常与英国海军监视的军队发生冲突。最后，贩卖黑奴在里约热内卢结束，但是奴隶全面的自由要等到阿根廷 1853 年宪法的颁布。

拉丁美洲奴隶制的废除是一个从 1801 年到 1888 年之间漫长的对抗过程。第一步是宣布分娩自由，多亏了这个规定，奴隶的孩子得到自由。最后一个公布这个规定的国家是巴西，是在 1872 年公布的。成年奴隶的解放则花了更长的时间。智利、墨西哥和中美洲几乎没有多少奴隶，大概在 19 世纪 20 年代就一次性地把他们解放了。然而，最为普遍的是渐进式的解放。保护或学习使获得自由的奴隶在一段时间内还与他们以前的主人联系在一起，以这种方式保证劳役的持续性，而不是劳役的所属性。美洲的解

---

①这里指在 19 世纪废除黑奴的国家里颁布的规定，即女奴隶的孩子可以获得自由。

放战争有很多奴隶参与,还有不少奴隶逃跑,或是相当多的奴隶获得解放,这使劳役阶层的人数慢慢减少。1810年,在委内瑞拉大概有6万个奴隶,在1854年则只剩下1.4万个(隆巴尔迪,1971)。1821年在秘鲁的8.9万个奴隶中,卡斯蒂亚主席在1854年只有机会解放1.2万个。在巴西,这个群体从1864年最多为171.5万人,在最后一次宣布解放的前夕,也就是1887年,缩减到72.3万人(梅里克和格雷姆,1979)。

非洲后裔的自由人口也减少了。在古巴,在1841年占人口59%的自由黑人和奴隶减少到1860年的44%和1887年的33%(奈特,1970)。高死亡率、低生育率和新移民的缺乏使这个群体落后于白人群体。在波多黎各也出现了类似的现象。在阿根廷,因为悔罪或淹没在欧洲人的大量挤占中,非洲人口在世纪末期几乎消失了(安德鲁斯,1980)。

虽然贩卖黑奴的活动一直在延续,一直在寻找办法来宣布奴隶制结束的标志并没有被忽视。在1847年,第一批劳动者作为试验离开厦门(Amony)到古巴。清政府与西班牙政府签署了条约,在1853年到1873年,132 435人离开中国朝同一方向出发,其中有13%死于船上。这些移民中的大部分是来自中国南部(广东和澳门)的单身人士,在那里的失业和持续的战争使得当地的流动人口失去工作。1877年的人口普查登记了在古巴的43 811个亚洲人,也就是说，这些亚洲人占总人口的3%。在1899年，这些人只剩下14 863个，因为他们很难繁衍，那里没有来自亚洲的女性，当时的死亡率很高（昌·罗德里格斯，1958；科比特，1971；佩雷斯·德·拉·里瓦，1976；莫雷诺·弗拉希那斯，1989a）。

中国的移民不止在一个意义上代替了非洲移民。用自己的船只和船员运输苦力的置办船业者通常是寻找新工作的旧黑奴贸易者、西班牙人或英国人。招募回来的苦力重新披上了同样过分的特征。他们被中间商欺骗，而这些中间商甚至会偷窃他们的财物，这些人中很少有人知道等待他们的是砍甘蔗的工作。他们中很多人不识字，所签的合同迫使他们无条件地为他们的主人从事长达八年的服务，并且工资按日计算。他们在种植场所受到的待遇也并不比奴隶好。然而，中国人的到来并不是可行的解决办法，而且也不安全。他们在甘蔗园中会持续待尽可能少的时间。当合同结束后，或者在合同结束之前他们就逃跑了，他们逃到了城市里，自力更生。

古巴的庄园主热切地寻找人来代替非洲人，从大陆上引进了一些土著人。在那个小岛上，于1847年，那些在尤卡坦宗族战争中的战俘被卖出去（冈萨雷斯·纳瓦罗，1970）。1881年，他们在哥斯达黎加获得了印第安人。种植主甚至从加那利和加利西亚带来短工，是从这两个大都市里的贫困区里带来的。大型的企业都是围绕这个生意建立起来的，但是马德里政府不得不取消这些特许，因为这些企业对受雇人施以暴行（纳瓦罗·阿兹库尔，1989）。

获得独立的秘鲁于中国寻找商机，在这样的情况下，北部的庄园主打算用中国人替代黑人。在1854年废除奴隶制之前，加斯蒂亚的统治者恰恰对亚洲劳工开放了边境。大概有87 000个亚洲劳动者在1859年到1874年进入了这个地方，并且没多久就抛弃了制糖庄园，正如在古巴一样。因此，很多中国人在特鲁希略定居下来，并且从那里去到利马或海岸边的其他地区，在那里他们留下的文化基础，超过了这个群体所达到的规模本应产生的文化基础。在这个整体中，中国人并没有很多：在1876年刚刚达到了总人口数量的2%（斯图尔特，1971）。太平洋战争发生时，他们在销矿层劳作。当领土被吞并时，他们留在了智利，从矿区马上又到了圣地亚哥（西格尔，1968）。数年后，秘鲁北部的庄园又一次对准了亚洲。从1899年到1923年，这些庄园主雇用了18 000个日本劳动短工，以种植甘蔗和棉花。于是，另一些日本人受到亲戚或朋友的呼唤，直接到了大城市，在那里他们独立地从事商贸、服务或园艺工作（莫里莫多，1989）。

巴拿马在那时候仍然属于哥伦比亚，在两次大型的公共建筑中雇用了中国人。在1850年到1855年间，数百人在做铁路的铺设工作。然后，数千人被带到了失败的渠道开挖工程中（1882—

1889）。由于疟疾的肆虐和艰苦的工作，他们当中很多人死亡（蒙·平宗，1989）。

在那时候也有其他亚洲人进入，正如日本人也进入巴西，这个我们之后再谈。从美国而来的中国人在墨西哥西部定居下来，在那里他们成了杀戮的牺牲者。从特立尼达岛和圭亚那逃跑出来的印度苦力最终在委内瑞拉的东边稳定下来。不同的亚洲移民总数算起来并不如非洲人或欧洲人多，但是他们组成了不同的殖民地，使一些地区或国家有了独特的肤色。

二、劳动力的迁移

受沿岸贸易吸引而进行远距离的强迫式内陆移民，正如从巴西东北部到里约热内卢的移民活动一样，具有很明显的特殊性。总体来说，人们距离得更近，但是其移动性却由于交通运输条件的缺乏和劳动市场的严格性而停滞。

人口沿着通向各个方面的旧马路或森林小路进行迁移。从前的内部交通运输是通过骡背上或者搬运工进行的。木轮的大车只能在很少的道路上行驶，这些道路主要位于拉普拉塔河或墨西哥巴希奥的平原上。当时缺乏用于远距离、速度快和大规模的运送乘客的交通运输方式。于是，除了个别情况，乡村的生活，由于信息和物资的短缺，趋向于封闭式。

政府开始改善道路状况，正如在厄瓜多尔一样，迫使农民修理和维护道路或开辟新的道路，正如把基多和瓜亚基尔连接起来的那条道路一样。这仅仅是一个例子。很快人们就打算在运输物资方面引进最新科技，也就是铁路。古巴在1830年开启了第一条铁路的建设，以便把甘蔗运送到蔗糖厂；从巴拿马到科隆的地峡，在1850年由一条铁路连接了起来。覆盖阿根廷平原或整个智利的道路网络，还有把韦拉克鲁兹和墨西哥，还有桑托斯和圣保罗连接起来的线路，也需要等待数十年时间的建造。

铁路的设计主要用于货物的运输，但是也有运载乘客的。然而，铁路对人口迁移最大的贡献是对建筑业的巨大劳动力的迁移。上万的劳动者从事开挖和铺路的工作。除了在哥伦比亚雇用中国人或在阿根廷雇用欧洲人，大部分的劳动力在农民里招集，这些农民通常突然抛弃活计去土地上收割，或者当他们觉得已经赚到了所需要的钱，就不会再工作。当工程结束后，上万人从那里离开了他们的村落，沿着铁路分散开去，形成了流动的人口。

在修建铁路中所碰到的招募稳定劳动力的困难说明了劳动力市场具有严格的特性。尽管劳动力充足——情况并不是一直如此——当时并不是都可以被使用的。或者，这些劳动力，尽管所拥有的生存物资不稳定，但是却没有找到需要工作的理由，或者没有领取固定工资的习惯。这两种条件通常都是一起的，土著聚集区的存在也延长了这些条件所存在的时间。

在好几个世纪之前，外地人群的形成造成了重要的人口迁移活动，并且逐渐削弱了很多聚集区。但是这些聚集区并没有消失，有时候还会适应内陆市场的发展需要。聚集区为自己保留了劳动力，但是除此以外，还保存了与聚集区相反的习惯，正如很明显地，聚集区适应了在土地开发或公共建设中必要的雇佣工作需要。

根据在自由宪法中规定的支持个人财物和个人自由的原则，共和国政府出售土地并且瓦解了聚集区。这些聚集区的土地在印第安人中被分成小块，他们必须有确保个人财产的证明，剩下的土地归国家，国家把这些土地作为未开垦的土地进行出售。这种土地制度的改革更多时候是通过暴力进行的。在玻利维亚，土著人的造反迫使政府后退，也就是因为这样，特别是在边界处的一些聚集区可以持续发展到我们现在这个年代。在另一些时候，国家借口或通过武力使民众服从。土著人在殖民时期保存下来的相当一部分的土地在那时候落到了新庄园主的手上。那些旧时的聚集区的人作为杂工或佃户留了下来，或者在其他地方寻找新的工作。聚集区的解放使数十万的印第安人到劳动力市场上去。而强制招兵或因债务而留下来的人则打破了聚集区因为大量人口离开而可能造成的毫无生机的情况。

新庄园主对土地的独享使农民寻找新的逃跑机会。在一些地方,开放式的或强制开放的边界处就是他们的所及之地。军队对荒无人烟之地的征服扩张到潘帕斯、巴塔哥尼亚和查科,并把土著人从他们的土地里清扫出去,开辟了 1 400 000 平方公里土地。这个地域是如此宽广,几乎与殖民时期有人居住的阿根廷一样大。阿劳科人(araucanos)在智利南部被降服,而雅基人(yaquis)则在墨西哥的北部被降服。于是在墨西哥发生了"向北部的行进"(岗萨雷斯·拉瓦罗,1974)。从 1895 年到 1914 年,在阿根廷不同省份的净移民剩余 342 000 人(拉特斯和拉特斯,1969)。在智利,从 1885 年到 1915 年,150 000 个乡村移民在远北矿区(Norte Grande)工作,与此同时,另一些人则居住在巴塔哥尼亚。

出口产品的开发凭借国家的力量。在哥斯达黎加的高地上,小型的咖啡种植园落在了大公司的手上。小地主于是选择成为佃户或者移民到阿拉胡埃拉(Alajuela)、瓜纳卡斯特(Guanacaste),或蓬塔阿雷纳斯(Punta Arenas),不断扩张这种农作物的种植规模。在萨尔瓦多、危地马拉和恰帕斯,那些大财主带来佃农以进行咖啡种植。在墨西哥湾,从洪都拉斯到位于哥伦比亚的圣玛尔塔(Santa Marta),香蕉的种植需要劳动力,庄园主甚至从安的列斯群岛上带来劳作者。在哥伦比亚北部和马拉开波湾(golfo de Maracaibo),石油的开采吸引了来自很远地区的人前来工作,如来自平原区的人。在秘鲁的北部或土库曼，甘蔗种植园使山地上的人下到海岸或山谷。在巴西圣保罗，借助劳动力以种植和制作咖啡，给外国人保留咖啡作物。橡胶热潮席卷了巴西的亚马逊，还有哥伦比亚、秘鲁和玻利维亚的亚马逊地区，劳动力来自割胶开采者和寻找各种财富的人。富裕的马瑙斯城（ciudad de Manaos）变成了这个广阔地区的繁荣中心。

三、大量移民

非洲人或亚洲人的贩卖成本是非常高昂的，让农民走向劳动力市场是困难且缓慢的，而且会引起他们的不耐烦。为了缩短期限和减少劳动者培训的费用，某些政府更愿意依靠自由的欧洲移民，他们一直以来有着自己的传统和优越地位。欧洲人在这项活动中贡献了其技术知识和有用的经验，这是他们值得让人欣赏的一部分。另一方面，国家的独立向所有的欧洲人打开了大门，并不是如殖民时期那样只有西班牙人或葡萄牙人进入。种族偏见使得人们更倾向于来自北部的人，北部的国家经历过物质和社会的进步，因而其居民更有文化且更勤劳。

德国、瑞士、意大利的北部、爱尔兰和斯堪的纳维亚在19世纪初期经历了一次人口的显著增长，海外移民就似乎成了一个很合适的"排气阀"。他们过剩的人口走向美国，但是总会有人被更具异国风情的前途所吸引。于是，对拉丁美洲的偏好与出现人口剩余的情况一致。在这短暂的移民潮中，当中首先是一些少数的商人、手艺人、寻找财富的士兵和屈指可数的农民，但是后期改革的停滞对越洋移民是不利的。新成立的国家政府不得不降低期望，积极地参与到吸引佃户的工作中。

刚开始，巴西接收到最多的人口。于1818年，在距离其首都不远的地方，新弗里堡（Nueva Friburgo）建立，这个名字表明了其居民源于瑞士；六年后，圣利奥波尔杜（São Leopoldo）建立了。尽管这都是令人满意的预演，却还要等到参议员韦尔盖鲁（Vergueiro）再一次推动殖民化才得以继续发展。从1847年起，在巴拉那建立了圣佩德罗德阿尔坎塔拉（São Pedro de Alcántara）；在里约热内卢建起了彼得罗波利斯（Petrópolis）；在圣卡塔莉那（Santa Catarina）建起了布鲁梅瑙（Blumenau）。到达的外国人一共有几万人，但是奴隶制依然盛行，使大量的自由劳动力没有生机。

如果巴西吸引了大部分的移民，乌拉圭则表现出最剧烈的影响。在1835年到1842年间，33 138个欧洲人通过蒙特维的亚进入乌拉圭，在这些欧洲人中，每10个人中有6个法国人，有四分之一的西班牙人。他们当中的大部分在首都寻找财富，根据1843年的人口普查，在那里，每100个乌拉圭人，就起码对应168个外国人①（奥德当，1966a）。

与普拉达政府对立的布宜诺斯艾利斯政府，在里瓦达维亚的数个项目落空后，只是接收开启绵羊饲养的爱尔兰牧人（科罗和萨巴托，1981）。后期，阿根廷联合会使瑞士人和德国人在圣菲省和恩特雷里奥斯省的殖民地中定居下来。也有记录在那个时期（1862）位于巴塔哥尼亚的丘布特河域（río Chubut）低处的遥远而崎岖的山谷里有威尔士人居住的信息。在山脉的中央地区，蒙特（Montt）总统使1 768个佃户在太平洋边上的多林山坡上定居下来，在阿劳科人的领土上留下了一点德国人的痕迹。后来有更多的人到来，这个特点依然在智利的南部保留着。

在秘鲁，加斯蒂亚的元帅有节制地让爱尔兰人、意大利人和德国人进入。在这些德国人中，有300个于1857年在波苏索（Pozuzo）的山上定居下来（里奥，1929）。德国人也在尼加拉瓜的卡尔斯鲁厄（Karlsruhe）短暂的殖民地上定居，与此同时，离加拉加斯较近的托瓦尔（Tovar）继续见证作为已有上百年历史的创举（佩拉左，1973）。除此以外，在1832年到1845年间，委内瑞拉接收了11 851个移民，主要来自加那利群岛。

尽管西班牙人在拉丁美洲解放后被好几个共和国驱逐出去，加

---

① 即在268人中，有100个乌拉圭人和168个外国人。

那利群岛人和半岛人在那时并没有停止进入美洲。尽管距离远，家族和商贸的旧联系依然盛行。然而，巴西作为一个不为人知的目的地，与当时还受西班牙统治的古巴和波多黎各一样受欢迎。

然而，这个移民阶段在人口来源方面是有选择的，在规模方面是缩减的，而且让那些越来越想移民的人想到拉丁美洲。在这个阶段里，好几条移民链开始形成了持续的移民流（德沃托，1991）。

"统治就是开拓"，这是 J.B. 阿尔韦迪（Alberdi）说的。这位阿根廷思想家对于能看到他的思想变成宪法感到很满意。总之，1853 年的宪法法令的第 25 条说："联邦政府将会促进欧洲的移民……"当从法律和政治到经济和社会方面都确立了全面的法制秩序后，阿根廷和其他拉丁美洲国家有条件开启一个漫长的繁荣阶段，并且在 1870 年到 1930 年间接收离开欧洲的相当重要的一部分移民。

对移民有利的主张并没有对结果产生太大的影响。在波尔菲里亚托（Porfiriato）统治期间，墨西哥打算让欧洲人在北部边境、墨西哥湾和南太平洋（恰帕斯）定居下来，但是人口的逃离使这个打算落空了。为了拯救稳定下来的意大利殖民地，最后以接收墨西哥人结束。在 1908 年，在剩下来的 1 665 个佃户中，只剩下 271 个意大利人（岗萨雷斯·拉瓦罗，1960）。于是，很多移民法律虽然被通过，但却是无效的：在1889年的厄瓜多尔、在1893年的秘鲁、在1894年的委内瑞拉、在1896年的哥斯达黎加、在1903年的巴拉圭、在1905年的玻利维亚、在1906年的洪都拉斯以及在1909年的危地马拉。欧洲人并没有在这些情况下利用这些便利从而大量地进入拉丁美洲。

拉丁美洲不仅缺少大规模的移民，也缺少特定种族的移民。19世纪80年代的阿根廷本可以在潘帕斯大草原上看到萨克森人（los sajones）或金黄色毛发的德国人，在更好的时候，也本可以看到新教的教徒。但是阿尔韦迪的继承使他们不得不忍受皮埃蒙特的白人和信仰罗马天主教的巴斯克人，或者对于他们来说更糟糕的是那些青黄色脸的西西里人。后来，甚至有中东的土耳其人到来，还有来自博洛尼亚南部或乌克兰的俄罗斯人。

什么因素导致每个个体漂洋过海，无从得知，西班牙人带有讽刺意味地把大西洋称作 charco（大海）。每个人的出发动机是不一样的，这些动机也以不同的方式组合在一样。每个决定背后都有着智力或情绪的思考过程，因其复杂性，以及通常没有文字记载证明，这个过程是无法探知的。顺便提一句，并不是所有的移民都是为自己做决定离开的。小孩子是在其家族带领下离开的。也有年轻人的父母把自己的孩子派出去，让他们在亲戚或朋友的帮助下寻找工作。即使我们通常疏漏了私人动机，也要关注社会和经济秩序的整体原因，还有政治、宗教等性质的原因，尽管这些原因的影响力没有那么大。

在19世纪末期和20世纪初期，欧洲因其死亡率下降和生育能力下降出现延期，经历了一次巨大的人口增长。所造成的高人口剩余很容易地被工业化发展中的地区吸收，在这些地区甚至需要内部的移民劳动力。在乡村地区并没有发生这样的事情，例如，地中海欧洲和东欧。在那里，因为其人口过渡期很长，其增长也就较慢，当土地危机发生时，特别是在与新世界的未开垦的土地竞争的小麦种植方面，那里由于人口过渡期长而造成的低增长就不能被控制住。剩下来的劳动力通常在美洲寻找工作。在这个背景之下，人口的发展过程参差不齐。土地危机突然把人群驱逐出去；在繁荣时期，人口的离开变得更少。另一方面，并不是所有的地区都是一次性地以同样的方式参与其中。因此，欧洲的移民是在不断的推动下形成的。

除了经济情况以外，巴黎公社成员、西班牙共和党党员或整个大陆上的无政府工团主义者等等被追捕，这使得很多有异见的人离开祖国，移居国外。同样的，东欧的反犹骚乱把犹太人驱逐到美洲。与此同时，逃兵役者或殖民地战争的逃兵也被赶来了。

离开欧洲的原因与美洲的吸引力有关。于是，外国人和本地人在新大陆上找到机会发财致富，得到社会地位和拥有更大程度的自由。通过报刊、殖民事业或航海的宣传，或者还有移民者自己写下的书信所传递的对于美洲的看法具有极大的吸引力。在这个对美洲印象的基础上，加上由于发明了蒸汽机船，路途的时间和船票的价格都大大减少。在海洋上有规律的航线向有个人信誉的人或有财物典当的人提供可接受的价钱。与美洲的工资相比，船票的价钱是非常低的，像"燕子"一般的移民可以在旧世界和新世界之间交替进行收割的工作。

在这个跨洋移民群体中究竟有多少个移民？尽管这些移民是在数据全盛的时期产生的，不同管理部门所提供的数字并不总是一致的。在出发地或目的地可能会有独立的次登记，移民政府部门把入境人口的国籍记录下来，但是并不是所有人都会从他们自己国家的码头出发。从那里开始就出现了不同国家的数据之间的第一个异议。同时，土耳其或俄罗斯的名称与出示的护照一致，但是根据现在的边境，没几个护照可以说明其来源地。意大利或西班牙的也没有精确多少。除此以外，同一个人可以移民好几次，正如那些"燕子"般的工人一样。也有一些人会再次移民，比如那些在阿根廷寻找完财富的人，会再到智利。资料本身是难以捉摸的，但是移民的概念是持久的。移民并不是过客，而是定居的人。人们进行了多次的出境和入境，这个出境和入境的余数就显示得清楚明白了。这并不排除那些只待了一段时间或回到他们的土地上去世的人，他们甚至在拉丁美洲留下后代，那些人也应该被算进去，并且承认他们对拉丁美洲人口增长的贡献。

尽管我们对这些数据的准确性有所保留，我们也需继续参考它们。在1870年到1930年间，拉丁美洲接收了1300万欧洲移民，然而数量比美国还要低。这个移民群体主要去了很少的几个国家——巴西、阿根廷、乌拉圭和古巴，人流量在委内瑞拉和智利就没有那么多，在剩下的国家里就更少。在表6.1、表6.2和表6.3中，每五年对巴西、阿根廷和古巴的移民进行统计。入境的移民（到达的人）数量减去出境的移民（离开的人）数量，在数字上出境的数量比入境的要少。于是，表6.1至表6.3显示出了有多少人在当地定居下来。

为了更方便地进行解读，表需要一些解释。表6.1和表6.2是1881年开始的，表6.3是1902年开始的，也就是在古巴独立以后。与巴西相关的表6.1包括分来源国家的入境数据，用百分比表示，再加上净移民的接近值。离境数据不是在巴西记录的，而是在圣保罗记录的。然而，需要注意到这个地区吸收了56%的移民，甚至在1891年到1905年之间吸收了更多，同样的比例也应用到了整个巴西。几乎400万的越洋进入人数最后变成了180万。

于是，1300万的入境欧洲人当中，只剩下大概700万的人口定居下来。19世纪以后的欧洲移民不必理解成像非洲、亚洲或以

表 6.1 巴西 1881 年到 1930 年的净移民（按千计）

	第一次到达	巴西 百分比					圣保罗州			
		葡萄牙	意大利	西班牙	德国	日本	到达的人	巴西的百分比%	离开的人[1]	永久定居的比例
1881—1885	133.4	32	47	8	8	–	99.0[2]	–	–	–
1886—1890	391.6	19	59	8	3	–	199.4	51	–	–
1891—1895	659.7	20	57	14	1	–	413.4	63	65.5[3]	84
1896—1900	470.3	15	64	13	1	–	281.6	60	122.9	56
1901—1905	279.7	26	48	16	1	–	194.3	69	171.4	12
1906—1910	391.6	37	21	22	4	1	190.2	49	173.6	9
1911—1915	611.4	40	17	21	3	2	339.0	55	173.9	49
1916—1920	186.4	42	15	22	3	7	99.9	54	69.5	30
1921—1925	386.6	32	16	12	13	5	222.7	58	108.5	51
1926—1930	453.6	36	9	7	6	13	263.4	58	141.4	46
	3964.3	29	36	14	5	3		56[4]		46[4]

[1] 从桑托斯码头出发；三等舱的乘客。
[2] 1882 年到 1885 年。
[3] 1892 年到 1895 年。
[4] 只是 1892 年到 1930 年。

数据来源：巴西数据，利维，1974, pp.49-90, 特别是 71-72；圣保罗州数据，霍洛韦，1980, p.179。

前的欧洲那样,也就是说,只出现唯一一次的航程,而是打开了两条路:有些移民会在美洲定居直至去世,还有一些只是在那里生活数年,在接收国抓住机遇发财致富。

巴西(表6.1)是第一个大批量接收越洋移民的拉丁美洲国家。从1886年到1896年,外国人的入境人数最高,大部分来自意大利。在咖啡种植园中等待他们的条件是非常艰苦的,以至于罗马政府在一段时间内禁止意大利人到巴西。葡萄牙的移民比西班牙的还要多,葡萄牙人代替了意大利人来到巴西,往后,其人数就超过了意大利人。另一些更晚到的德国人或非欧洲人,特别是日本人,让这个移民群体更多样化。表6.1展示了形成每年进入人数系列的锯齿形状态,也展示了20世纪20年代的移民倒退是如何造成另一个内陆移民发生的,这个内陆移民人数更多,我们将会在后面的章节中谈论。

咖啡种植园和圣保罗州是他们的首要目的地。到巴西的移民很大一部分是政府部门的活跃征兵。咖啡种植园农场主通过他们自己建立起来的移民促进会,还有圣保罗农业部,一起给这个昂贵的项目补贴,以资助移民在海上和铁路上的旅费,还有暂时给刚到的人住下的客房费用。在1892年到1930年之间,圣保罗州成功地在移民的促进工作中花费了5.2%的财政收入(霍洛韦,1980)。

阿根廷（表6.2）几乎接收了400万的净移民，但是经过阿根廷的人就更多了。总体来说，在阿根廷入境比在巴西更随心所欲。从1886年到1890年的五年间，呈现出第一次的入境高潮，然后接下来人数突然减少，甚至在1891年出现了短暂的负剩余，因为在这一年出现了经济和政治危机。第二次高潮是1906年到1914年，接收了一部分之前到巴西的移民。这个高潮的最高峰位于1913年，在这一年有超过30万外国人上岸，来到新大陆。在紧接下来的第一次世界大战中，回程的人次又一次超过了到来的人次。于是，阿根廷把87 000人遣返他们自己的国家。当战争结束，海上交通又重新开启的时候，又出现了第三次高潮，这次高潮得益于美国采取的移民收紧政策。1930年的世界危机结束了这个阶段，并且外国人又重新开始到来（雷奇尼・德・拉特斯，1975）。

那些变化对应了世界繁荣和衰退的周期，除此以外，还在邻国乌拉圭（表6.2）以更小的规模与所发生的变化相吻合。然而，在拉普拉塔河两岸的共存并不是完美的（德沃托，1991）。如果乌拉圭和阿根廷基本上接收到了来自同一个国家的移民，他们之间的差异是可以看到的。意大利人和西班牙人组成了普遍的人群。而在阿根廷，刚开始的时候意大利人比较多，但是由于世界大战，人数减少，这样就使西班牙的人数最多——最多的是加利西亚人和阿斯图利亚斯人，与此同时，在乌拉圭和智利这两个国家的人

表6.2 1881年到1930年的净移民：
阿根廷、乌拉圭和智利（按千算）

	阿根廷	乌拉圭	智利	总数
1881—1885	191.0	26.7	4.3	222.0
1886—1890	489.4	42.1	23.9	555.4
1891—1895	156.1	13.8	2.8	172.7
1896—1900	303.9	33.9	4.1	341.9
1901—1905	329.3	43.8	3.6	376.7
1906—1910	859.3	92.8	35.6	987.7
1911—1915	490.4	101.0	53.3	644.7
1916—1920	2.4	53.1	14.8	70.3
1921—1925	510.2	70.0	34.3	615.5[①]
1926—1930	481.6	102.6	6.3	590.5
	3 813.6	579.8	183.0	4 576.4

数据来源：阿根廷数据，1881—1930，雷奇尼·德·拉特斯，1975，P.200；乌拉圭数据，1881—1892，威尔科克斯，1929，P.568；智利数据，1882—1907，杨，1974，P.6，除此以外，马马拉奇斯，1980，P.109。

* 进入巴拉圭的移民

1881—1885	0.8	1900—1905	2.3	1921—1923	1.6
1886—1890	4.7	1906—1910	5.1	1926—1930	1.7
1891—1895	1.8	1911—1915	4.6		
1896—1900	1.2	1916—1920	1.6	1881—1930	25.6

数据来源：L. 皮杜·德·拉辰伯格，《巴拉圭的移民活动和殖民化，1870—1970》，巴拉圭社会学杂志34，1975，pp.65—123。

境移民情况相似。除此以外，还接收了第三个人数众多的群组，也就是法国人，直到1890年为止，这些法国人大部分都在阿根廷。并且，在世纪更替时，在阿根廷的选择面前，乌拉圭失去了吸引力，

---

① 此处应为 614.5。

虽然在那里衰退让更少的外国人回国。在乌拉圭的东岸地区，人口流量较迟达到顶峰，也就是说，在20世纪20年代达到顶峰（里亚尔，1983）。

在表6.2的三个国家当中，大批量的移民都是由那些没有什么专长的外国人组成的，尽管移民中也有具有各种专业知识和素养的人。与建立起第一批殖民地的小规模农民群体相比，这些移民通常也是属于社会下层，但是来自不同的地区。那不勒斯人或西西里岛人代替了皮埃蒙特的农民。根据阿根廷的流行用语，那里"tanos"（意大利人）代替了那些"gringos"（英国人和美国人）。加利西亚人、阿斯图利亚斯人，或者甚至是安达卢西亚人，通常并不是贡献他们更大的才能。他们最好的命运就是在圣保罗的高平原上照顾和收割新种植的咖啡，或者作为承租人进入畜牧庄园或者潘帕斯查尔卡斯的农业区。这个农业区从南里奥格兰延伸到巴塔哥尼亚。

在具有极高灵活性的环境里有相当多的机会出现，以至于移民可以抛弃那些工作，在另一些领域或地方发展，或者甚至可以拥有自己的财产。城市建立起极具吸引力的固定集中点。很多因招募而来到田地里的人，当他们经过圣保罗、蒙得维的亚或者布宜诺斯艾利斯的时候，选择加入那里所需要的低资质要求的短工群体中，从事临时的工作、服务或者更多地加入盛行的建筑业。手艺人、商人，甚至是职业人士，也一样可以前来找到成功的机会。工业企业家，如圣保罗的马塔拉佐（los Matarazzo）家族或者是布宜诺斯艾利斯的迪特拉（los Di Tella）家族在那时开启了他们出色的生意。

  巴西、乌拉圭和阿根廷具有巨大的相似性，并且可与美国媲美（克莱因，1981）。然而，相继出现的情况是十分不一样的。智利与邻国阿根廷在同样的程度上并不需要人口，也不需要劳动力。实际上，智利中央盆地的居民遍布在向北和向南的地方，甚至进入阿根廷的巴塔哥尼亚。那里的人口普查表明，在那里生活的居民当中有超过一半的智利人。智利当时并没有可以容易且快速与欧洲联系的码头。这个国家的移民群是由南部偏僻的德国殖民地、一些有资历的人或者那些在19世纪初期安第斯山脉的铁路修好就从阿根廷穿越过去的人组成的。对于很多移民来说，智利是在阿根廷后的第二个选择。到那边去的外国人仅占人口数量的4%多一点。

  古巴（表6.3）在20世纪末人口减少，这主要归因于战争、普遍高的儿童死亡率和低出生率，但是也由于奴隶刚解放，造成了不稳定的劳动力供给。人口和劳动力问题在共和党人的生活初期是非常尖锐的。古巴非常有条理地打开边境，寻找解决办法。大批西班牙人来到这个岛上，即使西班牙和古巴刚刚结束冲突。作为补偿，西班牙有义务把士兵和官员超额地遣返回国。西班牙

表6.3 古巴1902年到1930年的净移民（按千算）

	旅客 （入境人数与 离境人数的剩余）	定居 比率[1]	接收的移民	
			西班牙人	安的列斯人
			（比例）	
1902—1905	64.3	57	81[2]	1[2]
1906—1910	66.9	41	71	14
1911—1915	72.0	40	75	11
1916—1920	253.1	63	52	37
1921—1925	158.7	53	50	37
1926—1930	-18.9	-16	30	58
总数	**596.1**	**47**	**58[3]**	**31[3]**

[1] 所接收的移民为入境和离境人次的剩余（按百分比）。
[2] 只是1904年和1905年。
[3] 1904年到1930年。
数据来源：古巴，财政处，《旅客的移民与活动，1902—1930》。

移民大部分都是加利西亚人、阿斯图利亚斯和加那利人，他们加入生产和服务行业。他们当中的一大部分在首都稳定下来（马努克·德·莫特期，1992）。到达古巴的另一支队伍不是欧洲人，而是来自旁边的群岛，即海地和牙买加的人，其主要原因是第一次世界大战。

当波多黎各于1898年加入美国后，小岛接收到了更少的外国人，特别是西班牙人。然而，在墨西哥，他们建立起人数更多的移民中心，并且在反犹骚乱中有着更重的经济分量。在这个国家和另一些拉丁美洲国家，欧洲移民均拥有高的社会地位，并不是由于其人数众多，事实上其人数比大部分的移民接收国所接收的移民数量要少，而是由于其非法占有的经济和社会权力。因此，那个时期的移民由两个模块组成，一个人口数量虽少但是人口品质高的模块，这个模块甚至还产生了优越的地位（利达，1994）。同时，还有另一个人数众多但是资质差的人口模块。第一个模块可能与第二个模块有巧合的情况。举个西班牙人的例子，在阿根廷的科尔多瓦城，通常情况下，本土人的社会条件更艰苦，而就是在这里形成了一个突出的移民群体。

总的来说，移民对大西洋大陆坡未被开垦的广阔土地进行了开发与开拓，这片区域包括从圣保罗的高平原到巴塔哥尼亚。一个极端的但是毫无疑问具有例证性的情况，就是在乌拉圭的高乔人和小庄园主依然是在拉丁美洲出生的欧洲人后裔。不足4%的乡村人口数量是外国人，与此同时，1908年的人口普查表明，在蒙特维的亚有一半的居民也是外国人。大部分的欧洲农民在越过海洋后，就变成了城市的开拓者。

尽管欧洲人成了移民中的大部分，另一些人在后期通过前人打开的缺口进入，主要是叙利亚人和黎巴嫩人。日本人则主要到了巴西（赛托，1961；铃木，1969；辛特拉，1971）。其人口数量与其他更少数量的欧洲人一样，但是其移民的程度通常更高，距离或成本都使来自东欧或亚洲的人回国更困难，或者是更不实际。

移民的总体线路使我们看不见组成移民的个体。表6.4指出了在 20 世纪初每五年到古巴的移民的性别、年龄和婚姻状况。男性数量超过了总数量的 80%；在 14 岁到 45 岁之间的人超过了 80%，除此以外，这个比例还随着时间推移有所增加；总之，单身的比率超过了 70%，而且也在增长。正如过去一样，典型的移民是壮年单身人士。然而，根据不同的情况，这个比率在改变，圣保罗刺激了整个家庭成员聚集群体的入境，这些人最适合从事咖啡的采摘工作，而且，他们也更容易定居下来。

表6.4　1904 年到 1928 年古巴移民的性别、年龄和婚姻状况（以百分比计）

时期（年份）	男性	14 岁到 45 岁的人	单身人士
1904—1908	82.6	82.0	70.7
1909—1913	81.2	83.4	70.4
1914—1918	83.7	90.1	76.4
1919—1923	88.6	95.4	86.0
1924—1928	83.5	91.9	79.1

资料来源：人口研究中心，1976，p.75。

表 6.5 从另一个角度对阿根廷检测了同一个问题，在全面人口普查中把本土人口和外国人口的年龄和性别相比较，揭示了移民在正常的分布面前所产生的畸变。如果在 1895 年有 49% 的阿根廷人处于 14 到 64 岁，则有超过 85% 的外国人处在一样的年龄范围。在他们中明显缺少年轻人和老人。在同一时期，每 100 个阿根廷女性，对应 90 个阿根廷男性，而每 100 个外国女性，则对应 173 个外国男性。在婚姻市场中，每 112 个男性对应 1 个女性。这个表格提出了

表6.5 1869年到1914年阿根廷人口中的外国人

	男性的比率			14岁到64岁之间的百分比%			14岁到64岁之间的外国人占总人口的百分比%
	总人口	阿根廷人	外国人	总人口	阿根廷人	外国人	
1869	1.06	0.94	2.51	56.6	—	—	12.1
1895	1.12	0.90	1.73	57.9	48.6	85.0	25.5
1914	1.16	0.98	1.71	61.4	50.3	87.4	29.9

数据来源：吉尔曼尼，1970，P.297。

另一些问题，比如，在一个国家，如阿根廷在何时外国人的出现达到了最高峰，还有婚姻在很大程度上所带来的定居问题。

在1914年，外国人（14—64岁）几乎占阿根廷人口的30%，这个比例在当时是其他地方都从来没有登记过的。美国作为新大陆上最大的移民国家，历史上也没有任何一个时候有如此高比例的移民。在1910年移民潮的高峰期，北美洲人口普查发现其居民当中有14.7%的人是在边境以外的地方出生的，也就是说，边境以外的地方出生的人口占比仅是阿根廷的一半。在任何方面，包括人口方面，外国人的影响在阿根廷是最为明显的。比起美国或巴西，外国人口对阿根廷人口的增长贡献是最为显著的。表6.6精确地显示了移民对巴西人口增长的贡献。最高峰时期出现得早，即在1891年到1900年间，巴西人口30%的增长是由外国人的进入带来的。

表 6.6　1872 年到 1940 年移民对巴西人口增长的影响

	人口增长（按千计算）				增长率		
	纯人口	超出死亡数的出生数	通过移民	因受移民而影响的比例	总体	本土	移民
1872—1890	4 221	3 651	570	13.5	2.01	1.63	0.38
1891—1900	2 984	2 081	903	30.2	2.42	1.82	0.60
1901—1920	13 317	12 377	939	7.0	2.12[①]	1.86	0.22
1921—1940	10 617	9 757	859	8.1	2.05	1.87	0.18

数据来源：莫尔塔拉，1947。

从外面来的男性和女性倾向与其血统相同的人结婚；这个趋势中女性强于男性。女性人数少，她们大概有着更多的可能性找到与她们有着相同来源地的伴侣。然而，由于男性人数众多，他们只能与这个国家的本土人结合。除了数量上的问题，文化价值也使那个普遍的倾向更弱或更强。不同性别的西班牙人和意大利人并没有碰到使他们与本土人分离的巨大的障碍，而且，实际上，西班牙人或意大利人也通常与本土人结婚。最为极端的相反情况就是日本人，特别是日本的女性，由于个人意愿或对其他国家的人产生抗拒，力求找到自己国家的人并与之结合。顺便提一句，最近的研究强调了移民链在其来源地和目的地选择方面所扮演的角色。从同一个地方出来的亲戚和朋友会在海外同一个地点定居下来。他们不会一起出发，而是有些时候会在相当长的一段时间

---

① 此处数据有误，据表中数据计算为 2.08。

里接连出发（贝利，1980；德沃托，1991）。这个分析把移民流分成了小单位。其社会和文化的内聚力，毫无疑问地使他们进行内部通婚。

四、未来的转变

欧洲移民的大量进入在接收国刻下了永久的标记。这些移民的进入加快了这些国家的发展，使其人口重新分布，并且引入了现代的人口行为模式。然而那些不怎么接收移民的国家，人口也得到净增长，几乎没有改变其传统的规则。

在记录发生的变化之前，应了解拉丁美洲人口的总体发展。表6.7把人口发展在不同国家分三个时间概括出来：1850年、1900年和1930年。收集回来的信息随着时间推移质量得以改善。第一栏是由估算数据组成的；然而，根据最近的人口普查，第三栏是调整后的数据。在表6.7中也出现了1850年到1900年和1900年到1930年这两个时期的人口增长率。

在半个世纪内，在1850年到1900年之间，拉丁美洲的人口数量翻了两倍，从约3 050万人到约6 190万人。其1.4%的年增长率比前一个世纪增长了三分之二。除了增长得更快以外，还比世界上的其他地区增长得更多。尽管欧洲国家也处于全面的人口过渡时期，然而，几乎没有欧洲国家可以超过那个速度。在接下

表6.7　1850年到1930年的拉丁美洲人口
（总数按千计算；人口增长率按百分比计算）

	1850	1900	1930	1850—1900	1900—1930
温带南美洲					
阿根廷	1 100	4 693	11 936	2.9	3.1
智利	1 443	2 959	4 365	1.4	1.3
乌拉圭	132	915	1 599	4.0	1.9
巴拉圭	350	440	880	0.4	2.3
分类汇总	3 025	9 007	18 780	2.2	2.4
热带南美洲					
巴西	7 230	17 980	33 568	1.8	2.1
哥伦比亚	2 065	3 825	7 350	1.2	2.0
秘鲁	2 001	3 791	5 651	1.3	1.4
委内瑞拉	1 490	2 344	2 950	0.9	0.8
厄瓜多尔	816	1 400	2 160	1.1	1.5
玻利维亚	1 374	1 696	2 153	0.4	0.8
分类汇总	14 976	31 036	53 832	1.5	1.9
加勒比					
古巴	1 186	1 583	3 837	0.6	3.0
波多黎各	495	959	1 552	1.4	1.6
多米尼加共和国	146	515	1 227	2.4	2.9
海地	938	1 560	2 422	1.0	1.5
分类汇总	2 765	4 617	9 038	1.0	2.3
墨西哥和中美洲					
墨西哥	7 662	13 607	16 589	1.0	0.8
危地马拉	850	1 300	1 771	0.9	1.0
萨尔瓦多	366	766	1 443	1.0	2.1
洪都拉斯	350	500	948	0.7	1.5
尼加拉瓜	300	478	742	0.9	1.5
哥斯达黎加	101	297	499	2.2	1.7
巴拿马	135	263	502	1.4	2.7
分类汇总	9 764	17 211	22 494	1.1	0.9
总数	30 530	61 871	104 144	1.4	1.7

数据来源：桑切斯－阿尔博诺斯，1991：108。

来的 30 年，也就是 1900 年到 1930 年，这个地区人口的年增长率为 1.7%，即从约 6 190 万人发展到约 10 410 万人。

温带南美洲是人口增长最快的地区：在第一个时期，其人口数量增长到原来的 3 倍，年增长为 2.2%，在 20 世纪初增长到原来的 2 倍，其增长率为 2.4%。在这个地区里，乌拉圭的人口在半个世纪里以年增长率 4% 的速度几乎增长到原来的 7 倍，尽管后期不能维持这个速度。阿根廷的人口先是增长到原来的 4 倍，然后又在较大基数上增长到原来的 2 倍。在这个地区，只有巴拉圭在某个时期的人口减少了。也许三国同盟战争，加上霍乱的灾害，消耗了其三分之二的成年男性，而这是总人数中相当重要的一部分。在 1886 年，人口普查仍然呈现出 7 万男性的空缺。于是，每 4 个女性中就有 1 个没能找到伴侣（里瓦罗拉，1974）。在 20 世纪里，巴拉圭的人口得到快速的恢复。在安第斯山脉的另一边，智利的人口在第一个时期增长到原来的 2 倍，然后以更慢的速度增长了一点。

在热带南美洲这个国家群组中，我们应该把巴西放在一边，巴西的增长与智利一样，或者是比智利还要高，而且巴西与南美洲的其他热带国家不一样，它在南部接收了大量的欧洲移民。这个群组中的其他国家的人口增长是巴西的三分之一，而且几乎没有感受到新世纪开启所带来的动力。尽管在 1903 年巴拿马激怒了哥伦比亚，在 1900 年到 1930 年之间，在所有的这些国家当中只有哥伦比亚超过了这个地区的人口平均增长率。委内瑞拉、厄瓜多尔、秘鲁和玻利维亚并没有表现出人口增长的生机。

由于墨西哥在整个中美洲中的分量较大，中美洲呈现出更温和的增长趋势。墨西哥的人口超过了整个地区的四分之三。革命不可避免地增加了暴毙人数，并且降低了出生率。1917 年的流行性感冒更是提高了死亡率。不确定性引起了剧烈的移民活动。1920 年北美洲的人口普查登记了在美国边境区有 651 000 名墨西哥居民（洛约，1969）。这些因素的组合使得阿兹台克民族在 11 年间损失了 825 000 个居民，在 1921 年从 15 100 000 个居民减少到 14 300 000（罗梅洛等，1961）。然而，和平带来了人口数量的快速恢复。五年后，出生率已经得到恢复，死亡率位于反犹骚乱的水平以下。这个地区的其他国家，哥斯达黎加、萨尔瓦多和巴拿马的人口在 20 世纪的前三十年里快速地增长。

在加勒比地区，多米尼加共和国原来的人口数量是非常少的，也在第一个时期增长到原来的 3.5 倍，并且在第二个时期增长到原来的 2.5 倍。在 19 世纪 80 年代，波多黎各人口数量增长到原来的 3 倍，海地的人口增长到原来的 2.5 倍。古巴作为独立战争中的牺牲国，其人口数量并没有如前面所说的国家一样得到高速增长。不过，古巴在后期也因移民获得了 3% 的人口年增长率。

总体来说，根据这些速度可观察到三种人口增长趋势。快速的增长是南部温带地区的特点。另一个快速的增长在更晚的时候，并且主要位于加勒比地区。使用古语地区的人口增长较慢。大西洋西海岸和安第斯山脉地区受益于这种增长，这种增长突出了数个世纪以前开启的趋势转折点。

先除开移民，增长是来自死亡率下降还是生育能力的提高呢？我们先来探讨一下前者。19世纪的人口普查和死亡人数登记发现了普遍的高死亡率，比率是每千人中有超过30人死亡，在这个人数基础上还需要加上死亡人数次登记的影响。这些毛比率与寿命一致——这是死亡的另一种表述——大概是出生后的27年。规律依然是照惯例的，大部分归因于非常高的儿童死亡率。在1896年到1898年间，在墨西哥每1 000个出生一年的儿童当中就有324个儿童死亡。

正如另一些事物的规律一样，行为也因不同的国家和地区而不一样。在同样的时期，乌拉圭的儿童死亡率是每千人中死亡98人，是整个地区中最低的。在阿根廷，布宜诺斯艾利斯和国家西北部的儿童死亡率在1914年的差异是后者为前者的2倍（索摩查，1971）。一些国家中大部分地区还继续着旧时的做法；另一些国家已经开始了其过渡期。在这些国家当中，乌拉圭、阿根廷、智利、古巴和哥斯达黎加，此外还有大陆上的其他大城市，都处在不同程度的过渡期。20世纪初，寿命在这些地区延长：1914年在阿根廷达到了48岁。主要的死亡原因是感染性的疾病。根据穆诺兹（拉丁美洲人口历史专业会议，1990）的看法，在1909年，在智利发现的已知死因当中有就有三分之二为感染性疾病。由于缺乏有效的治疗和药物，对比医治，预防才是避免染病的方式。而卫生和营养是对抗感染的有效方法。

  室内外的卫生是教育和习惯的结果，需要公共行动的援助。在那时，城市有卫生工程和服务：流动的可饮用水，下水道工程，市区、国家或私立医院……蒙得维的亚的医生数量在1889年到1904年间，也就是说，在5年间，从150个增加到243个，但是与病人有着更多接触的护士，则从3个增加到了250个，直到每1 237个居民就对应1个护士（里亚尔，1980a）。很明显，这种改善可以在那个时期的城市和发达国家中出现。而在大部分的乡村地区，这些设施很少可以到达。个人卫生习惯的重要性很突出。在1914年，外国女性带来了欧洲的生活习惯，她们的寿命比在阿根廷出生的女性的寿命平均要长15%左右（素摩查，1971a）。

  当交通发展起来，并且形成了国家市场，食物就更容易获得了。营养得到改善，生存危机也得到化解。营养缺乏和历年的饥荒并不总是会消失。有时候甚至会变得更严重，因为从前用于农作物的土地被用到出口物资的生产。食物的差异性解释了在死亡率中所观察到的一部分死因。拉普拉塔河作为丰富的食物产地，在那里，饮食是非常丰富多样的。于是，那里的居民比起在太平洋海岸和山脉地区的国家居民来说，身体也更健康。

有规律的饮食击败了饥荒，但是某些流行病依然产生惊人的死亡率。由于海上的交通更密集，霍乱成了19世纪的诅咒。霍乱源于恒河三角洲，经过中东地区和欧洲，从那里扩散到西半球。霍乱在1833年、1856年、1867年到1870年、1887年和1894年在美洲扎根，其严重程度不一。霍乱首先攻击了码头，当时机成熟后，就朝内陆传播。正如在巴拉圭发生战争期间一样。总体来说，隔离是预防感染的最好的办法。偏远的地区通常可以逃离灾难，大型的城市是最不受保护的。由于对疾病不了解，在那时候并没有理想的治疗办法。海上隔离区成了避免传播的有效措施。霍乱最后在一个多世纪里在美洲被消灭。

黄热病主要影响了居住在热带地区和码头的人。在加勒比地区存在超过两个世纪的地方性疾病，带菌的蚊子在19世纪将疾病传播到温带海岸区，并且从来没有超过一千米的高度。其在船上的传播虽然是缓慢的，但是很持久。在19世纪40年代，黄热病从新奥尔良（Nueva Orleans）到达了巴伊亚，从那里传播到里约热内卢。疾病就在接下来的十年中从那里转移到南部。在布宜诺斯艾利斯，有十分之一的人口在1871年死于这种疾病。比起本地人，这种疾病在欧洲人中传染得更多，这个消息使很多人打消了移民的念头。

黄热病也使1880年的巴拿马运河的第一次挖掘失败。直到1914年，在进行了密集的森林熏蒸消毒行动和结束了黄热病和疟疾的肆虐以后，北美人才重新开始这个工程。C. 芬利（Finlay），一个古巴的医生，辨认出了黄热病的传播者。洛克菲勒基金会（Fundación Rockefeller）进行了灭蚊行动。多亏了这些行动的成功，古巴、巴拿马和其他地区才在20世纪初期摆脱了这种疾病。亚马逊和中美洲的其他森林地区仍然受该疾病的影响。

除了大型流行病以外，还有常见的灾害。天花和麻疹继续肆虐，特别是在乡村地区的儿童当中。腺鼠疫于1899年在桑托斯的码头出现，根据前面所说的，流行性感冒在1917年袭击了墨西哥。

哈瓦那给了我们一个具有说服力的例子，这个例子是关于超过较高的正常基准的死亡率是如何发生和合并的，这个正常基准为每千人中有40人。图6.1表明了在19世纪每年出现的死亡人数。霍乱和黄热病占据了这个地方，但是其他疾病——天花、流感，还有战争——十年战争和解放战争，都影响死亡率。在解放战争中这个岛上大概有200 000条生命牺牲，当中有军人和公民，他们死于战争中，或是死于集中制度[①]的苛刻规定，在村镇中将农民聚

---

① 该制度是为了在军事上消灭1895年古巴独立主义起义。

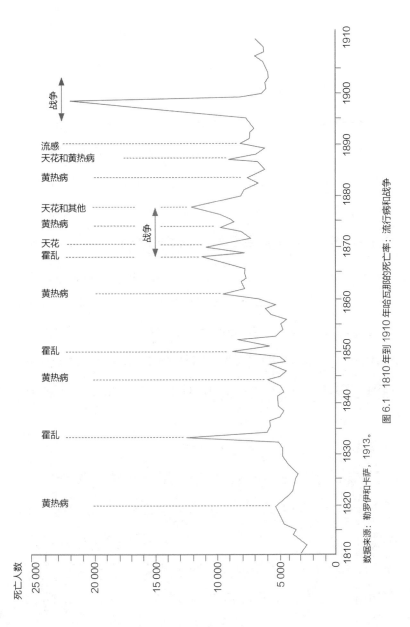

图6.1 1810年到1910年哈瓦那的死亡率:流行病和战争

数据来源:勒罗伊和卡萨,1913。

统治就是开拓

集起来以避免其与游击队接触（格拉和桑切斯，1958）。不管如何，在那个时期，居民从最重要的商贸码头之一到来，会带着多大的不确定性，是非常明显的。

另一方面，拉丁美洲的女性生育能力在那个时期是高的。考虑到次登记的情况，毛出生率有所增加，在大部分国家每千人中有超过 40 人出生。增长的人口里，出生人数除以分母，当分母增加时，这个比率就会下降，尽管萨瓦拉·德·科西奥（Zavala de Cossio）表示，这种行为会导致人口增长（拉丁美洲人口历史专业大会，1990）。

出生率常常是女性生育能力的不准确的表达，因此出生率通常选用基于人口普查所统计出的比率，生育或繁殖的比率是通过统计后代的数量得出的，或者更好的情况是统计所有的女性所拥有的女童数量，或者更加具体的是对她们进行年龄分组。这些指数更加清晰地展示了一个年代的人是如何替代前一代的人，还有女性随着年龄的改变，其行为如何改变。

生育能力的提高在其发生的地方与健康状况的改善和前面指出的死亡率的下降有关。一个更低的不生育率（特别是哺乳期过后不生育率）、丈夫寿命的延长及其所造成的丧偶率的下降使得生育的年份增加。这个增加的出现并不需要家族对孩子出生的期望增加，也不需要结婚率的增加。婚姻对繁衍生活的开启并不是必须的，与此同时，自由式的结合在更为年轻的人群中很普遍，不管这个自由式的结合会不会在后期变成婚姻。在殖民时期已经相当高比率的非婚姻关系尽管有着地方性的浮动和变化，依然继续存在。在哥斯达黎加，在1915年到1917年间，每一千个出生人口当中就有630个是私生儿（佩雷斯·布里诺尼，1981）。根据后期的人口普查表明，19世纪末期，25%的女性在有第一个孩子的时候仍然是单身。这种非婚姻关系并不是乡村地区或城市边缘地区特有的，而是出现在里约热内卢的欧洲女性当中。

生育能力以不同的模式变化，特别是，根据居住地是乡村还是城市而不一样。1895年的人口普查表明内陆的阿根廷女性比布宜诺斯艾利斯的女性生育出更多的孩子。库约的女性生育了996个0—4岁的孩子，而布宜诺斯艾利斯的女性则生育了711个孩子，也就是说，前者比后者多出了近三分之一；那些居住在巴塔哥尼亚边境处的人所生育的孩子数量与其相比则多出了近一半（1100）（索摩查，1968）。这个差异也在市郊出现。根据1936年布宜诺斯艾利斯城的人口普查，新芝加哥，作为新的工人区，具有46%的生育能力，这个生育能力超过了上流社会所居住的北部区（Barrio Norte）（雷奇尼，1969）。可以猜想到的是，在首都和这个北部区，最为优越的阶层达到了具有一定控制力的出生率，然而在普通阶层和乡村地区当中，这种情况就没有那么普遍。在移民的女性和出生于拉丁美洲的欧洲人后代女性中也存在着差异，这标志着新的家庭期望从欧洲来到了美洲（罗斯曼，1971）。

生育能力普遍较高的情况随着时间的推移出现了变化，正如在古巴因为改革和解放战争而出现的衰落一样，而随着这个衰落也出现了强烈的恢复情况；但是也有国家，特别是城市，在那里出现了不可逆转的渐变式减少。在这个减少中最具代表性的国家是阿根廷和乌拉圭。在1960年的全面人口普查中，超过八十岁的阿根廷非单身女性，其生育时间是在20世纪初期，这些女性在其全部的生育周期中，每个女性平均生育了4.39个孩子。这个数据在50—54岁的女性中减少到2.95个孩子，而这个年龄段的女性也不能再继续生育孩子。在三十年间，生育能力下降了三分之一（拉特斯，1967）。

生育能力的下降与死亡率的减少结合在一起，开启了人口增长转变的过程，在数个拉丁美洲国家仍然没有结束。关于这个话题，我们会在接下来的章节里提到。图6.2表明了乌拉圭的早期人口过渡情况，在图中也可看到不同的关系是如何进行相互作用的。出生率和死亡率的分离使人口数量直到20世纪30年代产生了一个巨大的增长。这个增长，大部分都是自然增长，也因为我们前面所提到过的重要的移民而改变得更多。与在乌拉圭中所观察到的相反情况就更为普遍：高的死亡率、高的出生率和移民的缺乏

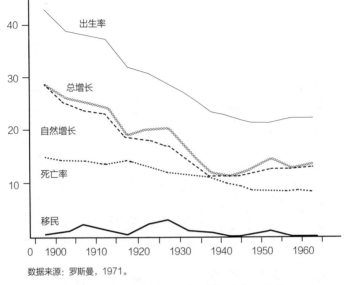

数据来源：罗斯曼，1971。

图 6.2　1895 年到 1964 年乌拉圭的出生率、死亡率、
移民率和增长率（按千计算）

占据了图中最高的地带；增长线通常占据低地带，尽管也可以看到轻微的增长趋势。

拉丁美洲的城市案例把我们带到了城市化的话题。1900 年是这个阶段的中间时间，情况被概括在表 6.8 中。在那些首都中，缺乏马那瓜（Managua）、巴拿马、太子港（Puerto Príncipe）和圣多明戈的数据，于是这些数据被忽略。在这里所收集到的信息并不是像现在的那么严格，但是其规模之间的关联可以在它们之间进行内部比较。在表 6.8 中，在国家名字的后面，包括了发现或估

表6.8 公元1900年居住在超过1万人口的城市的居民数量，首都的规模和排名（按千计算）

国家	日期	总人口数	城市 100 000+			城市 20 000—99 999			城市 10 000—19 999			% 10 000+	首都	排名	人口	
			排名	人口		排名	人口		排名	人口						
阿根廷*	1895	3 955	1	664	16.8%	7	294	7.4%	9	117	2.9%	27.1	布宜诺斯艾利斯	1	664	16.8%
玻利维亚	1900	1 816	—	—	—	5	132	7.3%	1	14	0.8%	8.0	拉巴斯	11	53	2.9%
巴西	1890	14 334	4	825	5.8%	11	394	2.7%	19	339	2.4%	10.9	里约热内卢	2	430**	3.0%
哥伦比亚	1905	4 144	1	117	2.8%	6	199	4.8%	5	72	1.7%	9.4	波哥大	8	117	2.8%
哥斯达黎加	1892	243	—	—	—	1	30	12.3%	3	39	16.0%	28.4	圣何塞	15	30	12.3%
古巴*	1899	1 573	1	236	15.0%	5	157	10%	7	90	5.7%	30.7	哈瓦那	6	236	15.0%
智利*	1895	2 696	2	379	14.1%	4	135	5.0%	6	74	2.7%	21.8	圣地亚哥	4	256	9.5%
厄瓜多尔	1889	1 272	—	—	—	3	115	9.0%	4	42	3.3%	12.3	基多	12	47	3.7%
危地马拉*	1893	1 501	—	—	—	4	140	9.3%	9	103	6.8%	16.9	危地马拉	10	72	4.8%

续表

国家	日期	总人口数	城市										首都	排名	人口	
			100 000+			20 000—99 999			10 000—19 999			% 10 000+				
			排名	人口		排名	人口		排名	人口						
洪都拉斯	1901	544	-	-	-	1	24	4.4%	2	22	4.0%	8.4	特古西加尔巴	17	23	4.2%
墨西哥	1900	13 607	2	446	3.3%	21	816	6.0%	35	467	3.4%	12.7	墨西哥	3	345	2.5%
巴拉圭	1886	330	-	-	-	1	25	7.6%	2	30	9.1%	16.5	亚松森	16	25	7.6%
秘鲁	1876	2 622	1	101	3.9%	2	63	2.4%	2	31	1.2%	7.4	利马	7	101	3.9%
波多黎各*	1899	953	-	-	-	2	60	6.3%	1	15	1.6%	7.9	圣胡安	14	32	3.4%
萨尔瓦多*	1892	703	-	-	-	2	56	8.0%	5	52	7.4%	15.4	圣萨尔瓦多	13	33	4.7%
乌拉圭	1900	936	1	268	28.6%	-	-	-	1	13	1.4%	30.0	蒙得维的亚	5	268	28.6%
委内瑞拉	1891	2 222	-	-	-	4	189	8.5%	23	316	14.2%	22.8	加拉加斯	9	72	3.2%

* 人口普查的数据。
** 不包括联邦的乡村教区。

算的最近日期、总人口数、三个等级的城市——超过 10 万居民，从 20 000 人到 99 999 人，从 10 000 人到 19 999 人——每个等级的城市数量和占总数的百分比。最后是三个等级加起来的百分比、首都的名字、其排名、其人口，以及这些人口所占国家总人数的百分比。为了简略起见，这些绝对的数字按千表示。

所包括的 17 个国家当中有 8 个拥有超过 10 万居民的城市。只是布宜诺斯艾利斯，也许还有里约热内卢，有着超过 50 万的居民。除了巴西、智利和墨西哥这三个国家之前就已经发展了超过 10 万居民的第二等级的中心以外，首都常常独自崛起，并且离这些国家的其他城市很远。这些中心有巴伊亚、累西腓、圣保罗、瓦尔帕莱索和普埃布拉。在乌拉圭、阿根廷和古巴，处于首要地位的城市变得更为巨型。在那时候，蒙得维的亚有着超过共和国 29% 的居民；布宜诺斯艾利斯和哈瓦那则大概占全国六分之一的人口。然而，普遍的情况是首都并没有聚集超过这个国家 5% 的居民。国家的首都通常是适度发展的（斯科比，1991）。

在布宜诺斯艾利斯、里约热内卢和墨西哥（这些城市的规模仍然与伦敦、纽约或巴黎没有可比性）后面，跟着的就是第二个等级的城市，如智利的圣地亚哥、蒙得维的亚和哈瓦那，其人口数量大概为 25 万。国家规模并不能维持特殊情况很久，在那时按照城市大小的排名，蒙得维的亚占据第五位。在那三个城市中，蒙得维的亚和哈瓦那是位于大西洋海岸的活跃的商贸港口。在第三等级的城市中有利马、波哥大，范围更广的话，还有加拉加斯和危地马拉。前面两个几乎没有超过 10 万居民；接下来的后面两个超过了这个数据。最后，拉巴斯和基多位于最后一组的前头，最后一组的居民数量大概为 5 万。剩下的城市几乎都是 2 万到 3 万居民。其人口数量少的情况与其国家经济发展的停滞相符。

快速的城市发展，其人口占国家总人口的比率超过了 4%，这个数据主要是在南部登记的。蒙得维的亚和布宜诺斯艾利斯具有最高的比率，里约热内卢和波哥大的比率大概为 3%。利马、基多、加拉加斯、拉巴斯和危地马拉在这个方面也没有什么可以炫耀的了。

超过 1 万居民的聚集区有 226 个，其人口数量占总数量的 14%。大部分的人口继续生活在乡村聚集区中。有一些国家在 1900 年已经达到了相当高程度的城市化，这是值得欣赏的。在那五个国家（阿根廷、智利、古巴、乌拉圭和委内瑞拉）当中，在社会经济方面最为发达的地方，有 20% 到 30% 的人口居住在超过 1 万人的居民中心。有着 1 万居民的聚集区从我们的角度来看似乎是小的，但是其人口依然会增长到原来的 2 倍或者 4 倍，人口普查把这种规模的聚集区归为城市。

城市在数量上和规模上直到 1930 年还在继续增长。增长最多的城市是首都和行政中心，但是也有商贸中心。这些城市中的三个城市——布宜诺斯艾利斯、里约热内卢和墨西哥——在1930年拥有超过了100万居民。布宜诺斯艾利斯，作为拉丁美洲最大的城市，超过了里约热内卢和墨西哥。第二等级的城市也有了很大的发展。在这些城市当中，最为突出的是圣保罗大型商贸中心，这个城市与里约热内卢和罗萨里奥（Rosario）的城市规模接近。这些城市的人口发展在这个时候通常是渐进的。城市化有利于大型城市的发展（哈多和兰登，1978）。

与此同时，首都也改变了其面貌。旧城区人口聚集，上流社会抛弃了他们在城市里的住所，在更偏远的地方建起了法式或意大利式的豪宅。关于这个时期的记录，有位于墨西哥的改革大道（el paseo de Reforma de México）、圣保罗的圣保罗人大道（la avenida Paulista）、里约热内卢的里约布兰科（la Rio Branco）、布宜诺斯艾利斯的阿尔韦阿尔大道（la Alvear）和利马的阿雷基帕大道（la Arequipa），这些主要的街道的周围都有郊区。主干道和铁路的线路使中产阶级和普通阶层的流动更加容易，与此同时，旧中心还保留其管理、商贸和文化职能。

低出生率、可变的生育率，加上城市化，预示了17世纪建立起来的人口制度的结束。然而，没有人可以预知接下来其转变的规模。

–7–

人口爆炸

在 20 世纪下半叶,拉丁美洲的人口以一个直到现在还是未知的速度增长。在这个过程中的人口大爆炸在世界人口历史上是前所未有的,而且也后无来者。像蘑菇式的头大且主干窄的图示体现了其发展的模式(见图 7.1)。在 1940 年,这个地区拥有 1.26 亿居民,如今(1990 年)拥有大概 4.43 亿居民。在这个时期,拉丁美洲的人口增长到原来的 3 倍多,在这个时期中的上半期的增长比下半期的增长要快速。于是,其扩张减慢,但是直到进入下一个世纪前,这个地区的人口依然在缓慢地增长(请见第 9 章)。这种突发的燃烧仍然没有被扑灭①。

---

① 这里指这种人口爆炸的现象仍然未停止。

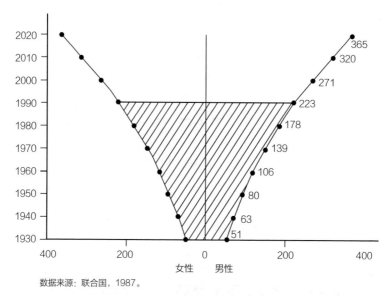

数据来源：联合国，1987。

图 7.1　1930 年到 2020 年的拉丁美洲的人口增长
（人口数量按百万计算）

　　增长的最高峰位于 1955 年到 1965 年之间。在这个十年之中，拉丁美洲以每年大概 600 万人口的速度增长，也就是说，相当于在那时候的好几个国家的人口，其大小如萨尔瓦多、哥斯达黎加和巴拿马这三个国家一起，或如玻利维亚和巴拉圭的人口总数。表 7.1 列出了 20 世纪下半叶每个国家的人口年增长率，并且把这些年增长率按大型区域分组：大陆中美洲、加勒比、热带南美洲和温带南美洲。请注意拉丁美洲在初期的人口增长速度，还有在后期如何变得缓慢。在这个增长中排名前列的国家是位于南部热

表 7.1　1940 年到 1990 年的拉丁美洲人口年增长率（%）

	1940—1950	1950—1960	1960—1970	1970—1980	1980—1990
大陆中美洲					
墨西哥	3.3	3.0	3.3	3.0	2.5
危地马拉	3.0	2.9	3.0	3.0	2.9
萨尔瓦多	1.7	2.8	3.4	2.9	3.1
洪都拉斯	2.3	3.3	3.1	3.4	3.3
尼加拉瓜	2.1	3.1	3.2	3.0	3.4
哥斯达黎加	3.3	3.8	3.6	2.8	2.6
巴拿马	3.5	2.8	3.0	2.8	2.1
分类汇总	**3.1**	**3.0**	**3.2**	**3.0**	**2.6**
加勒比					
古巴	2.5	1.8	2.0	1.3	0.8
波多黎各	1.6	0.7	1.4	1.6	1.5
多米尼加共和国	3.2	3.0	2.4	3.0	2.3
海地	0.9	1.9	2.2	2.3	2.6
分类汇总	**2.1**	**1.9**	**2.1**	**2.1**	**1.7**
热带南美洲					
巴西	2.6	3.0	2.8	2.3	2.2
哥伦比亚	2.5	3.0	2.8	2.2	2.1
秘鲁	1.4	2.4	2.9	3.0	2.6
委内瑞拉	3.4	4.0	3.8	3.5	2.8
厄瓜多尔	2.5	2.7	3.0	3.0	2.1
玻利维亚	0.9	2.2	2.3	2.5	2.8
巴拉圭	2.1	2.7	2.5	3.3	2.9
分类汇总	**2.4**	**3.1**	**2.9**	**2.5**	**2.3**
温带南美洲					
阿根廷	2.1	1.9	1.5	1.6	1.5
智利	1.7	2.2	2.1	1.7	1.6
乌拉圭	1.4	1.3	1.0	0.2	0.7
分类汇总	**1.8**	**1.9**	**1.6**	**1.6**	**1.5**
总数	**2.4**	**2.5**	**2.8**	**2.5**	**2.2**

数据来源：表 7.2。

带的国家，特别是巴西。委内瑞拉比巴西的人口增长更快，但是前者的增长是靠越洋移民和邻国移民的努力。在这个区域里，哥伦比亚和秘鲁的增长迟了一点才开始。墨西哥和中美洲的情况也是一样。在鼎盛时期，超过年3%的比率都是基准水平。玻利维亚、巴拉圭、洪都拉斯或海地，这些国家面积更小，发展程度也更低，其人口的增长耽搁了一定的时间才开始。人口扩张在20世纪80年代末就达到顶峰了。温带南美洲或古巴和波多黎各，其人口并没有停止增长，在这整个时期里其人口的增长带有一定的克制性。

在一段时间后，不同的增长速度使居民在空间上重新进行分布。人口爆炸使中美洲和南部热带区受益。中美洲的人口在1940年占拉丁美洲总人口的21%，而在1990年，则占29%；而南部热带区的人口，则从占总人口的53%发展到59%。温带南美洲的人口从占总人口的18%减少到12%，也就是说，从占总人口的五分之一不到的比率，减少到占总人口的约八分之一。在比例上增长得最多的是哥斯达黎加，增长得最少的是乌拉圭（见表7.2）。

人口爆炸可以通过组成人口增长的变量，也就是说，死亡率和出生率之间的不平衡来解释。在那时候，死亡率突然减少，同时生育率继续保持，或者有时候会升高。决定增长的两个因素就如钳子的两个钳腮，其相互远离可以为人口的增长开辟道路。拉丁美洲的人口在这一次是靠内部增长，而不是像以前那样依靠海外移民的帮助。

表 7.2　1940 年到 1990 年拉丁美洲的人口（按千估算）

	1940	1950	1960	1970	1980	1990
大陆中美洲						
墨西哥	19 815	27 376	37 073	51 176	69 393	89 012
危地马拉	2 201	2 962	3 964	5 246	6 917	9 197
萨尔瓦多	1 633	1 940	2 574	3 582	4 797	6 484
洪都拉斯	1 119	1 401	1 943	2 639	3 691	5 105
尼加拉瓜	893	1 098	1 493	2 053	2 771	3 871
哥斯达黎加	619	858	1 236	1 732	2 279	2 937
巴拿马	595	893	1 148	1 531	1 956	2 418
分类汇总	26 875	36 528	49 431	67 959	91 804	119 024
加勒比						
古巴	4 566	5 858	7 029	8 572	9 732	10 540
波多黎各	1 880	2 219	2 358	2 718	3 199	3 707
多米尼加共和国	1 759	2 409	3 224	4 289	5 558	6 971
海地	2 825	3 097	3 723	4 605	5 809	7 509
分类汇总	11 030	13 583	16 334	20 184	24 298	28 727
热带南美洲						
巴西	41 233	53 444	72 594	95 847	121 286	150 368
哥伦比亚	9 077	11 597	15 538	20 803	25 794	31 820
秘鲁	6 681	7 632	9 931	13 193	17 295	22 332
委内瑞拉	3 710	5 009	7 502	10 604	15 024	19 735
厄瓜多尔	2 586	3 310	4 413	6 051	8 123	10 782
玻利维亚	2 508	2 766	3 428	4 325	5 570	7 314
巴拉圭	1 111	1 371	1 778	2 290	3 168	4 231
分类汇总	66 906	85 129	115 184	153 113	196 260	246 582
温带南美洲						
阿根廷	14 169	17 150	20 616	23 962	28 237	32 880
智利	5 147	6 091	7 609	9 456	11 127	12 987
乌拉圭	1 947	2 239	2 538	2 808	2 908	3 128
分类汇总	21 263	25 480	30 763	36 226	42 272	48 995
总数	126 074	160 720	211 712	277 482	354 634	443 328

数据来源：1950—1990：联合国，1987；1940，中美洲人口统计中心，人口公报 15，1975。

与 16 世纪和 17 世纪相反，人口数量的转变对于土著人来说是有利的。比如，在危地马拉，当地的人口普查对土著人口数量进行另外统计，在 1950 年其人口数量为 160 万，在 1964 年则为 220 万，1973 年为 270 万。于是，在不到 25 年的时间里，其人口数量几乎是增长了一倍，尽管其部分人口发展由于向拉迪诺人群①的文化同化而受到偏离。如果没有这个人口分流的话，土著人口的增长会更显著。即使土著人口在增长，其社会优势地位却已经失去：在 1950 年土著人口占危地马拉人口的 56%，在 1973 年则仅占 48%（厄尔利，1982）。

一、死亡率更低，寿命更长

在 1940 年，一个刚出生的拉丁美洲的婴儿可以活大概 38 年（阿里亚加和戴维斯，1969）。这并不意味着所有人都有同样的生存机会或者另一些人没能活得更久。实际上，很多年龄很小的儿童死亡，只有很少人可以活到年老。那时候 38 年的寿命只是比随便一个四千年前出生于一个农村里的儿童还可以生活的年数再多 17 年（见第 2 章）。如果说在这 40 个世纪里人口的寿命只是延长了这十几年的话，那么在接下来的 20 年人口寿命就延长得更多。实

---

①西班牙人和土著人的混血人种，或殖民初期会讲西班牙语的土著人。

际上在1960年,平均寿命为55.8岁,也就是说,多出了17.8年。与死亡的斗争在20世纪里获得了绝对的成功。在1980年到1985年这5年时间里,整个拉丁美洲的人口平均寿命已经达到65岁。

关于这方面,巨大的差异也存在于不同的性别和不同的国家中。在1975年到1980年间,拉丁美洲的女性比男性的寿命要长4—5年(在表7.3中把两性的寿命进行比较)。在女性当中,也存在着差异。在如波多黎各、古巴、哥斯达黎加、乌拉圭、阿根廷和巴拿马这样的国家里,女性寿命超过70岁;在玻利维亚和海地,则在50岁左右。这相差的20年就把两组国家的女性从摇篮里进行了分离。在拉丁美洲登记的总体较高的指数与世界上最发达的国家指数相似;然而,其他国家还有相当远的路要走。最近,顺便提一句,寿命的增长变慢,拉丁美洲国家之间的缺口,或这些拉丁美洲国家人口的寿命与发达国家之间的距离,似乎并不会在短期内缩小(帕约尼,1981)。

生存与死亡呈反相关关系。当死亡率减少,寿命就延长。在人数众多的年龄段里死亡率减少,寿命延长,也就是说,出生的孩子明显地延长了他们在群体中的存在时间,这比在任何其他年龄段的死亡率减少所带来的寿命延长的时间还要长。儿童死亡率的下降很精确地在表7.4中标明。尽管这些数字的采用本应有所保留,其所反映出来的趋势并不会因为引入部分的调整就改变。在

表 7.3　1975 年到 1980 年期间按照国家和性别排列的人口寿命

国家	两个性别	男性	女性
阿根廷	69.2	66.0	72.5
玻利维亚	48.6	46.5	50.9
巴西	61.8	60.1	63.6
哥伦比亚	62.2	60.0	64.5
哥斯达黎加	69.7	67.5	71.9
古巴	72.8	71.1	74.4
智利	65.7	62.4	69.0
多米尼加共和国	60.3	58.4	62.2
厄瓜多尔	60.0	58.0	62.0
危地马拉	57.8	56.9	58.8
海地	50.7	49.1	52.2
洪都拉斯	57.1	55.4	58.9
墨西哥	64.4	62.4	66.5
尼加拉瓜	55.2	53.5	57.1
巴拿马	69.6	67.5	71.9
巴拉圭	64.1	61.9	66.4
秘鲁	57.1	55.7	58.6
波多黎各	72.8	69.6	76.0
萨尔瓦多	62.2	60.0	64.5
乌拉圭	69.5	66.3	72.8
委内瑞拉	66.2	63.6	69.0

数据来源：联合国，1981。

1950 年到 1954 年间，在海地每 1 000 个儿童中就有 219 个在出生的第一年里就死亡了，在其他大部分的剩余国家中则超过 300 个；30 年后，也就是说，在 1975 年到 1980 年间，只有秘鲁、海地和玻利维亚超过了 100 个的限度；在其余的国家中，儿童的死亡率大幅下降，这是令人震惊的数量减少。阿根廷或乌拉圭，作为首先达成低儿童死亡率的国家，那些年里人口增长得最少。古巴、哥斯达黎加和巴拿马获得了最大的进步，以至于今天还是拉丁美洲地区人口增长最快的三个国家。每1个在古巴出生并且在不到一年去世的婴儿，就同比例地对应邻国海地的7.5个去世婴儿和阿根廷的2个去世婴儿。古巴的儿童死亡率比欧洲国家比如说西班牙所达到的最小值的一半高出一点。

表7.4 1950年到1955年和1975年到1980年的儿童死亡率

国家	儿童死亡率（‰）		下降（%）
	1950—1955	1975—1980	
古巴	82	27	67
哥斯达黎加	92	30	67
乌拉圭	57	42	26
巴拿马	93	32	66
阿根廷	64	41	36
委内瑞拉	107	44	59
智利	126	44	65
巴拉圭	106	49	54
墨西哥	114	61	46
萨尔瓦多	175	82	53
哥伦比亚	134	59	56
巴西	135	79	41
多米尼加共和国	147	71	52
厄瓜多尔	168	82	51
危地马拉	147	79	46
洪都拉斯	169	95	44
秘鲁	158	105	34
海地	219	121	45
玻利维亚	175	152	13
尼加拉瓜	167	93	44

数据来源：布朗夫曼和戈麦斯·德·莱昂，1988。

国家平均值总是掩盖一些差异的，特别是在不同类的大型国家当中。比如说，在1960年到1970年间，巴西的平均儿童死亡率是99‰，在北里奥格兰德州，每1 000个新生儿中有189个新生儿死亡，在南里奥格兰德州则有 52 个新生儿死亡（梅里克和格雷姆，1979）。这个差异证明了两个地区社会和经济发展的不同程度。除此以外，新生儿死亡率还随着城市化程度发生变化：在城市里的新生儿死亡率比乡村的要低。比如说，在秘鲁，在 1960 年，城市的新生儿死亡率是 133‰，而乡村地区则要高出三分之一，为 180‰。顺便说一句，城市新生儿死亡的比率比乡村的比率要下降得快得多。在 1975 年，城市里的新生儿死亡率是 80‰；然而，在乡村里则接近翻倍（150‰）。同时，新生儿死亡率也根据母亲的社会阶层和受教育程度而改变。自然而然地，母亲的社会地位越高，受教育程度越高，新生儿死亡率就越低（古兹曼，1988）。

在死亡每减少一年的背后，隐藏着科学冒险和日复一日的专业实践。一个丰富的医学参考文献告诉我们细菌和功能紊乱是如何被识别的，药典或适当的治疗方法是如何被发现的（兰卡斯特，1990）。阐明治愈方法和疾病预防的框架也是被人所知的：设备、程序、机构、预算、教学……然而，知道在实验室里什么时候发现一种细菌或者什么时候开始疫苗接种，与一种疾病是什么时候被连根拔除的，并不是同一件事情。

卫生健康的数据应记录下这些转变，但是其覆盖面依然是不完全的。根据联合国人口年鉴，在 1966 年，在危地马拉、多米尼加共和国和萨尔瓦多只有 18% 到 21% 的死亡人数被外科医生见证。在哥伦比亚、墨西哥和智利，其比例上升到60%、69%和77%，但是并不足够。在人口爆炸式增长的阶段，并没有关于死亡原因的全面可靠的登记。我们只有一些国家的部分相关数据。智利是这方面的一个很好的例子，因为其拥有健康的国家服务，尽管其数据是部分的，但是数据是以系统的形式被记录下来的。这些数据形成了图7.2，这个图描述了从1937年到1963年具有争议性的这些年当中人口是以何种方式死亡的。左边的条栏揭示了在1945年后由传播性的疾病（主要是肺结核、小儿腹泻与肺炎）造成的死亡人数加剧减少的情况。意外或器官病理（癌症、脑血管损伤等）作为死因（右边的条栏）取代了这些传播性的疾病。这个在智利可被观察出来的替代情况也在其他地方发生，当然，发生的时间和程度也是不一样的。从旧时因被感染而死亡，到因机能衰退或身体器官出现障碍而死亡。这些死亡通常在衰老的躯体上发生。如果没有发生意外的话，不可避免的死亡被推迟到年老的时候发生。

感染疾病的案例数量突然下降与对抗疾病的新技术的引入和传播有关。抗生素——磺酰胺和青霉素——在实验室中被发现，在第二次世界大战后很快传播开来。肠胃疾病和肺疾病，特别是小儿肠胃和小儿肺炎被控制住，其最致命的爆发已经被击破。另一方面，杀虫剂消灭了携带部分疾病病菌的昆虫。大量用水喷湿

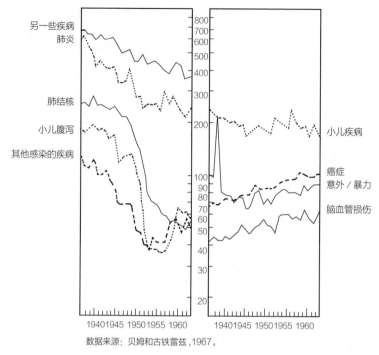

数据来源：贝姆和古铁雷兹，1967。

图 7.2　1937 年到 1963 年在智利根据不同起因，
每十万居民的死亡人数

的 DDT 被喷洒在雨林、平原和沼泽地上，这就消灭了携带疟疾和黄热病病毒的蚊子，同时，也消灭了苍蝇和其他有害的昆虫。以前荒无人烟的上百万平方公里的土地得到恢复。数个世纪以来被认为是不卫生的热带区，已经解决了其地方性疾病带来的人口减少问题。危机解除或者在对疾病具有抵抗力的小地区被约束起来。现在在热带地区，人口繁衍得很好且很多。

委内瑞拉在 1945 年末在全国范围内开启了用 DDT 挨家挨户地从空中进行密集的烟熏消毒行动。在 1911 年到 1915 年之间，在疟疾肆虐的平原地区，每年在 10 万条生命当中有 527 条因这种疾病而死亡。在结束了十年的疫苗接种后，平原地区的人作为远离疟疾的人口被录入世界健康办公室登记文件里（加巴尔登，1956）。类似的行动在巴西、哥伦比亚、墨西哥、中美洲和加勒比中也在进行（比如，墨西哥对抗黄热病的疫苗接种：奥利韦拉·托罗和鲁伊斯，1982）。

抗生素和用杀虫剂进行烟熏消毒的应用要求有卫生基础设施和经济条件作为支撑。先前在所有国家中就有医生和医院。如果医生和医院的数量没有达到最低限度，也就不能利用这种方式了。除此以外，那个年代的政府表现出改善卫生条件的意愿。国家和省级政府建立了政府部门、国家健康服务或社会保障机构。用于卫生健康的预算得到了巩固。工会或职业组织相互合作，努力地建立起自己的援助服务。这个关注度首先在城市得到改善，但也在更少程度上到达了乡村地区。

把进口技术和自身的努力结合在一起，拉丁美洲在对抗死亡的斗争中获得了胜利。在二十到三十年间就达到了目标，而这个同样的目标在发达国家里却花费了更长的时间。当抗生素和杀虫剂被发现的时候，这些发达国家通过其他方式减少其人口死亡率。

新科技在这些发达国家中并没有产生在拉丁美洲中所产生的那样巨大的效果。相反,另一方面,非洲和亚洲也没能从这个创新中获得利益,因为这些地区缺乏基础设施和最低限度的资源。位于亚洲和非洲中间的拉丁美洲,在 20 世纪中期成了具有最优医学进步潜力的地区。这个地区拥有最好的条件来吸收这些进步:这个地区需要科技来改善村落里的卫生水平,并且拥有最基本的条件来应用这些技术。

营养、住宅、教育和劳动条件的不足都会抵消医药和卫生服务所带来的好处。对于麦基翁来说(1976),19 世纪欧洲死亡率的减少是由于医学的发展,而不是食物和卫生条件的改善。在拉丁美洲,收入越高,就有越大的益处和活得越久。根据图 7.3,在 1960 年,有着更积极的预测结果的国家是那些人均收入高的国家。波多黎各、乌拉圭和阿根廷在剩下的国家当中排名前列;玻利维亚和海地,则排在后位。然而,这个相互作用并不是简单的。古巴和哥斯达黎加已经证明了减少儿童死亡率和整体死亡率是可行的,尽管在个人或整个国家的层面上并没有如此大的进步。这也取决于社会如何分配其拥有的资源。古巴和哥斯达黎加在最近的几十年中更偏向于社会类的投资,并且在人口数量排名方面获得了很惊人的成绩。

正如 20 世纪中期可以预见的那样,经济和社会增长本可以

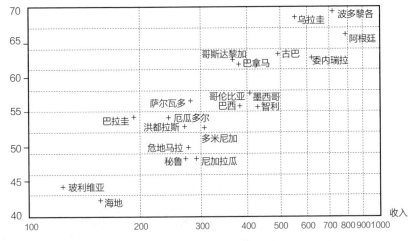

数据来源：阿里加，1968；索摩查，拉丁美洲和加勒比经济委员会。

图7.3　1960年拉丁美洲人均寿命和收入
（分别用年度和美元表示）

把社会福利推广到人口数量最多的社会阶层中，并且继续这样挽回更多的生命。多亏了抗生素和杀虫剂的应用，在这个阶段的成就就不会像抗生素和杀虫剂所获得的成就那么令人眼花缭乱；食物和预防也许本可以担任最具关键性的角色。很遗憾，这个预测并没有得到实质化。经济生产或收入停止增长并不是在一年里或在一个国家里发生的，而是整体地在最近这段时间里发生的。在这个时候，公共资源缺乏，一些健康或退休服务预算被缩减或处于明显的破产期。数据显示出的人均收入的下降，或者更具体地说，是失业或工资的下降，使家庭没有用于食物或健康方面的足够开支。为减轻生活条件的下滑情况，洛佩斯·波蒂略（López Portillo）总统建立了墨西哥营养制度以补助最为基本的消费。在阿根廷，阿尔方斯（Alfonsín）政府的全国营养计划努力保证平民维持健康的基本食物。在另一些地方，社会的不安达到了一定程度时就会引起社会不幸。

现在的社会经济气候对于死亡率继续下降并不是最有利的。姆勒（1978）发现了在一个有着很高寿命期望的国家首次出现了寿命减少的情况，如阿根廷，发生的时间很早，是1970年。帕约尼（1981）在关于儿童死亡率和总体死亡率没有如意地减少方面的讨论引起了大家的注意。由于政治和军队的暴力，死亡的情况更是变本加厉。很有可能在阿根廷、乌拉圭和智利"消失"的人从来没有在死亡的数据中显示出来，这便意味着有数以千计的年轻人去世。秘鲁、萨尔瓦多、危地马拉和尼加拉瓜的死亡人数加起来已经达数万人，这些人在人口数量的大小和组成中没有留下印记。

二、人口发展趋势焕然一新

之前贫困的儿童，当幸存下来后，就会聚集成长。0—14岁之间的儿童在人口爆炸时超过了总人口数量的40%。在多米尼加共和国和尼加拉瓜，在1970年，同样年龄的儿童甚至占总人口数量的48.3%，也就是说，几乎每2个居民当中就有1个儿童。房子里、学校中和街道上都是年轻的人。然而，在阿根廷和乌拉圭，这个年龄段的人口比例仅占30%左右，与工业发达国家的水平相近（25%）。阿根廷和乌拉圭，从很久以前起，就是拉丁美洲相对不那么年轻的国家，也就是说，组成人口更年老的国家。现在，紧接着这两个国家的是古巴、波多黎各和智利。

大概在1960年，在整个拉丁美洲，年轻群体的比例扩张达到了顶峰，但是依然在一些地区持续，这些地区的生育率的发展仍然没有达到高峰。墨西哥和中美洲的大部分地区、多米尼加共和国、秘鲁和厄瓜多尔在20世纪70年代继续趋向年轻化；玻利维亚和海地的人口年轻化持续发展到1980年。顶峰过后，年轻人的群体趋向部分缩减；成年人和老年人的数量增多。拉丁美洲，特别是其城市的人口开始老化。

居民人口的年轻化或老年化主题在特定的人口年龄金字塔里是十分明显的。我们在图7.4中收集了两个相反的情况：墨西哥的情况（1970）和乌拉圭的情况（1975）。墨西哥人口金字塔展现出一个明显的年轻状况，这是一个社会在全面发展的时候所特有的：基底宽，在0—4岁的儿童群体中男性比女性要多。然后，两边随着年龄的增长逐渐变窄。在所示的最高峰中，女性比男性要多。墨西哥的情况在那个年代普遍地重复发生。然而，乌拉圭独特的人口金字塔在一个更窄的基底上建立起来。其中间实心的躯体体

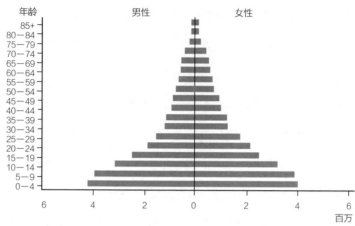

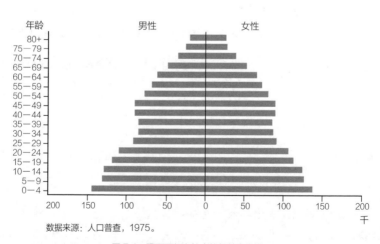

图 7.4 墨西哥与乌拉圭的年龄金字塔

现了一个更迟的收缩，并且最后以一个大头的态势结束。这样的轮廓记录了老化的人口状况，这是因两个特殊的情况而形成的畸形：从前殖民地里数量众多的移民影响了最高的等级；中间等级里的收缩显示了最近大量迁移到内陆的移民。

人口的年轻化是有好处的，但是也可能产生不便利的地方。在经济学方面，更多的儿童和年轻人使市场更有动力，并且可以确保更大的劳动力市场。好了，那么在这些劳动力发挥作用之前，必须有人去维持他们的生活。当人口出现年轻化的时候，依赖值就会一同增加。根据阿里加（1970a）的看法，每个有工作的人在人口爆炸时期需要维持超过2.2个人的生活，也就是说，31%有工作的拉丁美洲人口不仅要维持自己的生活，还需维持剩下69%的人口的生活。人口爆炸推动了活跃的人口发展。

在20世纪中期，初级教育并没有消灭拉丁美洲的文盲。人口的快速增长使这个问题变得更复杂。更多的儿童和年轻人需要更多的教育资源。更多的资源和更多的人员应该专注于这个任务。然而，并不总是有足够的预算和教师。尽管出现这些不足，文盲还是减少了，不过并没有被根除，然而，扫盲行动是以教育在不同程度上的总体受损作为代价的。然而，古巴证实了只要有决心和资源的重新分配，很快就可进行普遍的扫盲行动并且获得成功。

当年轻人达到了劳动力年龄的时候，必须向他们提供工作机会。在墨西哥，每年在农业、工业和服务业方面需要创造的新的工作岗位是 150 万个。好几个拉丁美洲政府的发展计划包含了这个需求，但是它们并没有准备好足够的资源以创造职位，比如说在墨西哥，就是按在 15 岁到 64 岁之间的人口数量以 3.5 倍的速度增长。此外，拉丁美洲现在的危机也使问题的解决变得困难。对于那些需要寻找其第一份工作的人来说，工作需求和工作供给之间的缺口越来越宽。其后果是失业和移民。在接下来的章节中我们将会谈论到这个问题。美国，作为最大的移民接收国，担忧地看待劳动力和职位之间日益增长的不平衡问题，担心没有能力阻止这个缺口（比恩等人，1989）。

如果安顿儿童和年轻人会产生巨大的损失，那么其缩减会带来其他后果。人口的停滞会使经济的发展停滞，正如在乌拉圭发生的一样。更少的国内需求、更少的生产，就会带来更少的就业。此外，一个老龄化社会将依附于一个压力很大的社会保障系统，并且需求会比收入更大。年龄越大，消极的社会阶层就会越大，有能力产生贡献的活跃人口就更少。在这个被抽去资本的系统中，退休人群处于在法律上不清楚能有多少社会福利的危险之中。

三、过剩的生育率

净生育率计算的是一个女性在其生育周期里所生育出的女童的

数量，这个生育周期是指在 15 岁到 45 岁之间。总体来说，系数 1 意味着母亲那一代的严格替换；系数 1 以下的，就是指生育并不能确保；系数 1 以上的，未来的母亲会积存。根据这种划分，一个为整数 2 的系数意味着接下来那一代的受孕会翻倍。再一个整数为 2 的系数会在第三代中发生相同的情况。于是，在仅仅的三代人当中，有能力受孕的母亲数量会以马尔萨斯人口论的方式规则地翻上 3 倍。系数 2 和几乎为 3 的系数并不是假设的，而是出现过的。在 1955 年到 1960 年这 5 年时间内，拉丁美洲的平均生育比率是 2.26，也就是说，接下来的那一代拥有翻倍的母亲数量，而且人口自然也会按比例地增长。最近这个系数下降到仅仅为整数 2（见表 7.5）。

不同国家的生育率会不一样。在好几个时期生育率接近 3%，墨西哥的母亲群体数量几乎翻了 3 倍，而哥斯达黎加也从一代人过渡到了另一代人。然而，乌拉圭的比率为 1.28，下一代人仅可以替代上一代的人，并没有多出多少。墨西哥后是中美洲的多米尼加共和国和热带南美洲。乌拉圭的上面是阿根廷、古巴，随着时间的过去，还有智利和波多黎各。在最后的五年里，古巴具有整个拉丁美洲最低的生育率。

除了玻利维亚、海地和洪都拉斯这些人口增长开始得比较迟的国家，直到 1960 年或 1970 年，其他大部分国家的生育率一直上升。比率的下降并不意味着人口数量明显地减少。当前阶段的

表 7.5　1955 年到 1960 年、1965 年到 1970 年、1975 年到 1980 年在拉丁美洲的净生育率（%）

	1955—1960	1965—1970	1975—1980
阿根廷	1.38	1.37	1.55
玻利维亚	2.05	2.15	2.25
巴西	2.34	2.13	1.80
伦比亚	2.55	2.42	1.83
哥斯达黎加	2.93	2.54	1.74
古巴	1.58	1.92	1.02
智利	2.06	1.69	1.39
多米尼加共和国	2.66	2.73	1.99
厄瓜多尔	2.45	2.59	2.59
危地马拉	2.25	2.31	2.25
海地	1.84	2.08	2.19
洪都拉斯	2.38	2.71	2.84
墨西哥	2.60	2.77	2.33
尼加拉瓜	2.45	2.62	2.48
巴拿马	2.41	2.43	1.84
巴拉圭	2.58	2.66	2.28
秘鲁	2.25	2.36	2.10
波多黎各	2.23	1.62	1.13
萨尔瓦多	2.32	2.53	2.49
乌拉圭	1.28	1.28	1.36
委内瑞拉	2.79	2.60	2.16
拉丁美洲	**2.26**	**2.23**	**1.94**

数据来源：拉丁美洲和加勒比人口统计中心，人口公报 32，1983；波多黎各：联合国，1982。

人必须首先结束其生育期。

如何解释如此高的生育率？天主教的国家通常有着相同的生育概念：天主教，出于其教义；国家，出于其政治、经济和军事动机，比如说，革命后的墨西哥政府出于担心北部边境的问题，主张有利于人口增长的政策。避孕措施在那时候是被禁止的,并且政策促进了更有规律的婚姻。然而,教会和国家没有能力深入它们所认为的乡村地区中。在这个问题上,拉丁美洲的女性更服从于依然盛行于乡村社会的规则。对于这个社会来说,尽管人数众多的家庭里持续地有孩子去世,这些大家庭还是保证了群体的生存。实际上,女性的生育能力并没有随着人口爆炸而变得更强大,而是保持着其先前的水平而已。

人口阶梯引起了激烈的辩论。与家庭规划相反,教会、保守阶层和马克思主义者出于不同的原因站在同一战线。罗马教廷反对堕胎和避孕,尽管比起罗马教廷,在教士阶层里有着更大的灵活性。保守派没有改变其观点。对于他们来说,国家需要更多的劳动力和士兵。马克思主义者坚持认为人口的增长带来生产力的增长,他们相信过度剩余会加快革命的过程,并且认为控制出生率的政策是帝国主义的阴谋活动(孔苏埃格拉,1969)。另一方面,那些认为女性可以自由选择生育孩子的数量的人通常是职业人士,当中还有些人有着国际组织的支持。

是女性本身,而不是教义主张,改变了被不同形势推动的情形。当女性确保了她们大部分的孩子可以幸存,并且在这个她们所来到的城市里没有家庭的支持的时候,她们更愿意拥有她们自己能够养育的儿女。她们也会避免生育过多的孩子,这样会使她们不能获得更好的收入、积蓄、住宅和教育等。数个政府屈服于先前自己推翻的意见，特别是先前反对计划生育的墨西哥政府。在 1973 年，埃切韦里亚（Echeverría）总统向计划生育提供来自卫生部和墨西哥社会保障研究所的服务，并且把人们拥有计划生育的权利写入宪法。一个有着人员和充足预算的国家计划使在接下来的六年里计划生育可以延伸到农村，尽管堕胎依然是不合法的。这个计划得到了广泛的接受。三分之一的乡村女性有规律地避孕。在城市里，比例则提高到三分之二。总的来说，生育率在 1970 年到 1981 年之间下降了三分之一，这是一个非常惊人的下降数据（马丁内斯·马纳乌托，1982；阿尔瓦和波特，1986）。在乡村地区，所登记的生育率下降出现在初产妇和接近生育年龄尾声的女性当中，生育率在 25 岁到 39 岁之间的女性中还是保持着高的和稳定的水平，正如图 7.5 及其对应表格（见表 7.6）所示的内容一样。

古巴人口在不同政策环境下进行了一次大范围的缩减。在现代措施盛行之前，古巴的伴侣们就已经有避孕措施。生育率从 20 世纪 30 年代起就变得很低，但是在革命来临时作出了反应。在这个基础上还加上政策带来的欣喜感和来自住宅再分配、就业和收入所带来的好处。在十年里，婚姻和出生率都保持着一个高的水平，但是国际封锁和其他不利的形势导致了人们在各自家庭中

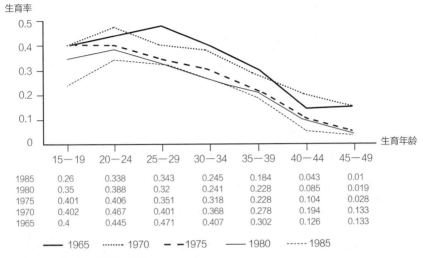

图7.5　1965年到1985年墨西哥乡村地区的已婚女性的生育率

重新提出了所期望的家庭大小问题。与此同时，卫生观念的普及使计划生育变得有可能。古巴以这种方式获得了几乎停滞的特有的生育率。

在古巴后面还有波多黎各。与古巴不同，波多黎各的初始水平是相当高的。然而，由于移民和生活水平的提高，还有计划生育，甚至是提倡不育的频繁的官方宣传，生育率在二十年内减少到原来的一半。

在巴西，生育率主要是在城市里减少。圣保罗和里约热内卢显示出最低的比率（梅里克和格雷姆，1979）。在军政府期间，官方后盾的缺乏，如 Bemfam[①]那样的计划生育项目并没有在乡村地区发展起来，除了南里奥格兰德州政府支持这个创举以外。这个州，包括了乡村地区，在整个巴西的生育率中最低。在国家层面上，从 20 世纪 60 年代末到 1977 年，巴西的生育率下降了四分之一。然后在接下来没几年的时间里，生育率的下降停滞，甚至还有轻微再次达到高峰，但是这只是在再一次下降之前的一次很短暂的浮动（雷特，1981）。

能有效降低出生率的政府是很少的。多米尼加共和国、海地、哥斯达黎加、萨尔瓦多和洪都拉斯为此还建立了项目。在大部分时候，政府都没有下定决心，越来越容忍私人行为，并且建立了咨询类的机构，这表明了政府担忧的开始（岗萨雷斯和拉米雷斯，1979）。在阿根廷和乌拉圭，相反，官方政策依然是支持生育的。

婚姻制度（年龄、持久性、单身、离婚、丧偶、二婚……）反映到生育率上。女性单身结婚的年龄是早的：在古巴为 19 岁，而在智利为 23 岁，也就是说，女性很早就会受孕（联合国，1987）。顺便提一句，在婚姻中的女性生育能力通常是比与伴侣自由结合的女性生育能力更高的。自由结合的伴侣当中生育出的孩子通常被认为是非法的。于是，莫尔塔拉（1965）引起了人们

---

① Bemfam 是一个专注于当地社会发展的巴西非营利组织，并致力于保证人口需求的工作。

表 7.6 1980 年到 1985 年拉丁美洲的出生率、死亡率和自然增长率

	出生率（‰）	死亡率（‰）	自然增长率（‰）
阿根廷	24.57	8.74	15.83
玻利维亚	44.02	15.84	28.18
巴西	30.60	8.36	22.24
哥伦比亚	31.01	7.73	23.28
哥斯达黎加	30.54	4.22	26.32
古巴	16.87	6.38	10.49
智利	24.77	7.74	17.03
多米尼加共和国	33.10	7.95	25.16
厄瓜多尔	40.58	8.87	31.71
危地马拉	38.44	9.32	29.12
海地	41.32	14.13	27.19
洪都拉斯	43.86	10.06	33.80
墨西哥	32.59	7.51	25.08
尼加拉瓜	44.21	9.69	34.52
巴拿马	28.01	5.38	22.62
巴拉圭	36.03	7.24	28.80
秘鲁	36.71	10.74	25.98
波多黎各	21.10	4.00	17.10
萨尔瓦多	40.17	8.01	32.15
乌拉圭	19.50	10.21	9.29
委内瑞拉	35.17	5.59	29.59

数据来源：拉丁美洲和加勒比人口统计中心，人口公报 32，1983。

对当代拉丁美洲私生儿身份的注意；佩雷斯·布里尼奥利（1981）展示了在如哥斯达黎加这样的小国家里所发生的持续了两个世纪的现象及其多变性。然而，在很多地方，生育的非法性并没有避免或使人口增长的爆发性特点得以下降。

出生率最高的国家是尼加拉瓜、玻利维亚、洪都拉斯、海地、厄瓜多尔和萨尔瓦多。这些国家每千名居民中有超过四十人刚出

生。出生率最低的是古巴、乌拉圭、波多黎各和阿根廷。至于死亡率，最高的国家有玻利维亚、海地、秘鲁、乌拉圭和洪都拉斯等，而最低的国家有波多黎各、巴拿马、委内瑞拉和古巴等。在这些出生率增长的国家中，厄瓜多尔和中美洲国家（除了哥斯达黎加）是现在人口增长最快的国家；增长没那么快的国家有两种：在古巴，出生率和死亡率之间的缺口很小，因为这两个比率都很低；在海地，则相反，出生率和死亡率都是高的，并没有像生活在其他条件下的人那样，存活率那么高。

四、人口转型

死亡率和生育率之间日益剧增的差距，也就是说死亡率一直下降，而生育率一直保持，这个差距在半个世纪前就打开了一个拉丁美洲新生代刚刚打破的缺口。在最近，生育率开始减少，并且接近一个低水平，而之前死亡率就已经达到了这个低水平，这两个变量的位置越来越靠近。在五千年前被引入拉丁美洲的以很高的出生率和死亡率为特征的农耕社会的人口制度（第2章）行将消失，并让步于工业社会自身的制度。这个制度是以低出生率和低死亡率为特点的。

人口制度的转变虽然是朝向同一个目的地，但是并没有走同一条道路。在其他地方这条道路并没有被走过，那就更不可能在一个多方面的并且处于不同改革阶段的拉丁美洲国家里走同一条道路。当逐一谈论各个变量的时候，变量表现出来的改变就被提及。结合所观察到的趋势，可以明确看出两个主要的过渡模式，也就是墨西哥模式和阿根廷模式。自然地，这两个模式并不排除中间变量。

拉普拉塔河的人口转型在时间上与南欧开启的人口转型时期相衔接（潘特利德斯，1983）。在 20 世纪初，从到达阿根廷和乌拉圭的移民群体带来的卫生习惯，以及在他们的来源国有效且现行的生育实践，也可看出移民女性的生育率比土著女性的生育率要低，而这些土著女性也会在更晚的时间不再生育。这些所观察到的现象意味着在拉普拉塔河的人口转型是欧洲人口转型的一次扩张。然而，在不同移民群体中所观察到的生育水平的多样性表明（潘特利德斯，1986）这个问题可能是更为复杂的。除此以外，我们不禁想到当乡村移民在进行城市化并且其生活水平得到改善的时候，在拉丁美洲一部分的变化相继发生（罗斯曼，1967）。

在阿根廷，死亡率在 1900 年到 1940 年之间从 23‰ 减少到 12‰，在这四十年中其死亡率几乎逐渐减少到原来的二分之一（索摩查，1971a）。然而，出生率被迫减少，其比率跟在死亡率之后：从 44‰ 减少到 26‰（雷奇尼·德·拉特斯，1975）。两个变量之间的缺口导致每年都会产生人口顺差，这个人口顺差是缓慢的，但是又很持久，约为 18‰（见图 7.6）。当抗生素和杀虫剂在这里得到广泛使用时，并没有像在其他拉丁美洲国家一样拯救了如此多的生命。实际上，死亡曲线并没有在 20 世纪 40 年代或 50 年代里表现出一个明显的拐点。于是，阿根廷人口转型意味着一次又长又慢的滑行。

然而，在调整关注点的时候，发现了一个更骚动的过程。国家层面上的转型至少包括两个过程：开放式朝外的沿海区转型和朝内的倒置式转型。图 7.6 同样收集了布宜诺斯艾利斯的数据，这些数据反映了布宜诺斯艾利斯作为海岸地区和一个对移民具有吸引力的大都市所代表的极具意义的数量。在这个"欧式的"城市中，转型开始得早，也结束得早：当在拉丁美洲的其他国家里变化几乎才刚刚显露的时候，布宜诺斯艾利斯的出生率和死亡率在大概 1940 年的时候就处于低水平的平衡状态。接下来，大都市成为外省人和邻国移民的居住地，这些人口造就了乡村的规模。布宜诺斯艾利斯的死亡率因人口的重组而停滞，或变得更高。你要留意到，在数年里这个地区的死亡率甚至还超过了国家的平均水平。另一方面，出生率又突然增长。于是，新旧姿态常常共存于矛盾之中，其结果是具有过渡性的。

墨西哥的情况在拉丁美洲的其余国家中是最普遍的。在与这个国家的出生率和死亡率相关的图（见图 7.7）中，第一阶段表明

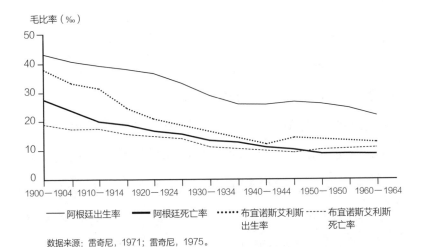

图 7.6　1900 年到 1964 年阿根廷和布宜诺斯艾利斯的出生率和死亡率

数据来源：雷奇尼，1971；雷奇尼，1975。

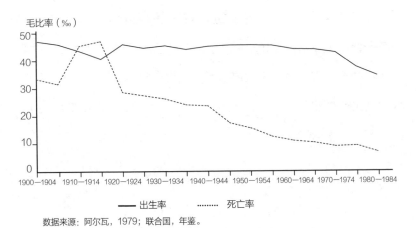

图 7.7　1900 年到 1980 年墨西哥人口转型

数据来源：阿尔瓦，1979；联合国，年鉴。

了由于墨西哥革命所造成的重大人口损失和后期快速的人口恢复情况。在这个阶段中，人口制度在很大程度上依然延续着旧时的模式。从1940年起开启了人口转型。这个人口转型首先是以死亡率的减少为特点的，在20年内减少了一大半。与此同时，生育率依然很平稳，也许在刚开始的时候有一个轻微的凸起。在1975年后，相继而来的是出生率下降。这两个敞开的变量之间就有了更多的人口剩余。现在，出生率和死亡率更倾向于低水平。

阿根廷的例子和墨西哥的例子之间存在着很多中间情况。近似于阿根廷的，正如大家可以想到的，正是乌拉圭（见图7.4）。接下来，波多黎各经历了一次晚期的转变，但是很迅速。另一方面，海地、玻利维亚和某些中美洲国家几乎没有开始向墨西哥模式转型，即使这些国家已经很落后。然而，巴西超前了一点，特别是在圣保罗（帕塔拉，1987）。差异反映了不同的时代背景，并且在不同的国家、地区和城市之间受人口、社会、经济、政治和历史文化条件影响。

-8-

从田地到大都市

人口爆炸使得在拉丁美洲有着更多的人口出生,而这个人口数量是乡村地区不能吸收的。剩余的人口迁移到城市、邻国或拉丁美洲以外的地方,寻找更好的前景。本章节涉及20世纪后半叶在国内或国际、乡村或城市之间的密集式移民。

一、乡村迁移

在最近几十年里,乡村人口并没有停止增长。图8.1展示了1950年后的乡村人口变化。需要提醒一下的是,乡村人口和城市人口并没有一个统一的标准定义,乡村人口和城市人口的划分是根据每个国家的人口普查办公室的标准。在图8.1中出现的1990年的数字都在1900年及以后产生影响。正如我们可以看到的,乡村人口总数从1950年的9 400万人发展到1990年的12 200万人。乡村人口增长了30%,但是在这同一时间里,人口总体也经历了一个增长高潮,人数几乎翻了一倍,这一相比,前者的增长比例是缓和的。乡村在这些时候处于人口扩张期的尖端。在接下来的几年里,将结束其千年的主导地位,并且其人口数量将相对于城市人口数量开始减少。

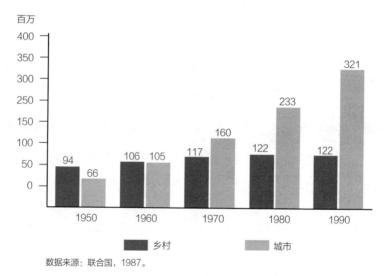

数据来源:联合国,1987。

图8.1 1950年到1990年拉丁美洲的乡村和城市人口

人口倾斜抢先在好几个国家里出现。人口倾斜的先驱是阿根廷(拉特斯,1980)、智利、波多黎各、委内瑞拉、乌拉圭和古巴。乡村地区,在1955年前不到五年的时间里,有着几乎20万个阿根廷人和5万个智利人；乡村继续慢慢变得荒无人烟。另一方面，波多黎各从大概1965年开始乡村萎缩。委内瑞拉和乌拉圭是从1970年开始，古巴大概从1975年开始（联合国，1987）。巴西，作为拉丁美洲人口最为密集的地方，其乡村人口正在减少，刚刚加入南锥体和加勒比国家群体中。从1970年到1980年这十年里，这里的人口从4 100万人减少到3 860万人，只是损失了240万人（玛蒂那和卡马戈，1984）。在另外的一些国家中，地方区域的人口在减少，尽管这个减少的影响在国家总人口数中被冲淡。

乡村人口数量缓慢地增加并不是因为其生育状况不好。直到现在，在乡村地区并不缺乏人口的出生。乡村地区的生育总是超过城市的。比如说，在多米尼加共和国，总体生育率在1970年到1983年之间，从7.4‰下降到4.9‰，但乡村生育率依然是比城市生育率要高出四分之一（人口研究和发展研究所——中美洲人口统计中心，1988）。所以，还有其他原因控制其人口增长。

另一方面，乡村人口并没有饱和。乡村地区的最高密度，也就是每平方公里超过50个居民。在1960年到1965年之间，只是分布在中美洲地峡的太平洋海岸、西班牙岛、墨西哥和哥斯达黎加的中央山谷、考卡和某个另外的地方（地图8.1），而这个密度对于欧洲或亚洲来说，是非常低的。人口压力顶多也是在这里了。在其余的地方，也就是说，最大的部分，人口密度也是相对低的，甚至还有相当多的土地没有人口居住。实际上，山地、沙漠和雨林占据很大的面积。人们离开农村的现象与从事农业的艰辛、城市的吸引力、传播和交通方式的发展有更大的关系。

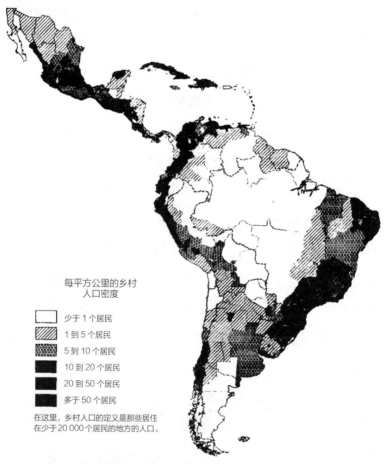

数据来源：拉丁美洲和加勒比经济委员会，1969。

地图 8.1 拉丁美洲：大概 1960 年的乡村人口密度

从 1950 年到 1975 年间，耕地、农作物和单位面积的劳动力就业几乎没有增长过。相反，人口数量、工业生产和服务增加了。这种不协调导致出现问题。农业在经济中的比例减少，如今在相当多的国家中，甚至还不能养活增长的人口。墨西哥或智利过去有人口剩余，从几十年前起就遭受着历年逆差，致使这两个国家不得不进口粮食（拉丁美洲和加勒比经济委员会记录，1978）。农村失去了留住人口的能力。甚至是在墨西哥和玻利维亚的土地分配政策也不能抵消人口迁移活动。

剩下很少未被开发的土地，而且也不足以吸收农村的剩余人口。于是，正如以前一样，农民通常不会向边境处迁移。然而，城市不仅向他们保证了工作机会，还保证向他们提供不一样的生活。不管怎样，在城市里都会有一份工资更高和更规律的工作，还有他们之前没有的医疗服务和社会保障。除此以外，在城市里，他们有机会接触对于他们来说奢侈的物品和生活方式，这些东西在他们出发来城市之前就通过传播媒体得知并且对此感到向往。如果第一批来到城市的人中大部分都感到眼花缭乱，那么后来者就会接二连三地到来。移民向乡村里寄去的消息刺激了亲朋好友来城市和他们团聚。很久以后城市才发现农村到来的人口太多，并且对于所有人来说它所提供的工作已经不足够。

道路渗透到原来只是马匹所走的简单的道路。比起汽车、货车更频繁地在陆路或柏油路上驶过。在任何时候，农民都可以决定上到一台汽车，如果他不是去城市里的话，汽车也可以把他带到公共汽车站或火车站。如果没有公路的建设、内燃机和出行的设施，移民也就不会达到这样大的规模。在这时候，农村和城市不再是没有交通连接的了。

巴西和墨西哥作为拉丁美洲地区人口数量最多的两个国家，也是移民最为活跃的国家。在巴西，大概有 300 万的农民，相当于 3% 的农村人口，在 1940 年到 1950 年间到城市中心居住。人口迁移在这个时期之后变得更加频繁。在接下来的 10 年里有 700 万人口进行迁移；在 1960 年到 1970 年间，有 1 280 万移民；在 1970 年到 1980 年间，有 1 560 万移民。在所提到的最后一个阶段里，每 3 个巴西人中就有 1 个离开农村在城市里定居（更准确地说是有 38% 的人口）。在 40 年里大概有 3 800 万人从乡村迁移到城市，这个数字并没有包含乡村之间的人口相互流动的数量，事实上，这种人口相互流动也是人口迁移的一部分（玛蒂那，1990）。在 20 世纪下半个世纪里，巴西国内移民在数量上超过了过去的欧洲移民数量；这种地理上的迁移有了与之前不一样的强度。

当欧洲移民活动停止后，巴西借助其自身的人口力量：欧洲人由国内的劳动力代替。正在开始工业化的圣保罗和里约热内卢吸引了乡村人口的第一个浪潮。与此同时，19 世纪末在圣保罗高平原上开始的人口进展延伸到巴拉那、马托格罗索州和戈亚斯。从 1950 年到 1965 年，当时还很盛行的人口转型使在农村找不到工作的劳动力数量增加。东北部就是在那个时候崛起于大型的人口向外迁移中心。所形成的过剩劳动力继续出发，主要朝向圣保罗和边境区。地图 8.2 描绘了不同地区之间的人口流动的方向和规模。然而，并没有收集每个州在那时也很重要的内部人口迁移。

数据来源：米纳斯联邦大学发展与区域规划中心，1973。

地图 8.2 巴西：1950 年到 1970 年国内移民

顺便提一句，圣保罗在那个时候的增长所伴随的失控归因于来自这个州的相当一部分农民。

巴西移民选取了多变的道路。在军事独裁的年代，也就是大概1965年到1985年间，土地法律强调活动性。为了增加效益，"绿色革命"刺激、支持和推动肥料、优良种子和机械化的使用。同时，政府也支持出口的农作物。大规模的机械化生产使劳动力有剩余，并且小型庄园主没能在竞争中生存下来。数百万的人口离开土地，甚至还离开了刚刚居住下来的巴拉那和戈亚斯的边境地区。其目的地再一次是东南部的城市，还有新首都，即位于马托格罗索的巴西利亚。最近，用于商贸农业的投资减少，经济危机也就给了小型庄园主一个暂时的喘息机会。

亚马逊在那时候没有成为统治者所期待的具有吸引力的集中点（玛蒂那，1991），比起佃户，大量的土地租借地吸引了公司和大财主。然而，在那些租借地的间隙里出现了一些居住地，零散地分布在已修建起来的大型主干道上：穿过亚马逊连接巴西到贝伦（Belem）和库亚巴（Cuiabá）到朗多尼亚州（Rondônia）的道路。帕拉（Pará）是这片广阔领土上接收最多移民的地方：在1970年到1980年间，超过了100万移民。然而，移民化蔓延到了这个国家的西部边境处，也因此封锁了在历史上和巴西移民中具有相当大的重要性的边境区域（森林和雨林）。

在墨西哥，卡德纳斯（Cárdenas）总统在6年里（1934—1940）把2 000万公顷的土地分给农民，比他的前人和后人总共分发的土地数量还要多。土地改革在一定的时间里把农民留在了归还的或建立起来的村社，但是移民在不久后又重新从中北部出发，朝向耕作地、城市和国外出发。与后期相比，墨西哥城的人口在那时候增长缓慢。

然而，国内移民大浪潮被记录在好几年后（1955—1970），在这个时候生育率上升，死亡率下降，甚至用于农村的公共投资也在缩减。人口转型渗入农村，人口以不平衡的方式增长。土地越是缺乏，离开土地的移民就越多：从事农业的劳动力从1950年的61%下降到了1970年的42%。大部分的墨西哥人口在那时候是农民。在地图8.3中可以看到，这个国家的中部、西部和南部在这个时候越来越成为主要的人口聚集地。在工业化发展的显著阶段，墨西哥城吸收了大量的人群。其他具有吸引力的地区是海湾沿岸，还有西北部和东部的尽头，尽管北部通常只是人们在穿过边境时候中途停留的地方（斯坦恩，1989）。

在哥伦比亚，人口增长和移民也相互交叠。在1964年到1973年间，当人口扩张发展到高潮的时候，波哥大、山谷（el Valle）和北部成了接收移民的地方；这个国家的其他地区也就成了人们所离开的地方（地图8.4）。哥伦比亚的城市接收了这些移民当中的大部分，但是在乡村地区之间的迁移并不少。这些迁移通常只是暂时性的。沿海地区等地的居民符合哥伦比亚北部或委内瑞拉在收割季节的劳动力需求（戈麦斯·希门尼斯和迪亚斯·梅萨，1983）。混乱的边境地区就这样变成了国际移民区。哥伦比亚人向两个方向出发：往东北部朝向委内瑞拉和往南部朝向厄瓜多尔（马莫拉，1980）。

数据来源：斯坦恩，1989。

地图 8.3 墨西哥：1959 年到 1970 年的国内移民

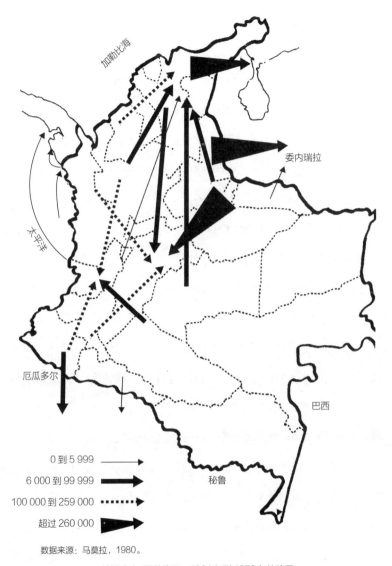

地图8.4 哥伦比亚：1964年到1973年的移民

安第斯山脉地区和中美洲在移民方面呈现出共同的特点。其乡村人口中通常在高地居住，但是用于出口的作物，也就是利润最多的作物在海岸区种植，则海岸区人口得到扩张。于是，人口和农作物以不同的速度增长。劳动力，通常是土著人，在最需要他们的时候，他们就迁移到沿海地区，也就是说，这种迁移具有暂时性。他们到达太平洋沿岸地区从事收割棉花或甘蔗的劳作，除此以外，在危地马拉，他们还会从事咖啡的收割工作。然而，香蕉的种植则在一个相反的方向：厄瓜多尔山地人走向瓜亚基尔，中美洲人走向大西洋海岸。移民也从安第斯山脉走向东部、厄瓜多尔的石油盆地或秘鲁和玻利维亚的椰树园。

另一个垂直式的移民，从山地到海岸，是在秘鲁中部和南部。这些移民中大部分都是急迫地向城市进发，比如说向利马。密集度小一点的移民方向是横向式的，沿着海岸或者沿着安第斯山脉的凹陷区从北部到利马。可以发现玻利维亚、厄瓜多尔、秘鲁和智利的土地改革并没有把农民成功固定在土地上。

不是所有的乡村移民都有着经济原因，也有乡村移民是出于政治原因。中美洲和秘鲁的内战使上万农民不得不逃离到城市里，在城市里虽然压力大，但是没有战役。

阿根廷、智利、乌拉圭、委内瑞拉和加勒比群岛经历过紧张的乡村迁徙，以至于越来越少的农民留在那些国家。除了有少部分移民是在乡村地区之间进行迁移以外，移民都是朝向城市出发。只有古巴提出减缓首都发展，并且使农民留在了城市（人口研究中心，1976）。

二、城市化

当人口爆炸发生的时候，拉丁美洲在其身后有着漫长的城市历史。这个城市历史起源于前殖民历史，城市从殖民时期发展起来，并且随着国家独立集中在首都。于是，最近的城市化是在高水平下开始的，并且以现存核心的无节制式扩张为特点。像巴西利亚这样的新生城市出现得很少。20世纪中期，也就是当代城市发展的起始点，拉丁美洲的城市化发展速度是其他发展中地区的两到三倍，如非洲和亚洲。其发展状况与苏维埃联盟齐名，在欧洲、大洋洲和北美洲之后。从那时候起，在1950年到1980年间，拉丁美洲比非洲和亚洲更快速地缩短了与发达国家之间的距离（见图8.2）。

在这个阶段的人口爆炸突出了其城市化程度，然而却是以其乡村发展作为代价的。乡村耕地式的拉丁美洲消失了。在1980年，每3个拉丁美洲人当中就有2个在城市核心区居住，在1990年比率为72%。在不同的国家，阿根廷、智利、乌拉圭和委内瑞拉在1980年超过了80%（见图8.3）。巴西、哥伦比亚、古巴、墨西哥、

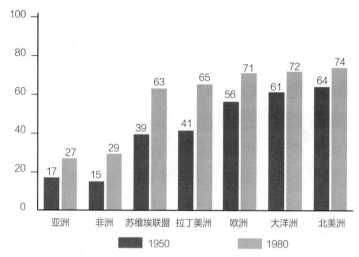

图 8.2　1950 年到 1980 年世界的城市化程度

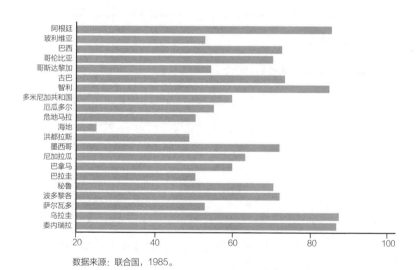

图 8.3　1980 年拉丁美洲的城市化程度

秘鲁和波多黎各超过了60%。然而，国家之间的差异性依然是很明显的。海地的城市人口几乎不到总人口的四分之一。

那时候所使用的官方定义把现在我们认为只不过是农村人口的聚集区称为城市，不管这些聚集区是什么规模，或是比过去的一些所谓的城市还要大。如果为了修正这个广义上的定义，我们提高标准，只是考虑超过10万居民的聚集区，毫无疑问，这些在统计中都是城市，这样的话，很明显，城市人口的比例会缩减。但是在1980年，每10个人当中就有4个人还是继续在城市里居住。当时的拉丁美洲人尽管出生在农村，或者其父母出生在农村，他还是会在城市里居住和工作。

在一个发展式的框架中，拉丁美洲的国家各自被列入不同的阶段（哈多，1972）。温带南美洲，作为转型程度最大的地方，最早开始变化，并且比其他地方更接近目标。紧接着温带南美洲的是有着最新推动力的国家。古巴比委内瑞拉的城市化程度更低，然而，古巴似乎并没有注定像委内瑞拉那么大规模的增长，甚至还努力避免这种情况的发生（阿戈斯塔和哈多，1972）。像海地、巴拉圭、玻利维亚和萨尔瓦多这样的国家，在这方面几乎是处于转型的开端。这些国家仍然有可能发生令人惊讶的情况，但是其大小和缩减的资源并没有确保一个高水平的城市化。

城市是以什么程度发展的呢？这些城市的整体从1950年的

约6 600万名居民发展到1990年的约32 100万名居民,也就是说,其人口数量几乎翻了4倍(图8.1)。这个增长相当于在1950年到1955年这五年之间4.6%的平均年增长率。然后,这个平均年增长率在1985年到1990年之间达到了3.1%。这个比率根据不同的地区和国家而改变。温带南美洲,从一开始就是城市化程度最高的地方,是在最近四十年里发展得最慢的,2.5%;加勒比,3.5%,这样的增长一点也不低,只是相比中美洲和热带南美洲国家的5到6倍来说,就显得低了。根据不同的国家,极端比率出现在委内瑞拉,1950年到1955年之间,年增长比率为6.5%,而相反的另一个极端,则出现在乌拉圭,1970年到1975年之间,年增长比率为0.4%,而古巴在1980年到1985年之间则为1.7%(联合国,1987)。

关于城市增长,当中有多少是城市内部的增长,有多少是通过移民而得到的城市增长?那些不是来自大都市地区的人(不包括外国人)在1950年到1960年间,也就是布宜诺斯艾利斯的发展高潮期间,贡献了63%的人口,在接下来的十年里,贡献了一半的人口,也就是比之前少了一点(雷奇尼·德·拉特斯,1975)。在巴西的大城市里,移民人数的影响力更大:在1960年到1970年间,阿雷格里(Porto Alegre)的人口增长中有81%是移民,在库里奇巴(Curitiba)则有71%,在圣保罗和里约热内卢有

69%，以及在贝洛哈里桑塔（Belo Horizonte）有67%。在国家层面上来说，从1940年到1970年，墨西哥城市增长的67%来自其自然增长，33%则来自其移民（乌尼可，1976）。在任何情况下，这种外来移民的支持是具有决定性的。

在所有的城市中，大城市的增长最多，正如图8.4所示。这个图把在1950年到1980年间四个等级的地方居住人口比例进行比较：少于10万居民，从10万到100万（图8.4中用99.9万表示，后以此类推）居民，从100万到400万居民，最后为超过400万居民。当城市出现增长时，就会成为高等级的城市。那么在这四个等级中，最低等级的城市（少于10万居民）损失超过10%，这意味着几乎没有什么小城镇的增长会使这个地方进入下个城市等级，并且代替从小城市升级为大城市的位置。由于48.3%的城市人口居住在少于10万居民的城市，比例就下降到了37.5%。然而，在第二组和第三组中，入境和出境的数量得到相互补充。最为受益的是居住人口为400万以上的城市。有利的改变发生在大概1960年。从那时候起，社会发展明显地倾向大型聚集区。

城市网络和分等级的分布向拉丁美洲国家大部分地区的大城市不断扩张。首都远远地超过了其他城市。地区的旧面貌处于首位（蔡斯—邓恩，1984）。墨西哥、布宜诺斯艾利斯、利马、圣地亚哥、蒙得维的亚、加拉加斯、哈瓦那、圣多明戈，圣胡安（San

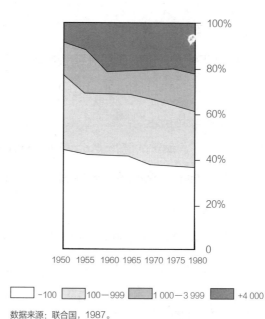

数据来源：联合国，1987。

图 8.4　1950 年到 1980 年拉丁美洲的城市大小（按千计算）

Juan）和中美洲名列前茅的首都，其规模总是比它们自己国家中的其他城市要大。在 20 世纪里，工业和服务业的发展集中于首都地区，以寻找一个更好的市场、更多的劳动力和以前就存在且不需要再创建的基础设施，随之而来的还有投资方面的节省。工业化并没有纠正先前的趋势，而是再次给了这些趋势以动力。

眼下，只有三个国家，哥伦比亚、厄瓜多尔和巴西脱离了巨头畸形的发展模式。波哥大的居民数量仅仅是哥伦比亚第二大城市（麦德林）的 2 倍和哥伦比亚的第三大城市（卡利）的 3 倍，这与墨西哥城不一样，墨西哥城的居民数量是瓜达拉哈拉的6倍和蒙特雷（Monterrey）的7倍。在厄瓜多尔，瓜亚基尔码头在城市大小方面超过了传统的山地首都——基多。到巴西的迁移活动使得这个首都排名第八，在圣保罗、里约热内卢后面，在贝洛哈里桑塔、库里蒂巴、阿雷格里港、累西腓还有萨尔瓦多的旧首都的后面。历史上，与西班牙语美洲的情况不一样，巴西的政治和管理中心驻地并没有一个固定的位置，而是每两个世纪就会搬迁一次。

大城市的数量越来越多。1990年，在巴西超过100万居民的城市有9个；在哥伦比亚有4个；在墨西哥有3个；在阿根廷有2个。人数超过100万的城市，一共有27个，每个国家至少1个（表8.1）。表8.1展示出这些城市的人口从1950年到1990年所经历的增长情况。其中有两个国家，分别是巴西和哥伦比亚，在这两个国家中这种类型的聚集区增长得最多。当巴西的首都搬迁到巴西利亚后，这个地方的人口在三十年内增长至原来的60倍。除了这种强制情况以外，库里蒂巴在没有类似于首都迁移的帮助下，人口增长也不少于26倍。在巴西，福塔雷萨（Fortaleza）和贝洛哈里桑塔增长至原来的8到9倍，在哥伦比亚的麦德林和卡利也是如此。圣多明戈是唯一一个以类似的方式增长（8倍），却又不属于这个类别组的城市。这种速度的增长对于其居民来说不停地造成了各种各样的不便。

表 8.1　1950 年到 1990 年拉丁美洲大城市人口增长情况

	人口数量（按百万计算）				
	1950	1960	1970	1980	1990
中美洲大陆					
墨西哥	3.05	5.22	9.12	14.47	20.25
瓜达拉哈拉	0.43	0.93	1.58	2.36	3.20
蒙特雷	0.38	0.93	1.28	2.09	3.01
危地马拉	0.40	0.54	0.73	1.02	1.46
加勒比					
哈瓦那	1.22	1.45	1.75	1.94	2.04
圣多明戈	0.25	0.47	0.89	1.44	2.17
圣胡安	0.47	0.55	0.70	1.09	1.49
热带南美洲					
圣保罗	2.76	4.84	8.22	12.82	18.77
里约热内卢	3.48	5.07	7.17	9.21	11.37
贝洛哈里桑塔	0.48	0.89	1.62	2.59	3.89
库里蒂巴	0.14	0.35	0.91	2.11	3.77
福塔雷萨	0.26	0.48	0.90	1.58	2.42
累西腓	0.83	1.24	1.82	2.40	3.04
阿雷格里港	0.67	1.04	1.55	2.28	3.18
萨尔瓦多	0.45	0.73	1.16	1.80	2.65
巴西利亚	0.04	0.14	0.54	1.19	2.40
利马－卡亚俄	1.05	1.75	2.92	4.59	6.78
波哥大	0.70	1.32	2.37	3.72	5.27
巴兰基利亚	0.30	0.47	0.76	1.22	1.77
卡利	0.28	0.52	0.95	1.60	2.40
麦德林	0.46	0.83	1.47	2.43	3.60
加拉加斯	0.68	1.31	2.12	3.17	4.18
瓜亚基尔	0.25	0.46	0.73	1.09	1.63
温带南美洲					
布宜诺斯艾利斯	5.25	6.93	8.55	10.06	11.71
科尔多瓦	0.41	0.59	0.80	1.05	1.28
圣地亚哥	1.43	2.12	2.56	3.74	4.55
蒙得维的亚	1.07	1.15	1.21	1.19	1.22

数据来源：联合国，1981 年和 1987 年。

大型且历史悠久的城市，如墨西哥城、圣保罗或者利马卡亚俄（Callao）整体，在同样的时期内，其人口数量的增长只是少一点，在6倍到7倍之间。这些城市的起点基础高，也达到了巨型的规模。墨西哥城的大都市区把大概2 000万的居民封闭起来，于是就变成了拉丁美洲和世界上最大的城市。①圣保罗的居民则不到200万。布宜诺斯艾利斯和里约热内卢把在二十五年前就拥有的靠前的排名让给了这两个城市。墨西哥城最终恢复了其在拉丁美洲进入19世纪前一直拥有的优势地位。在世界上人口最多的八个城市中，有一半的城市，也就是说，四个位于拉丁美洲。②这些城市分别是墨西哥城、圣保罗、布宜诺斯艾利斯和里约热内卢。

大城市所占领的空间并不总是与管理所划分的界限相一致。对于联邦地区来说，固定的界限在很久以前就被超出了。布宜诺斯艾利斯大区的边界一直无法避免地继续延伸到布宜诺斯艾利斯大省。墨西哥大都市的地域扩展到了墨西哥州和伊达尔戈州（Hidalgo）的地带。同样的事情也发生在加拉加斯。在秘鲁，利马卡亚俄就像是组成了一个城市一样。实际上，它们也是以这样的城市模式运作的。在二级城市当中，也有相当多的带有生产城市或

---

①该观点与作者所分析的数据（数据来源、测量方法、研究方法等）有关，其正确性有待商榷。
②该观点与作者所分析的数据（数据来源、测量方法、研究方法等）有关，其正确性有待商榷。

邻近居住城市特点的大都市。正如墨西哥的蒙特雷或瓜达拉哈拉那样。特殊的案例就是位于边境的城市。在与美国接壤的数个中等规模的边境城市与邻近的北美城市协调一致地发展。把两者的居民人数加起来，[一条河流或者一个海关驻点就把蒂华纳（Tijuana）和圣地亚哥（San Diego）分开，把华雷斯城（Ciudad Juárez）和艾尔帕索（El paso）分开，把新拉雷多（Nuevo Laredo）和拉雷多（Laredo）分开]，就会形成规模显著的整体（赫佐格，1990）。

大型聚集区最终预示着未来的特大都市。在巴拉那和拉普拉塔河的右边河岸附近，从罗莎利奥（Rosario）到拉普拉塔出现的人口汇集从未停止过而且不断增加。圣保罗—里约热内卢的中轴让我们猜想到另一个未来的特大都市。从瓦伦西亚到加拉加斯可出现第三个特大都市。

最近迅猛的发展使拉丁美洲的城市瓦解了。在相继拉扯中扩大的原生城市轮廓象征性地保留了公共管理和金融机构。充满了历史回忆的城市中心容忍着机械推倒豪宅或纪念碑，以建造办公大楼。那些老旧的大房子，非常悲惨地被再次划分，向一个流动的居民群体打开大门（哈多，1984）。老城区被摧毁，与此同时，更为灵活的商贸活动被迁移到了新的住宅区。在加拉加斯、利马或圣地亚哥，生意被搬迁到了大萨瓦纳（Sabana Grande）、米拉弗洛雷斯（Miraflores），或者普罗维登西亚（Providencia）。那些奢侈的住宅则被修建在沿着主干道更远的地方，以寻找绿化空间或风景，如海滩或小丘，是复制英式豪宅的典范。中间阶层在乡间别墅或独户住宅里安顿下来，这些住宅在城市郊区成群地重复式出现。至于劳动者，他们会汇集在整体区域里，或者，通常是聚集在临时建起的区域里。

  处于持续转型阶段的城市呈现出一个不协调的特点。这个地方与乡间别墅相邻，荒地环绕着现代区域。在城市扩张所留下来的空隙里，一夜之间出现了棚户，随着时间推移，这些棚户形成了聚集区域。当外地人到来的时候，他们发现老城区的大众聚集区不能容纳他们，还发现处于建筑期间的整体区域在完工之前就已经有了确认的用途。这些外地人没有住所，也没有资源，他们只剩下一个办法，就是用废料临时搭起一个不稳固的屋顶。他们没有得到土地许可证，就这样占据了河岸、铁路干道垃圾堆旁边，或者，如果不这样做的话，就会和他们的伙伴攀爬到最近的山丘斜坡上居住。所有的拉丁美洲城市都拥有这种类型的聚集区，这个地区，根据不同的国家或城市，被大众化地赋予了丰富词汇，如 favelas, callampas, cantegriles, barriadas, colonias proletarias, cerros, 或者是 villas miseria[①]。

---

①这些词汇的意思都是一样的，就是指这些临时搭建起来的不牢固的聚集区，其主要居民为工人和外地人。

这个差异表明了严重的发展不协调。住宅区、卫生健康和服务的稀缺是众所周知的，并且被收集在众多的报告中，甚至在小说中出现。社会群体的隔离和财富的不平等从前在城市中就有出现过，但是总体来说，从来没有像现在那样在拉丁美洲或第三世界中处于如此极端的地步。到达城市的人口与向他们提供的工作或设施并没有保持一定的关系：供给远远地超过了需求。乌奎迪（1969）最后把拉丁美洲的城市评定为"早熟的"。

三、到国外的移民

从1930年的危机开始，拉丁美洲就停止接收移民。在刚开始的时候，这个地区向移民封锁了大门。然后这些移民不再前来，最后，到国外去的移民流果断地转向其他地方。拉丁美洲现在会驱逐人口。

在1930年后的十年里记录下了大量限制性的法律法规。当由于大萧条所造成的失业率上升时，政府尽可能地对同胞保留可提供的职位。边境处最具决定意义的封锁并不切合实际：不能阻止家庭的团聚，也不能阻止必要的有资质的职业人士进入。在1932年，乌拉圭禁止外国人入境一年。1937年新的移民法律极具意义地允许国家劳动机构进行工作许可的签发。阿根廷在1931年到1935年间封锁了边境，即使这也是无用的；在1940年，新的法令终于有利于农民。古巴在1933年向其公民保留了一半的工作岗位，作为阻止西班牙人入境的一种方式。

在巴西，宪法在很大程度上干预了这件事情的发生。1934年的宪法通过出生率确定份额，以保护由于大量移民造成的种族结合。在1883年到1933年间，伟大的宪法每年对总入境人次的2%进行限制，总的来说，这个界限是相当宽松的。按整数来计算，允许入境的大概有27 000个意大利人，23 000个葡萄牙人，12 000个西班牙人，3 500个日本人……宪法故意把日本人限制在一个最少的数目里。

到那时候为止，很少移民到达的国家也对移民的入境进行限制。比如说，墨西哥在1936年禁止工人入境，并且只允许那些能证明拥有生存条件的人进入。在1938年，多米尼加共和国给自己国家的人保留了70%的就业岗位。另一方面，智利通过了殖民化政策，但是并没有通过移民政策。

在这样的条件下，到来的外国人很少。在阿根廷，入境和出境的剩余不是负数，但是在1930年到1939年间，比起在此前的十年时间里，下降了75%；在巴西，则是减少了60%。在那些老牌移民国中，变化最为明显：回国的人数通常会比入境的人数要多。比如说，从1931年到1935年间，回到自己国家的西班牙人比向整个美洲出发的西班牙人要多出86 213个。他们当中的一部分人被日本人和犹太人取代。顺便提一句，在1935年到1940年间，日本人的到来达到了高峰。在这个时间段里，他们的数量在进入巴西的移民中超过了30%。犹太人面对德国和意大利的种族迫害和日益紧张的东欧局面，在美洲寻找避难所。

在那个时期，来到美洲的避难者中，西班牙人组成了这个人流中的主体部分。在1939年，他们在法国乘坐租来的船，在救济组织的帮助下，到达了墨西哥、多米尼加共和国和智利。西班牙内战期间，墨西哥一共接收了大概40 000个旧时士兵及其家人；多米尼加共和国接收了数千人。智利接收了数百人。卡德纳斯（Cárdenas）总统为他们特别安排入境和后期的入籍。另一些没有提供同样条件的国家就没有接收那么多西班牙人。尽管政府的法令很糟糕，还是有相当多的避难者最终进入了阿根廷，这多亏了个人的发起或是有家人的照应。委内瑞拉表示出同样的政治不满，但最后还是给医生和巴斯克人提供了避难所。在共和党派中，有很多职业人士、技工和有专长的工人。共和党派的人士素质很高，也在文化和经济发展方面为接收他们的国家作出了相当大的贡献（洛伦斯，1976）。

第二次世界大战在一定的时期内又再一次使拉丁美洲失去了移民。当战争结束的时候，即使船只稀缺，那些迁移的人、政治避难者和工人还是重新穿过大西洋。在那些避难者当中，有德国纳粹者、意大利法西斯主义者和反对东欧人民民主主义者（森克曼，1985）。

这一次，第一个接收欧洲人的国家是委内瑞拉。热带的不卫生状况、经济发展不足和漫长的政府独裁在那时候使得其旧时的抱负落空。然而，在20世纪30年代中期，鼓舞人心的前景被打开。因为先前很多农民离开了耕地，去了石油盆地工作，于是就出现了农业劳动力的需求。地方性的疾病被连根拔起。戈麦斯（Gómez）专制独裁者的去世预示着一个新的政治主题。因为欧洲战争的爆发，1936年颁发的一项法律和在1938年建立的移民与殖民技术机构并没有产生立即的效果，但是对来自海外的移民流确立了基础。

从1949年到1959年，委内瑞拉接收了130万名外国人，大部分都是欧洲的成年男子。然而，他们当中有很多人很快又再一次登船离开：净剩余只有36万人，约占总人数的四分之一。根据人口普查，在1961年，一个外国人对应六个委内瑞拉土著人。图8.5根据不同的来源地，把年剩余的移民人口进行拆分。在1951年到1974年间，首先是意大利人来到委内瑞拉，但是这些意大利人也很早就离开这个国家。他们当中有40%的人回到了意大利。到来的西班牙人就更多了，而且时间也更长，但是最后也回到他们自己的国家。这两个群组的到来似乎是由于经济所迫或是由于自身的原因。然而，那些葡萄牙人，大部分来自马德拉小岛（Isla de

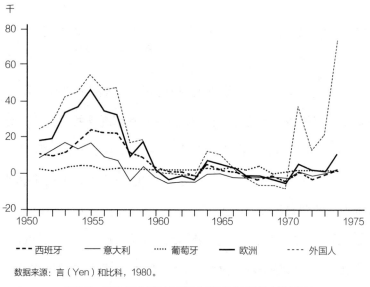

图 8.5　1951 年到 1974 年到委内瑞拉的外国人的净剩余数量

Madeira），来的人数虽然更少，但是却一直不断有人来，他们到来是为了与家庭和朋友团聚，并且准备留下来：他们中只有 23% 回国。这一次的移民中只有很少的农民，大部分的欧洲人最后都停留在加拉加斯，从事需要资质的工作，并且进入了相对高的社会阶层（伯格伦德，1985）。

另一些欧洲人在之前接收过他们的国家下船。在 1947 年到 1957 年间，在阿根廷有 60.8 万人下船，在巴西有 44.2 万人下船。他们当中有一半的人来自意大利，有四分之一的人来自西班牙，有六分之一的人来自葡萄牙。这三个国家——委内瑞拉、阿根廷和巴西——接收了这个人群当中的90%。他们当中的大部分人通过布宜诺斯艾利斯进入阿根廷,并且在那里定居。在巴西,每10个人当中就有6个人在桑托斯(Santos)下船,有三分之一的人在里约热内卢下船。这些新移民生活在移民居留地,那里有外国人所习惯的大都市氛围。比起他们的前人,他们更容易地融入那个环境中,即使他们与旧殖民地的关系有时候会很紧张。不管怎么样,定居下来的人还是很少的。

那些移民在20世纪初期曾经从事过的不需要高资质的工作在这个时候由来自农村的人来承担。新的欧洲人有技术,甚至有些人还带来点资本。他们了解的事物更多,因而也表现得更为灵活。在贝隆主义繁荣的年代里,他们到达阿根廷;巴西在瓦加斯(Vargas)再次执政时吸引了这些人的到来;委内瑞拉,在佩雷斯·希门内斯(Pérez Jiménez)的黄金年代也吸引了很多欧洲移民。繁荣消逝,欧洲经济复苏,有一半的欧洲人回到了原来的地方。在20世纪60年代初期,移民的数值为负。战后周期也仅仅是持续了15年。

与之前的短暂式危机造成的回国现象不一样,最新近的回国现象有着持久的原因。在最近的数十年,整个世界的经济、人口和交换经历了一次紧张的重组。欧洲和北美洲的发达国家完成了其人口转型,现在其人口增长得更慢。在经济方面,这些国家不断地独占世界经济资源中相当大的部分。于是，在这些国家中的劳动力的需求增长，但是不能从内部得到满足。邻居，甚至是远邻，都为这些工作做好了充足的准备。在接收了地中海的人——意大利人、西班牙人、葡萄牙人、希腊人和南斯拉夫人后，欧洲大陆接收马格布里人、土耳其人，甚至还有撒哈拉沙漠以南的非洲人。大不列颠向欧洲人和来自共同体的工人打开国门。然而，汇集到北美洲的既有拉丁美洲人，也有亚洲人。

养活旧移民的条件已经消失。劳动力不再在欧洲过剩，拉丁美洲也不再需要这些劳动力，因为现在地方性的人口在不断地弥补这些劳动力需求。我们在前面就已经谈到了内部迁移活动；除此以外，还有穿过拉丁美洲国家边境的人流。以委内瑞拉为例。自古以来就有哥伦比亚人在委内瑞拉生活，而在疯狂的石油年代，哥伦比亚人在这里一次性地突然出现。他们当中有相当多的人穿越边境，在西南部的地区从事收割工作或者自行地在无人占用的耕地上工作；另一些人深入加拉加斯，在那里从事家务活、小型商贸活动或者在工厂里面工作。在他们当中，大部分是女性（比德加因和弗雷特兹，1989）。在1981年进行的用于调整外国人情况的登记注册，发现他们当中有26.7万人没有合法文件，也许并不是他们所有人都没有合法文件。在这个数量当中，有92%是哥伦比亚人（范·罗伊，1983）。这个注册登记制度是在哥伦比亚移民浪潮高峰期实行的。从那个时候起，穿过委内瑞拉的人就变少，甚至还有哥伦比亚人回到自己的国家。

除此以外，1981年的外国人登记工作确认了在委内瑞拉有智利人、厄瓜多尔人、秘鲁人、多米尼加共和国人、阿根廷人等，他们通常从事有资质要求的工作，并且他们属于社会的中产阶层（伯格伦德和埃尔南德斯·卡里曼，1985）。在他们当中，正如在墨西哥一样，也有相当多的20世纪70年代军事独裁统治时期的避难者。顺便提一句，当政局重新稳定下来，这些被流放的人中就会有一部分人回到自己的国家（拉特斯和奥泰萨，1986；弗尔图那等人，1988）。

邻国人通过数个边境进入阿根廷，并不是像进入委内瑞拉那样只能通过一个边境。1970年的人口普查发现阿根廷境内有属于邻近国家的59万个公民，其中40%是巴拉圭人。这些巴拉圭人当中有超过一半的人在布宜诺斯艾利斯生活，剩下的人则居住在他们国家的对面。智利人在巴塔哥尼亚和安第斯省份居住。在他们之后是玻利维亚人，他们分散在阿根廷西北部和布宜诺斯艾利斯。乌拉圭人居住在布宜诺斯艾利斯的河岸边的潮淹区中间。最后，巴西人在米西奥内斯省生活。他们当中几乎有一半人汇集在布宜诺斯艾利斯大区（卡里翁，1980；马可，1986；拉特斯，1990）。

像多米尼加共和国这样的国家，发展程度更低，然而，也是移民需求国。移民中有大部分来自海地。该移民活动因发生在20世纪30年代的达哈翁大屠杀结束，并且海地人被驱逐出多米尼加共和国的土地。然而，多米尼加共和国的甘蔗庄园不能缺乏不需要资质但是很便宜的劳动力。从1966起，政府间的协议调整了年入境人口数量，大概是1.5万个海地人，他们到多米尼加以便从事收割工作（莫亚·旁斯，1986）。尽管这个工作是暂时性的，这项移民活动在这个国家还是留下了小部分的剩余人口，在这个基础上还要添加上另一些秘密进入的人口。总的来说，海地人在整个多米尼加人口当中占3%（米纳斯联邦大学发展与区域规划中心——中美洲人口统计中心，1988）。

两个差异非常大的人口密度——在萨尔瓦多每平方公里120个居民，而在其邻国洪都拉斯，每平方公里只有20人——这种情况急需一次调整。由于土地的缺乏，萨尔瓦多农民占领了位于洪都拉斯沿着两国共同边境的无人耕作的土地，并且几乎组成了这个国家人口当中的十分之一。接收国不可避免地对这些移民感到反感。在这两个邻国当中，紧张程度上升，以至于在1969年，一个人尽皆知的借口引发了它们之间的一次武装冲突。很少情况下，一次战争的人口动机是如此清楚明显。当战争结束后，萨尔瓦多人被驱逐，并且不允许他们进入洪都拉斯（维尔特兹，1969）。接下来轮到墨西哥：在1996年，估计有12万个萨尔瓦多人在那里居住。

最近的内战和镇压使数十万的中美洲人离开自己的国家（佐尔伯格等人，1989；费里斯，1987；阿瓜约，1985）。反对暴动的征战使大概4万名危地马拉人在墨西哥寻找避难所。他们当中大部分是玛雅土著人，并且分布在沿着边境处不稳定的营地里。墨西哥政府使他们当中的一半人从恰帕斯迁移到了位于坎佩切州和金塔纳罗奥州的更安全的移民居留地上（阿瓜约等人，1987）。另一些土著人更愿意留在索科努斯科（Soconusco）的种植园里。危地马拉人也在洪都拉斯、贝利滋和哥斯达黎加寻找避难所。

数千名逃离内战的萨尔瓦多人再次进入洪都拉斯，这一次，他们就在营地里停留。然而，洪都拉斯把最好的待遇给了尼加拉瓜康特拉的大概8万名士兵和平民。十年后，由于尼加拉瓜政府更替，他们可以回到自己的国家。哥斯达黎加作为唯一一个远离暴力的国家，成了必然的避难处。在这个国家，有着来自中美洲国家党派不一的数十万人口。

以前为数不多的拉丁美洲移民主要是流放者和迁移到夏威夷去的波多黎各移民，还有回到非洲的旧时巴西奴隶和古巴奴隶。在墨西哥和加勒比的政治难民当中，只有古巴人在美国形成了永久的移民居住地（岗萨雷斯·拉瓦罗，1986）。得不偿失但又短暂的事件就是在北美占领初期，从波多黎各向夏威夷派去短工（西尼尔，1947）。他们回到黑色大陆仅仅是出于感情冲动，并且在几内亚湾的角落里有一点巴西的色彩（贝赫尔，1968）。西班牙政府也把一些解放的古巴黑人迁移到西班牙在非洲费尔南多波岛的殖民地上（格兰达，1984）。

土生土长的墨西哥人居住在昔日与美国接壤的边境处的两边。那些在19世纪末穿过布拉沃河的移民是在家庭的范围里进行的。波费里奥·迪亚斯（Porfirio Díaz）所推动的公社的解散和铁路的建筑，以及矿业和工业的发展，在那时候把流动人口带到了墨西哥的北部（岗萨雷斯·拉瓦罗，1974）。当人们到达那里时，其劳动力又被边境的另一端所需要。美国西南部和西部的水浇地、铁路和矿产地区的工资比墨西哥要高。移民，在初期是国内的，然后延伸到了国外。在1910年已经有大概22.2万个墨西哥人居住在得克萨斯州、加利福尼亚州和新墨西哥州（科温，1978）。

革命加剧了人们的迁移活动，打破了附属关系，使社会更不稳定。被打败的军队甚至在布拉沃河的北部寻找避难所。随着1917年美国加入爆发的欧洲战争，移民活动突然加快。邻国的农业，甚至是工业需要墨西哥人。在四年里，也就是1918年到1921年，19.2万名墨西哥人朝北部进发（卡多苏，1980）。于是，根据1920年的美国人口普查，登记的人数就比前十年多出了一倍，在这基础上，还有加上在美国出生的大概27.5万人。

社会过了很久才恢复安宁，这具体是因为反对取缔教会的战争，离境现象持续存在。另一方面，北美的雇主和墨西哥工人已经学会了互相依赖。前者通过中间商雇用短工。虐待的告发并没有阻止同胞们前往，至少暂时没有。大量的移民来来往往，但是在后期就消失了。尽管有墨西哥人回国，1930年在美国居住的墨西哥人还是达到了64万人，还有81万人是墨西哥人的第二代。这时候，墨西哥人扩展到边境以外的各州，深入到芝加哥工业带。1930年的危机结束了这个阶段。在1929年到1933年间，40万人正式回到墨西哥（赫弗曼，1974）。北美大萧条，加上加德纳斯的土地改革，在几乎十年里使移民变得困难。

一个新的世纪战争（第二次世界大战）再一次打开了闸门，一股强大的移民流再一次闯入美国。1942年的一个有政府批准的项目使得墨西哥内陆建立起了短工招募中心。本来只是一次暂时性的措施，在战争结束后却不能取消。在那时候，美洲北部的劳动力短缺，与此同时，在墨西哥却是劳动力充足。出于相互利益考虑，合同在1964年前都进行了周期性的更新。超过600万的短工通过这个项目进入和离开美国。在协议到期之前，就已经有其他事件取代了合同的内容。于是，那些没有登记文件的人数开始增加。

根据北美洲的数据，图8.6收集了从1940年到1985年之间的移民变化。三个不可相加的测量数据企图表明一个难以捉摸的现象。合法的入境在1955年上升到每年5万人次，并且直到现在还保持着这个水平，同时有一点浮动。这个人口流量扩大了永久居民群，并且反映了北美政府部门所采取的移民接收政策。另一方面，招募回来的短工也代表了官方入境数量，但是该群组是暂时性的。这个群组中的一个不确定的部分调整了其状态，并且在这个国家里留了下来。非法入境并没有在文件中记载，除了当他们被抓住的时候。图8.6中最后一个系列恰恰是登记了"湿背人"或"走钢

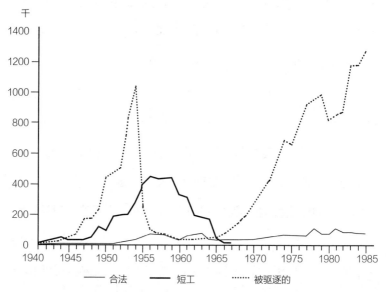

数据来源：加西亚和格里埃哥和维瑞亚，1988。

图8.6 1940年至1985年到美国的墨西哥移民

丝演员"①的流放,这两个术语根据非法移民的不同发生地点而变化。在欺骗移民代理之前,有些人就已经被驱逐了好几次(克罗斯和桑多斯,1981)。尝试非法移民的次数远远大于获得成功的次数,但是我们并不知道比例是多少,也不知道这个比例是否一直在保持。在1983年后,流放人数超过了每年100万。驱逐数量的增加使我们猜测到,比起高效的移民代理服务,是边境区的压力在起作用。

在美国没有合法文件的移民数量为50万到600万之间。如此极端的差异揭示了凌乱数据的不可靠性,自然也会影响对居住在美国的墨西哥人口的计算。在1989年,大概有12 600 000人,包括未被登记的人群和在这个国家出生的墨西哥后裔,相当于美国全部人口数量的5%(皮纳尔和德·那瓦斯,1990)。据这个数据,在美国,如今每二十个居民中就有一个人有墨西哥人的血缘。这些居民主要分布在加利福尼亚州、得克萨斯州和伊利诺伊州,而整个国家的其他地方都有较少数量的这部分人口居住。墨西哥每年接收的大量人口以间接的形式肯定了这群移民在数量上的重要性(迪茨-卡内多,1981)。20世纪下半叶的大量移民与人口爆炸有着非常直接的关系。尽管有很多法律和力量反对,这群移

---

①非法移民被称为"湿背人"是因为他们没有得到允许就游过布拉沃河;"走钢丝演员"是指那些跳过钢丝围墙穿过边界的人。

民的数量似乎不会减少，直到人口爆炸减弱和两个国家之间经济差异得到平衡，移民数量才有可能减少。

波多黎各人是向北部移民的第二群人。在这个情况下，海洋把起点和终点分离了：小岛和纽约。与前一种情况的第二种差别：波多黎各人，与此同时还是美国公民，没有任何限制地被接收。这类移民的数据并不存在，只有一个整体的旅客登记。在波多黎各的入境和出境的人口剩余数量在大部分年间都是负数，这就证明了人口数量在很长的时间里一直在减少。图8.7使用惯常的符号来显示这个迁移活动。在这里，移民活动是从接收国开始计算的：正号表示进入美国；负号表示进入波多黎各。

波多黎各人在20世纪20年代开始移民，但是在1930年的危机中，相当多的人回到岛上。大量的离境直到1944年第二次世界大战期间才结束。这个人群如那时候进入美国的墨西哥人一样，是由农民和没有资质的工人组成的。在1953年，这个阶段达到了高峰期，离开小岛的人数比进入的人数要多74 000人。从1969年起，回国人数开始变得重要，并且开始平衡于离境人数，使得情况发生了转变，或是正如人们所说的"转变之门"。在20世纪70年代的相当一部分时间里，回国人数比离境人数还要多。那时候，并不只是在波多黎各出生的人回来了，还有在外面出生的后代也回来了。在1970年，小岛已经有他们当中的大概10万人。除此以外，

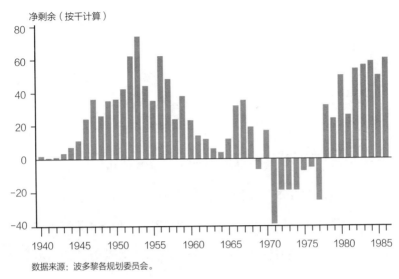

数据来源：波多黎各规划委员会。

图 8.7　1940 年至 1986 年从波多黎各到美国的移民

波多黎各还接收来自北美洲和拉丁美洲的外国人。从这个小岛上到外面去的移民中，农民越来越少，从事工业或服务业的工人则越来越多（巴斯克斯·卡尔扎达，1988）。

人口普查每十年会显示出居住在北美洲的波多黎各人。在 1940 年，那里大概有 10 万波多黎各人接受人口普查；10 年后，有 22.6 万人，加上在大陆上出生的大概 7 万个孩子；在 1960 年，大概有 60 万人，加上出生的 30 万人；在 1970 年，有 150 万人；在 1980 年，有 200 万人，这个数字包含了在波多黎各出生的人及其后裔。在 1989 年，估计有 230 万人，这个人口数量占小岛人口数量的三分之二。在移民初期，居住在美国的波多黎各人群的数量每十年就增长到原来的 3 倍；在"转变之门"阶段，这个群体增长得更慢。大部分的波多黎各人居住在纽约。在 1970 年，城市里的繁华区域拥有超过 100 万的波多黎各人。同时，在美国的其他地区也有波多黎各人口的分布，相对纽约而言，较少分布在芝加哥、菲拉德尔菲亚和迈阿密（马尔多纳多—丹尼斯，1976）。

也有另一些重要的人群从加勒比离开。从 19 世纪开始，在佛罗里达和路易斯安那就有移居国外的古巴人，但是卡斯特罗主义革命在最后 30 年使其人数翻倍。这个新近的人群经历了三个阶段。当菲德尔·卡斯特罗（Fidel Castro）取得胜利后，大概 20 万人，当中大部分为中产阶级，在那时离开了古巴。在 1962 年的猪湾事件的入侵行动落空后，北美的封锁直接断开了古巴与美国的联系。移民继续以小规模的形式经过墨西哥和马德里。从 1966 年到 1971 年，每年大概有 5 万人次重新离境。结束了十年的新一轮停顿后，在 1980 年开始了数个星期的限制：大概 12.5 万个持不同政见的人乘坐小型船只从马里埃尔（Mariel）港口到达佛罗里达，在他们当中有普通的囚犯和精神病人（吕宋，1987）。除了在最后的几次离境中有政治动机以外，这个移民浪潮包含了人口方面和劳动方面的动机：改革后出现的婴儿潮的一代到了活跃的年龄，但是在这个时候其国内并没有产生更多的就业（迪亚斯—布里克特斯，

1983）。大部分的流放者，包括那些经过墨西哥或马德里离开的人，现在居住在美国：在 1989 年，估计超过了 100 万人。在他们当中有很多职业人士、生意人和有资质的人员，这与在其他西班牙语地区发生的不一样。

同样，多米尼加人和海地人汇聚到美国。多米尼加人组成了一个相当开放的群体，以女性和有资质的工人或城市中低阶层人士为主，他们愿意在那里从事比国内更低级但是收入更高的工作。这些人群从来没有忘记回国的抱负，并且对多米尼加的国际收支有益处。1980 年的美国人口普查表明有 16.9 万个多米尼加人主要定居在纽约（卡斯蒂略和米切尔，1987）。首先是政治迫害，加上持续的贫困，迫使海地人进行移民。海地人还在相同的情况下移民到多米尼加共和国、美国、加拿大或法国。他们冒着很大的危险，乘上小船，向佛罗里达或巴哈马出发，这些小岛通常是跳板（马萨，1979）。要是他们被发现了，就会被遣送回国；如果他们有运气，就会成为秘密人口的一部分。大概有 30 万到 40 万的海地人居住在美国（佐尔伯格等人，1989）。

除了墨西哥人、波多黎各人、古巴人和多米尼加人，美国在 1989 年拥有 250 万来自南美洲和中美洲的母语为西班牙语的人。在旧时南美洲专业人士的移民基础上，加上后来的政治流放者和数十万人口，这数十万人口当中相当一部分的人是来自城市的中产阶级。很少哥伦比亚人、厄瓜多尔人和秘鲁人会从事收割工作，他们已经在工业或服务业中找到工作。另一方面，像阿根廷这样的接收国，同时也是一个美国的输出国：用职业人士换取没有资质的劳动力（马萨，1988）。中美洲的迁移者和避难者则属于另一种情况。其人流量非常大，从1980年起占据了第一位。内战和镇压使五十多万萨尔瓦多人（几乎是这个国家人口的十分之一）、大概十五万危地马拉人和十万尼加拉瓜人向美国出发，然而，美国人却对他们感到不满（佐尔伯格等人，1989）。

总的来说，西班牙语国家的人在美国组成了继亚洲人之后最大的民族群体，但是在数量上还是比亚洲人要少很多。西班牙语国家的人数上升到2 000万，其中三分之一的人在加利福尼亚州居住，22%的人在得克萨斯州生活，十分之一的人在纽约，接近八分之一的人在佛罗里达。西班牙语国家人口在比例上最多的是新墨西哥州。在这里，37%的人口有西班牙语国家人口的血缘（皮尼亚尔和德·那瓦斯，1990）。作为人口爆炸、政治迫害和存在于大陆北部和南部之间的职业和生活水平的显著差异的结果，拉丁美洲的移民花费了半个世纪才汇聚在美国。总的来说，墨西哥人不断地进入美国，但是数量时多时少。然而，其他拉丁美洲人口成了移民活动的主角。在1950年后的十年里，主要为波多黎各人；接下来，是古巴人和南美洲人；然后普遍出现人口溢出情况（马西和施纳贝尔，1983）。最后，中美洲的移民在最后十年里最为突出。拉丁美洲移民如今在美国合法移民中大概占据一半的数量。

拉丁美洲人也穿过海洋，虽然人数不多，其目的地为欧洲、澳大利亚和中东。比如，根据从国家人口普查中抽出的数据，地图8.5描述了在1980年位于世界上的阿根廷人的分布情况。一个老牌移民国的人口迁徙所到达的地方在这个时候变得非常广泛。西班牙人或意大利人的后裔，第二代或第三代，以这种方式回到了他们祖先的土地。在欧洲，西班牙拥有数量最多的拉丁美洲人口的移民居留地：居住在这个国家的拉丁美洲人口有10万人，还要加上没有文件登记的或因取得该国国籍或用西班牙护照进入而被忽略的人。然而，拉丁美洲的犹太人迁移到了以色列。乌拉圭移民数量众多，仅仅在一年里（1974）移民就占国家人口数量的2.5%，而且很重要的一部分移民到了澳大利亚（翁塞威尔，1985）。在那里，他们和阿根廷人、秘鲁人相遇。此外，从1984年起，澳大利亚每年都会接收一定数额的中美洲难民（拉巴斯大学，1987）。另一方面，成千上万的古巴年轻人被派到东欧国家和苏维埃联盟工作（迪亚斯—布里克特斯，1983）。

拉丁美洲的劳动或政治移民包括了相当一部分的职业人士或技术人员。美国成了这种移民活动的主要受益国。在1961年到1975年间，美国已经接收了8万个职业人士或技术人员，其中超

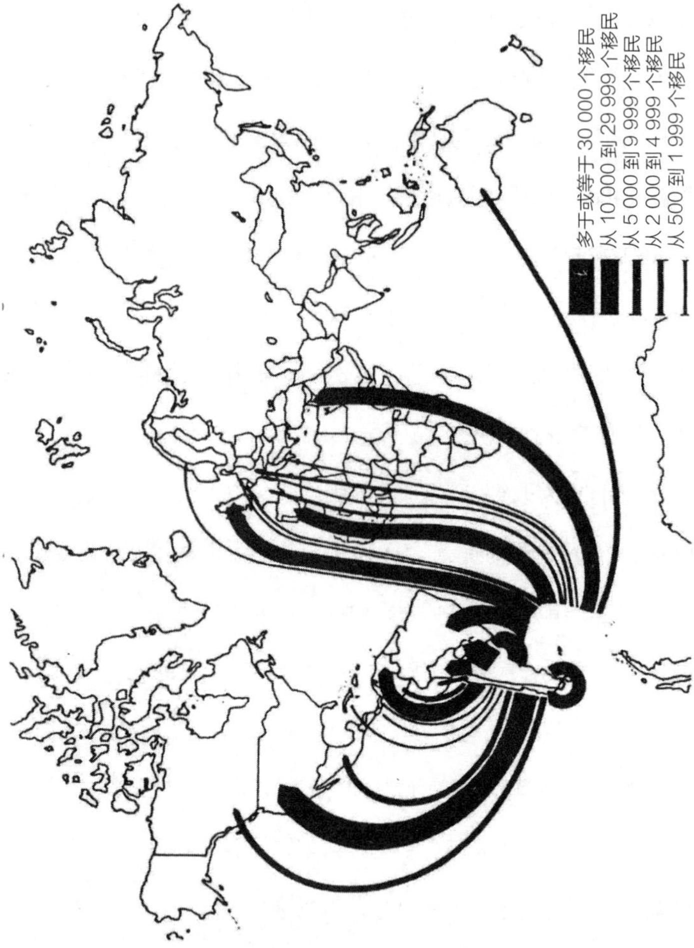

■ 多于或等于 30 000 个移民
▨ 从 10 000 到 29 999 个移民
▦ 从 5 000 到 9 999 个移民
▥ 从 2 000 到 4 999 个移民
│ 从 500 到 1 999 个移民

数据来源：拉特斯和奥泰萨，1986。

地图 8.5 1980 年人口普查的阿根廷移民分布情况

过一半的人有着高级职称：医生、工程师、研究人员和教育者。除了古巴以外，职业的迁徙具有相当浓厚的政治色彩，那些更多地遭受"人才外流"的国家，程度从大到小排列，分别是墨西哥、阿根廷、哥伦比亚、多米尼加共和国、巴西和厄瓜多尔（托拉多，1980）。这群有资质的移民也移民到欧洲。迁徙并不只是减少了劳动力，也使拉丁美洲缺失其"才赋"，这才是其发展必不可少的资源。

-9-

在 2025 年

  直到 2000 年，这部作品的先前版本都是以一个对未来的可能性进行探索而结束的，充满着象征意义，当中还计算出一个整数值，以及引起千年改变的幻想。一年又一年过去，那样的眼界已经不再遥远。星云在我们的眼前消失，具有魔力的年份马上就要到来。于是，现在大部分的拉丁美洲人将会继续生存下去，并且会一直活跃地繁衍下去。现在，对一个中等时长期限的推断至少可以把我们带到 2025 年。

  由于有了科学的发展，千年的跨越并不会使当代人感到害怕，与 10 个世纪以前的祖先们不一样。只要人类行为保持着其现有的习惯，并且没有战争、科技或生态灾难，或是其他会导致其发展方向扭曲的不确定事件发生，未来似乎便是可预见的。表 9.1 中收集了对 2025 年整个拉丁美洲人口情况的设想，由中美洲人口统计中心制作，这些设想分国家列出。设想是基于出生率和死亡率的可能出现的轨迹（或是用更准确的表达：生育率和寿命），还基于分年龄段的人口分布和期望的国际移民。表 9.1 收集了这些因素中每一个因素的设想值。0—14 岁之间的年轻群组使人联想到不同年龄的组成；然而，移民的数据则没有直接清晰地表明。

如果拉丁美洲可以兑现这些预测的话，在 2025 年将会有约 7.7 亿居民，也就是说，超过现有人口数量的 2 倍。在那一年，另一方面，当代人口爆炸将会发展到末期，在不到一个世纪的时间里，地区人口数量翻 6 倍。巴西在那时候自身将拥有 2.45 亿居民，与拉丁美洲在大概 1956 年的时候的总人口数量相当，或者是比现在的美国人口要少一点。在居民人口数量方面，巴西将会在那时创建一个惊人的团块。墨西哥将会拥有 1.54 亿居民，也就是说，是拉丁美洲在大概 1945 年所拥有的总人口数量。加勒比整体，还有阿根廷、哥伦比亚、委内瑞拉和秘鲁这样的国家，每个整体或国家将会拥有大概 5 000 万人口，顺便提一句，这个人口数量就和西班牙的人口数量一样。在那时候，在所预测的 7.7 亿拉丁美洲人中大概将会有 5.31 亿人会使用西班牙语。这五亿多人几乎是诞生这个语言的国家居民的数十倍。预计平均出生率将会大概是 18.9‰，也就是说，为半个世纪前毛比率的一半。虽然出生率的下

表9.1 2025年拉丁美洲的人口设想

	人口（百万）	出生率（‰）	死亡率（‰）	增长率（‰）	寿命	生育率（‰）	0—14岁的比例（%）
中美洲大陆							
墨西哥	154.1	17.7	6.4	11.3*	73.2	1.1	24.8
危地马拉	21.7	24.0	5.7	18.3	72.2	1.4	31.7
萨尔瓦多	15.0	22.9	5.2	17.7	73.1	1.3	30.8
洪都拉斯	13.3	25.8	4.9	20.9	72.2	1.5	34.1
尼加拉瓜	9.2	22.9	5.1	17.8	72.6	1.2	31.1
哥斯达黎加	5.1	17.0	6.4	10.6	75.2	1.1	24.5
巴拿马	3.8	16.1	7.1	9.0*	74.3	1.0	23.2
分类汇总	222.2	19.3	6.9	12.4	73.1	1.2	26.7
加勒比							
古巴	13.6	13.9	9.9	4.0	75.1	1.0	20.2
波多黎各	6.5	13.8	8.9	4.9	75.7	1.0	20.0
多米尼加共和国	12.2	18.2	6.5	11.7	72.5	1.1	25.7
海地	18.3	28.9	6.5	22.4*	66.0	1.6	37.2
分类汇总	50.6	20.3	7.7	12.6	71.3	1.2	25.1
热带南美洲							
巴西	245.8	17.6	7.6	10.0	72.1	1.1	24.6
哥伦比亚	51.7	17.7	7.5	10.2*	71.4	1.1	24.9
秘鲁	41.0	18.2	6.4	11.8	72.0	1.0	25.2
委内瑞拉	42.8	20.0	5.7	14.3*	73.9	1.2	27.7
厄瓜多尔	25.7	25.6	5.4	20.2*	71.5	1.5	32.9
玻利维亚	18.3	28.5	6.2	22.3*	67.2	1.6	36.7
分类汇总	425.3	18.9	7.1	11.8	71.9	1.1	26.0
温带南美洲							
阿根廷	47.4	16.6	8.6	8.0	74.0	1.1	23.9
智利	18.8	16.2	9.3	6.9*	71.9	1.0	23.1
乌拉圭	3.9	15.4	10.2	5.2*	73.4	1.0	21.1
巴拉圭	8.5	21.1	6.0	15.1	71.7	1.2	28.9
分类汇总	78.6	16.9	8.6	8.3	73.2	1.1	21.3
拉丁美洲总数	776.7	18.9	7.2	11.7	72.3	1.1	25.7

备注：出生率、死亡率、增长率、寿命和生育率对应2020年到2025年这5年。
* 预测移民活动。
数据来源：人口公报，第32号，1982。

降在之前就发生，但是在21世纪中的头二十五年期望出生率缩减得更快。在分组的国家中，海地和玻利维亚是最后开始人口转型的，将继续呈现这个地区最高的出生率。然而，这个普遍性存在于在平均值以上或以下5点的群组里，除了危地马拉、洪都拉斯和厄瓜多尔以外，因为这些国家都超过了其最高的界限。墨西哥、巴西、哥伦比亚和阿根廷的相当一部分地区的出生率很明显地低于平均值。古巴和波多黎各将可炫耀其最为有利的出生率。生育率可能也同样会下降，并且取得一致。在这点上，在古巴和海地之间，六十年前差距为380%，那么在2025年将会是60%，这仍然是一个相当大的距离，但是极端的位置很明显地越来越接近了。总体来说，可以预测到将来的平均指数是21世纪开端这个地区指数的四分之一。为了达到这个目的，拉丁美洲的女性大概将必须彻底地改变其生活方式。

在2025年，死亡率将会是低的，但是这并不代表一个显著的提前。在当今水平下，进步不会发生得很快。死亡率从8.9‰下降到7.2‰，这代表了1975年到1980年和2025年之间，或者与20世纪中期出现的改变相比，必须经历的长时间内的短暂改善。在古巴和波多黎各，死亡率甚至会再次达到顶峰，这并不是因为卫生条件的下滑，而是由于人口年龄的组成改变。寿命以自身的方式确认了将会发生的变化的缓慢程度。拉丁美洲人的平均寿命仅仅会在21世纪的头二十五年里再增加一年。不同国家之间的极端情况至少将会被磨平。如果在六十年前，波多黎各的居民比其邻国海地的居民多生存了26.5年，在2025年，前者也只会比后者多生存10年。

根据这些结果可以看到，所预见的自然增长将会是缓慢的。出生率和死亡率之间将会是一个很短的距离。20世纪的人口大爆炸将会缓和。不管怎么样，一些国家，如中美洲的国家、安第斯山脉上的国家和巴拉圭，人口将会快速地增长，但是其速度将不会达到当今速度的一半。海地将会继续成为一个特殊情况；与20世纪初相比，其人口增长几乎不会减少。在那些低增长的国家里，将会有古巴、波多黎各和乌拉圭，因为其出生率低，并且其死亡率高于拉丁美洲的平均水平。

国际移民将会不断地影响增长。大规模的入境似乎不会出现，但是大规模的出境将会发生。如今朝向北部和以更小的规模朝向其他大洲的移民活动，从现在到2025年会停止的这个说法并不是可信的。然而，对这个变量的行为进行猜想是足够冒险的。与无情地相继发生并且以渐进式变化为特点的死亡或生育不一样，移民活动，如果发生的话，可能会经历大幅度的高低变化。合法的或其他形式的操纵可能会引起移民活动的突然转变。美国对于阻止拉丁美洲移民走向自己国家的无能为力也许就是我们进行猜想的最好的根基，也就是移民活动必然会继续，因此，也应该把移民活动考虑进来。对移民活动发展趋势的预测最后没能达成，这一点也不奇怪。

在2025年，四分之一的人口将会在十五岁以下。拉丁美洲将会失去现在具有的人口年轻化的特点。到那时候，院子、广场、街道和学校对于那些要回忆其童年生活的人来说将会是无法辨别的。在社会上将会有更少的儿童和更多的成年人或老人。在这个问题上，海地、玻利维亚或那些邻近的国家，比起其他国家来说，将会有更多的儿童，大概是其人口的三分之一。

根据这些预测，如今阻止拉丁美洲的人口发展方面的障碍将会减少。从这个角度上来看，地区的未来是有希望的。除此以外，人口爆炸将会意味着一次深刻的人口再分布。一方面，依靠温带南美洲和加勒比，这次改变将对中美洲和热带南美洲有利。在2025年，中美洲将会成为相对发展较快的地区。从1940年占据整体人口数量的23%，发展到几乎占总人口数量的29%。热带南美洲，作为居民人口最多的地区，将会从52%增长到55%。作为补偿，温带南美洲人口的相对比重将会从19%缩减到10%，而加勒比人口的比重也将会从9%减少到7%。沿着大陆西部中轴从北到南的人口的重新分布在某种程度上意味着回归到了前哥伦布时期的人口组合。

未来的拉丁美洲也将会是一个城市化程度相当高的地区，甚至将会达到一个比欧洲（79.5%）、北美洲（77.3%）或苏维埃联盟区域（74.1%）还要高的程度（84.3%）。其城市增长的比率，具有意义地被缩减（年增长比率为0.3%），将会比这些地区的比率要高。在这方面，拉丁美洲将会与发达国家所在的欧洲或北美洲齐名；然而，将会与非洲（其城市化程度将在55.3%徘徊，年增长比率为1.2%）和亚洲（其城市化程度和年增长比率分别大概是52.9%和1.4%）拉远距离。这个地区的乡村社会甚至会呈现文化方面的城市化。

尽管其大城市可预见的增长从现在开始到未来将会是慢的，世界上十个特大城市中还是有四个继续位于拉丁美洲。墨西哥将会保持名列前茅。可预测其将拥有3 000万居民。圣保罗将会聚集1 800万居民，而里约热内卢将会以其1 400万居民超过如今位于第三位的布宜诺斯艾利斯（1 200万）。①

在2025年，亚洲人口（45.35亿）和非洲人口（16.17亿）将会超过拉丁美洲的人口数量。然而，拉丁美洲将会比欧洲（5.24亿）、亚欧地区（3.68亿）和北美洲（3.45亿）拥有更多的居民。在历史上第一次，大概从1995年起，拉丁美洲将会比欧洲拥有更多的

---

① 此段落中的数据为预测数据，与现实发展中的城市排名等存在出入。

居民。顺便提一句，在 20 世纪中期，拉丁美洲就已经把北美洲和苏维埃联盟抛在后面。拉丁美洲的新面貌将不得不反映在该地区与世界上的其他地区在地缘政治和经济方面的关系中。

总的来说，从现在开始到 2025 年，所积累下来的惯性将会继续推动拉丁美洲快速的人口增长。处于生育年龄的女性组成了一个人数众多的阶层，她们将会生育很多孩子，但是每个女性将会比其祖母拥有更少数量的孩子。死亡将会被延迟到其更年长的时候。死亡将不会像以前那样主要是在幼儿身上发生。死亡对于年老居民来说将会是自然的，这种死亡一般是由于退化性的疾病。由爆炸式人口增长组成的蘑菇头部将会不再变大。人口转型期至少将会在大部分的国家中结束。这个周期将在 2025 年结束或者将要结束，这给予了 21 世纪一个特殊的意义。这个世纪将会在拉丁美洲人口历史上被记载，正如其生活行为出现变化的世纪和人口数量特别快速的增长的世纪一样。这种改变在历史上也只会出现一次。

征兆兑现并不是确定的。即使预测看起来很有道理，那些不可预见的情况也并没有被排除。拉丁美洲的人们绝对是必须造就他们自己未来的人，他们可以强制性地让期限缩短或延长，或者让趋势保持着这个可预见的过程或者从这个过程中偏离出去。未来具有偶然性还是确定性就取决于他们的决定，而这些决定在很大程度上是私人的。

参 考 文 献

Celade	圣地亚哥，中美洲人口统计中心
DyE	墨西哥，人口统计和经济
EML	布宜诺斯艾利斯，中美洲移民研究
HAHR	西班牙语美洲历史回顾
HM	墨西哥，墨西哥历史
IMR	纽约，国际移民回顾
JBLA	拉丁美洲经济与社会.国家历史年鉴
MMFQ	纽约，米尔班克纪念基金季刊
ONU	纽约，联合国人口司
RI	马德里，西印度杂志

Acosta León, M., y J.E, Hardoy, 1972: "La urbanización en Cuba", dye, 16: 41-67. Acosta Rodríguez, A., 1979: La población de Luisiana española (1763-1803),Madrid.

Adams, R.N., 1965: Migraciones internas en Guatemala. Expansión agraria de los indígenas kekchíes hacia El Petén, Guatemala.

Aguayo, S., 1985: El éxodo centroamericano. Consecuencias de un conflicto, México. et al., 1987: Los refugiados guatemaltecos en Campeche y Quintana Roo. Con- diciones sociales y culturales, México.

Aguirre, J.Q. 1974: "Evolución de la nupcialidad en México, 1906-1970", dye, 22: 34-49.

Aguirre Beltrán, G., 1972: La población negra de México, 1519-1810, 2a. ed., México. Alba, F., 1979: La población de México: evolución y dilemas, México.

y J.E. Potter, 1986: "Population and development in México since 1940: An interpretation", Population and Development Review, 12(1): 47-75.

Alcedo, A. de (1786-1789), 1966: Diccionario geográfico-histórico de las Indias occidentales o América, 5 vols., Madrid.

Alden, D., 1963: "The population of Brazil in the late eighteenth century: A preliminary study", hahr, 43(2): 173-205.

y J.C. Miller, 1987: "Out of Africa: The slave trade and the transmission of smallpox to Brazil, 1560-1831", Journal of Interdisciplinary History, 18: 195-224.

Altman, I., 1992: Emigrantes y sociedad. Extremadura y América en el siglo xvi, Madrid.

Álvarez, M., et al., 1978: "La participación de la mujer en la fuerza de trabajo en Cuba, 1899-1970", Estudios Demográficos (La Habana), 16.

Álvarez, N., y E. Míguez, 1989: "Patrones de mortalidad en las tierras nuevas de la provincia de Buenos Aires: Tandil (1860-1895)", Siglo xix, 7: 9-69.

Álvarez Amézquita, J., et al., 1960: Historia de la salubridad y de la asistencia en México, 4 vols., México.

Álvarez Estévez, R., 1986: La emigración cubana en Estados Unidos, 1868-1878, La Habana.

Allison, M.J., et al., 1981: "Tuberculosis in pre-Columbian Andean populations", en J.E. Buikstra, 1981: Prehistoric tuberculosis in the Americas, Evanston.

Andrews, G.R. 1980: The Afro-Argentines of Buenos Aires, 1800-1900, Madison.

Aramburú de Oliveira, C., y P. Remy, 1983: La población del Cuzco colonial. Siglos
xvi-xviii, Lima.

Aranovich, C., 1974: "Notas sobre la urbanización en la América portuguesa",ri, 33-34: 383-398.

Arcondo, A., 1990: Ensayos de demografía histórica. Córdoba, siglos xviii y xix, Córdoba.

Archer, C.I., 1973: "The deportation of Barbarian Indians from the Internal Provinces of New Spain, 1789-1810", The Americas, 39: 376-385.

Archivo General de Indias, 1940-1980: Catálogo de pasajeros a Indias durante los siglos xvi, xvii y xviii, Sevilla, 5 vols. (vol. 1, 1509-1534, vol. 2, 1535-1538, vol. 3, 1539-1559, vol. 4, 1560-1566, vol. 5, 1567-1577).

Arlettaz, G., 1979: Emigration et colonisation suisses en Amérique latine, 1815-1918, Berna.

Arretx, C., et al., 1983: Demografía histórica en América Latina. Fuentes y méto- dos, San José (Costa Rica).

Arriaga, E.A., 1967a: "Rural-urban mortality in developing countries: An index for detecting rural under registration", Demography, 4(1): 98-107.

1967b: "The effect of a decline in mortality on the gross reproduction rate", mmfq, 45 (3): 333-352.

1968a: New life tables for Latin American populations in the nineteenth and twentieth centuries, Berkeley.

1968b: "Components of city growth in selected Latin American coun- tries", mmfq, 46(2): 237-252.

1970a: Mortality decline and its effects in Latin America, Berkeley.

1970b: "The nature and effects of Latin America's non-western trend in fertility", Demography, 7(4): 483-501.

1972: "Impact of population changes on education cost", Demography, 9(2): 275-293.

y K. Davis, 1969: "The pattern of mortality change in Latin America", Demography, 6(3): 223-242 (en español, mismo año: Revista Paraguaya de Sociología, 15: 93-123).

Arrom, S.M., 1985: The women of México City, 1790-1857, Stanford.

Aschmann, H., 1959: The Central Desert of Baja California: Demography and ecology, Berkeley.

Ashmore, W. (comp.), 1981: Lowland Maya settlement patterns, Albuquerque.

Assadourian, C.S., 1985: "La crisis demográfica del siglo xvi y la transición del Tawantisuyu al sistema mercantil colonial", Sánchez-Albornoz, 1985a: 69-93.

1989: "La despoblación indígena en el Perú y Nueva España durante el siglo xvi y la formación de la economía colonial", hm, 38: 419-453.

Azevedo, T. de, 1955: Povoamento da cidade do Salvador (2a. ed.), São Paulo.

Baily, S.L., 1980: "Marriage patterns and immigrant assimilation in Buenos Aires", hahr, 60: 32-48.

1982: "Chain migration of Italians to Argentina: Case studies of the Agno- nesi and the Sirolesi", Studi Emigrazioni, 19: 73-91.

1983: "The adjustment of Italian immigrants in Buenos Aires and New York, 1870-1914", American Historical Review, 88: 281-305.

1985: "Patrones de residencia de los italianos en Buenos Aires y Nueva York, 1880-1914", eml, 1: 8-47.

y F. Headlam, 1980: Intercontinental migration to Latin America. A selected bibliography, Londres.

Balán, J., 1969: "Migrant-native socioeconomic differences in Latin American cities: A structural analysis", Latin American Research Review, 4 (1): 3-51.

1976: "Migraciones, mano de obra y formación de un proletariado rural en Tucumán, Argentina, 1870-1914", dye, 10: 201-134.

1981: "Estructuras agrarias y migración interna en una perspectiva histó- rica: estudios de casos latinoamericanos", Revista Mexicana de Sociología, 41: 141-192.

1988: "International migration in Latin America: Trends and consequen- ces", R.T. Appleyard, International migration today, vol. 1: Trends and pros- pects, París: 210-263.

Balhana, A.P., 1978: Santa Felicidade, uma paroquia vêneta no Brasil, Curitiba.

1986: "Le peuplement et la population du Paraná", Annales de Démogra- phie Historique: 81-101.

et al., 1973: "Estudos de demografía histórica no Paraná", Estudos de His- toria

Quantitativa, 2: 5-63.

Barón Castro, R., 1942: La población de El Salvador. Estudio acerca de su desenvol- vimiento desde la época prehispánica hasta nuestros días, Madrid (reprod., El Salvador, 1978).

1959: "El desarrollo de la población hispanoamericana (1492-1950)",
Journal of World History, 5(2): 325-343.

Bataillon, C., 1971: Villes et campagnes dans la région de México, París. y H. Riviére d'Arc, 1973: La ciudad de México, México.

e Y. Lebot, 1974: "Migration intérieure et emploi agricole au Guatemala",
Cahiers des Amériques latines, 11: 117-147.

Bean, F.D., et al. (comps.), 1989: Mexican and Central American Population and U.S. Immigration Policy, Austin.

Beaver, S.E., 1975: Demographic transition theory reinterpreted. An application to recent trends in Latin America, Lexington.

Behm Rosas, H., 1962: Mortalidad infantil y nivel de vida, Santiago de Chile.

y H. Gutiérrez, 1967: "Structure and causes of death and level of mortal- ity: An experience in Latin America", onu, Proceedings of the World Popula- tion Conference, 1965, 3: 391-394.

et al., 1972: "Mortalidad infantil en Chile: tendencias recientes", Conferen- cia Regional Latinoamericana de Población [1970], Actas, 2 vols., México, 1972, 1: 169-174.

Beozzo Bassanezi, M.S., 1989: "Camino a la fazenda. Estructura de la familia inmigrante y cultivo de café en San Pablo", Siglo xix, 7: 95-126.

Beretta, P.L., 1976: La colonizzazione italiana nel Rio Grande do Sul (Brasile),

Pavia.

Berglund, S., 1985: "...Y los últimos serán los primeros. La inmigración masiva en Venezuela, 1945-1951", Sánchez-Albornoz, 1985a: 313-326.

y H. Hernández Carrión, 1985: Los de afuera. Un estudio analítico del proceso migratorio en Venezuela, 1936-1985, Caracas.

Berquó, E.S., et al., 1977: A fecundida em São Paulo. Características demográficas, biológicas e socio-economicas, São Paulo.

Bertrand, M., 1987: Terre et société: les communautés Maya-Quiché de la région de Rabinal du xvie au xixe siècle, México.

Besio Moreno, N., 1939: Buenos Aires. Puerto del Río de la Plata. Capital de la Argentina. Estudio crítico de su población, 1536-1936, Buenos Aires.

Bestene, J.O., 1988: "La inmigración sirio-libanesa en la Argentina. Una aproximación", eml, 9: 339-367.

Bethell, L., 1970: The abolition of the Brazilian slave trade. Britain, Brazil and the slave trade question, 1808-1869, Cambridge.

Beyhaut, G., et al., 1961: Inmigración y desarrollo económico, Buenos Aires.

Beyer, G.H. (comp.), 1967: The urban explosion in Latin America. A continent in process of modernization, Ithaca. (Hay traducción al castellano, Buenos Aires, 1970.)

Bideau, A., y S.O. Nadalin, 1988: "Etude de la fecondité d'une communauté évangélique luthérienne à Curitiba (Brésil) de 1866 á 1939", Population 43: 1035-1064.

Bidegain Greising, G., 1984: Los migrantes del Cono Sur en Venezuela, Caracas.

1985: Evolución reciente de la mortalidad en Venezuela, Caracas.

y A. Freitez, 1989: Los colombianos en Venezuela. Mito y realidad, Caracas.

Blanton, R.E., 1978: Monte Albán. Settlement patterns at the Ancient Zapotec capital, Nueva York.

Borah, W., 1951: New Spain' century of depression, Berkeley (traducción al castellano, México, 1975).

1964: "America as model. The demographic impact of European expan- sion upon the Non-European world", XXXV Congreso Internacional de Americanistas, México, 1962, 3: 379-387. (Hay traducción al castellano en Cuadernos Americanos, 21[6], 1962: 176-185.)

1970: "The historical demography of Latin America: Sources, techniques, controversies, yields", en Deprez, 1970: 173-205. (Hay traducción al castellano, Bogotá, 1972.)

y S.F. Cook, 1960: The population of Central México in 1548: A critical analysis of the Suma de visitas de pueblos, Berkeley.

1962: "La despoblación del México Central en el siglo xvi", hm, 12(1): 1-12.

1963: The aboriginal population of Central México on the eve of the Spanish conquest, Berkeley.

1966: "Marriage and legitimacy in Mexican culture: México and Califor- nia", California Law Review, 54(2): 946-1008.

Borges, M.J., 1989: "Los portugueses en Buenos Aires a mediados del siglo xix: una aproximación socio-demográfica", eml, 12: 353-381.

Borges Morán, P., 1977: El envío de misioneros a América durante la época espa- ñola, Salamanca.

Bourdé, G., 1972: "Sources et méthodes de l'histoire démographique á Cuba (xviiie et xixe siècles)", Annales de démographie historique: 385-424.

1974: Urbanisation et immigration en Amérique latine: Buenos Aires (xixe et xxe siècles), París.

Bowser, F.P. 1974: The African slave in Colonial Peru, 1524-1650, Stanford.

Boxer, C.R., 1969: The golden age of Brazil: 1695-1750. Growing pains of a colonial society, 3a. ed., Berkeley.

Boyd-Bowman, P., 1964 y 1968: Índice geobiográfico de cuarenta mil pobladores espa- ñoles de América en el siglo xvi, 1 (1493-1519), Bogotá, y 2 (1520-1539), México. 1973: Patterns of Spanish emigration to the New World (1493-1580), Buffalo. 1974: "La emigración española a América, 1560-1579", Studia hispanica in honorem R. Lapesa, 2: 123-147.

1976: "Patterns of Spanish emigration until 1600", hahr, 56: 580-604. Bowser, F.P., 1974: The African slave in Colonial Peru, 1524-1650, Stanford. Boyer, R.E., y K.A. Davies, 1973: Urbanization in 19th century Latin America:
Statistics and sources, Los Ángeles.

Brachet, V., 1976: La población de los estados mexicanos, 1824-1895, México.

Brading, D.A., 1971: Miners and Merchants in Bourbon México, 1763-1810, Cam-bridge. (Hay traducción al castellano, México, 1975.)

1972: "Grupos étnicos, clases y estructura ocupacional en Guanajuato (1792)", hm, 21: 460-480.

y C. Wu, 1973: "Population growth and crisis: León, 1720-1860", Journal of Latin American Studies, 5: 1-36.

Bray, D., 1984: "Economic development: The middle class and international migration in the Dominican Republic", imr, 18(2): 217-236.

Brinckmann S., L., 1989: "Natalidad y mortalidad en Tecali (Puebla), 1701-1801", Siglo xix, 7: 219-269.

Brito V., E.M., 1969: "La fecundidad según status socioeconómico. Análisis comparativo de las ciudades de México y Buenos Aires", dye, 3(2).

Bromley, J., y J. Barbagelata, 1945: Evolución urbana de la ciudad de Lima, Lima. Bromley, R.D.F., 1974: "Parish registers as a source in Latin American Demo- graphic and Historical Research", Bulletin of the Society for Latin American Studies, 19: 14-21.

1979: "Urban-rural demographic contrasts in Highland Ecuador: Town recession in a period of catastrophe 1778-1841", Journal of Historical Geography, 5: 281-295.

Bronfman, M., y J. Gómez de León (comps.), 1988: La mortalidad en México. Niveles, tendencias y determinantes, México.

Browning, H.L., 1975: "Variación de la primacía en la América Latina durante el siglo xx", El Trimestre Económico, 42: 429-456.

y W. Feindt, 1969: "Selectivity of migrants to a metropolis in a developing country: A Mexican case study", Demography, 6(4): 347-357.

1971: "Patterns of migration to Monterrey, México", imr, 5(3): 309-324.

Buarque de Hollanda, S. 1966: "Movimentos de população em São Paulo no século xvii", Revista do Instituto de Estados Brasileiros, 1: 55-111.

Buarque de Hollanda Filho, S., 1971: Migration, regional and urban growth and development in Brazil. A selective analysis of the historical record 1872-1970, São Paulo.

Bueno, C. [1763-1779], 1951: Geografía del Perú virreinal (siglo xviii), Lima.

Cacopardo, M.C., 1969: Argentina: aspectos demográficos de la población econó-micamente activa en el periodo 1869-189, Santiago de Chile.

y J.L. Moreno, 1984: "Características regionales, demográficas y ocupacio- nales de la inmigración italiana a la Argentina (1880-1930), Studi Emigra- zione, 75: 277-293.

1988: "La migración italiana a Argentina: consideraciones metodológicas acerca de las fuentes estadísticas", eml, 10: 523-540.

Calvo, T., 1972: "Démographie historique d'une paroisse méxicaine: Acatzingo (1606-1810)", Cahiers des Amériques latines, 6: 7-41.

1973: Acatzingo. Demografía de una parroquia mexicana, México.

1983: "Japoneses en Guadalajara: 'blancos de honor' durante el seiscientos mexicano", ri, 172: 33-547.

1989: La Nueva Galicia en los siglos xvi y xvii, Guadalajara.

y G. López (comps.), 1988: Movimientos de población en el occidente de México, Zamora.

Camargo, J.F. de, 1960: Exodo rural no Brasil. Formas, causas e consequências economicas principais, Río de Janeiro.

— 1968: A cidade e o campo. O éxodo rural no Brasil, São Paulo.

Camisa, Z.C., 1968: "Assessment of registration and census data on fertility", mmfq, 46(3), parte 2: 17-37.

Candido, S., 1976: "La emigración política italiana a la América Latina (1820-1870), jbla, 12: 217-238.

Cardona, R. (comp.), 1980: El éxodo de colombianos, Bogotá.

(comp.), 1987: América Latina: distribución espacial de la población, Bogotá.

Cardoso, C.F.S., 1973: "La historia demográfica, su penetración en Latinoamérica y en América Central", Estudios sociales centroamericanos, 9: 115-128.

y H. Pérez Brignoli, 1977: Centroamérica y la economía occidental (1520-1930), San José.

Cardoso, J.A., y S.O. Nadalin, 1986: "Les mois et les jours de mariage au Paraná (Brésil) aux xviiie, xixe et xxe siècles", Annales de Démographie Historique: 11-27. Cardoso, L.A., 1980: Mexican emigration to the United States, 1897-1931. So-cioeconomic patterns, Tucson.

Carleton, R.O., 1965: "Fertility trends and differentials in Latin America", mmfq, 43(4), parte 2: 15-31.

1969: Aspectos demográficos de la infancia y de la juventud en América Latina, Santiago de Chile.

Carmack, R.M., et al. (comps.), 1982: The historical demography of Highland Guatemala, Albany.

Carmagnani, M., 1967: "Colonial Latin American demography. Growth of Chilean population, 1700-18 30", Journal of Social History, 1(2): 179-191.

1972: "Demografía y sociedad. La estructura social de los centros mineros del norte de México, 1600-1720", hm, 21: 419-459.

y H.S. Klein, 1965: "Demografía histórica: la población del obispado de Santiago, 1777-1778", Boletín de la Academia Chilena de la Historia, 72: 54-74.

Carvalho, J.A.M., 1974: "Regional trends in fertility and mortality in Brazil, Population Studies, 28: 401-421.

Carrasco, P., 1964: "Family structure of sixteenth century Tepoztlan", en R.A.

Manners (comp.), Process and pattern in culture. Essays in honor of Julian H. Steward, Chicago.

Carrón, J.M., 1980: "Factores de atracción de la inmigración de origen limítrofe existente en la Argentina", Migraciones Internacionales en las Américas, 1(1): 113-131.

Casas, B. de las [1542], 1992: Brevísima relación de la destrucción de las Indias, Madrid.

Caséy Gaspar, J., 1979: Limón: 1880-1940. Un estudio de la industria bananera en Costa Rica, San José.

Castillo, J. del, 1978: La inmigración de braceros azucareros en la República Do- minicana (1900-1930), Santo Domingo.

y C. Mitchell (comps.), 1987: La inmigración dominicana en los Estados Unidos, Santo Domingo.

Caviedes, E., 1983: "Formas de vida y estructuras demográficas de una sociedad colonial: San Felipe en la segunda mitad del siglo xviii", Cuadernos de Historia, 3: 79-97.

cdi, 1864-1884: Colección de documentos inéditos relativos al descubrimiento, con- quista y organización de las antiguas posesiones españolas, 42 vols., Madrid. Cedeplar, 1973: Migrações internas e desenvolvimento regional, 2 vols., Belo Ho-rizonte.

Celade, 1968: "Crecimiento de la población de la región de América Latina, 1920-1980", Boletín Demográfico, 1.

1969: Chile. Población económicamente activa. Migración. Seguridad social. Fecundidad. Mortalidad. Fuentes de datos demográficos, Santiago de

Chile. 1970: "América Latina: población total por países, año 1970", Boletín Demográfico, 6.

1971: Boletín Demográfico, 8.

1972: Boletín Demográfico, 10.

1975: Boletín Demográfico, 15.

1984: Boletín Demográfico, 32.

Centre National de la Recherche Scientifique, 1965: Problémes des capitales en Amérique latine, París.

Centro de Estudios Demográficos, 1976: La población de Cuba, La Habana.

Centro de Estudios Económicos y Demográficos, 1970: Dinámica de la población de México, México.

Centro de Estudios de Población y Desarrollo, 1972: Informe demográfico del Perú, Lima.

Centro de Estudios Puertorriqueños, 1982: Sources for the study of Puerto Rican migration, 1879-1930, Nueva York.

Centro de Investigación y Acción Social, 1966: La revolución demográfica. Estu- dio interdisciplinar del caso colombiano, Bogotá.

Centro Latino Americano de Pesquisas em Ciências Sociais, 1965: Situação social de America Latina, Río de Janeiro.

Chance, J.K, 1978: Race and classic colonial Oaxaca, Stanford.

Chandler, D.L., 1981: Health and slavery in Colonial Colombia, Nueva York.

Chandler, T., y G. Fox, 1974: 3 000 years of urban growth, Nueva York.

Chang-Rodríguez, E., 1958: "Chinese labor migration into Latin-America in the nineteenth century", Revista de Historia de América, 45-46: 375-397.

Chase-Dunn, C., 1984: "El fenómeno de la primacía de una ciudad en los sistemas urbanos latinoamericanos: su surgimiento", en Walton, 1984: 27-46.

Chaunu, H., y P., 1955-1960: Séville et l'Atlantique (1504-1650), 12 vols., París.

Chen, Ch. Y, 1968: Movimientos migratorios en Venezuela, Caracas.

y M. Picouet, 1980: "Migración internacional en Venezuela: evolución y características socio-demográficas", Migraciones internacionales en las Américas, 1(1): 41-62.

Chevalier, F., 1952: La formation des grands domaines au Méxique. Terre et societé aux xvie-xviie siècles, París. (Hay traducción al castellano, Problemas agrí- colas e industriales de México, 8[1], 1962: 1-258.)

Cieza de León, P. [1553], 1984: La Crónica del Perú, Madrid.

Cifré de Loubriel, E., 1964: La inmigración a Puerto Rico durante el siglo xix, San Juan. 1975: La formación del pueblo puertorriqueño. La contribución de los catala- nes, baleáricos y valencianos, San Juan.

Cintra, J.C., 1971: La migración japonesa en Brasil (1908-1958), México.

Cisneros Cisneros, C. 1959: "Indian migrations from the Andean zone of Ecuador to the lowlands", América Indígena, 19(3): 225-231.

clacso-Celade, 1975: Fuentes para la demografía histórica de América Latina, México. Clementi, H., 1991: Inmigración española en la Argentina, Buenos Aires.

Cline, H.F., 1949: "Civil congregations of the Indians in New Spain, 1598-1606", hahr, 29(3): 349-369.

Cohén, M.N., y G.J. Armelagos (comps.), 1984: Paleopathology at the origins of agriculture, Orlando.

Colee, R.S., 1971: "Rio Abajo population movements: 1670-1750", Ethnohistory, 18(4): 353-360.

Coleman, K., 1976: "The decadencia of a Spanish colonial city: Trujillo, Peru, 1600-1784", Bulletin of the Society for Latin American Studies, 25: 37-61.

Colin, M., 1966: Le Cuzco á la fin du xviie et au début du xviiie siècle, París.

Colmenares, G., 1969: Encomienda y población en la provincia de Pamplona (1549-1650), Bogotá.

1970: La provincia de Tunja en el Nuevo Reino de Granada. Ensayo de historia social (1539-1800), Bogotá.

1973: Historia económica y social de Colombia, 1573-1719, Bogotá.

Collin Delavaud, A., 1973: "Migrations, colonisations et structures agraires sur la côte équatorienne", Cahiers des Amériques latines, 7: 65-95.

Collver, O.A., 1965: Birth rates in Latin America: New estimates of historical trends and fluctuations, Berkeley.

1968: "Current trends and differentials in fertility as revealed by official data", mmfq, 46(3): 39-48.

Comadrán Ruiz, J., 1969: Evolución demográfica argentina durante el periodo hispano (1535-1810), Buenos Aires.

Congresso sobre a Historia de População da América Latina (1989: Ouro Preto, 1990): História e população: estudos sobre a América Latina, São Paulo.

Conniff, M., 1977: "Guayaquil through Independence: Urban development in a colonial system", The Americas, 33: 385-410.

Consuegra, J., 1969: El control de la natalidad como arma del imperialismo, Bue- nos Aires. (Hay edición colombiana de la misma fecha.)

Contreras, 1971: La población y la economía de Chile durante la Colonia, Concepción. et al., 1971: Fuentes para un estudio de demografía histórica de Chile en el siglo xviii, Concepción.

Cook, N.D., 1965: "La población indígena en el Perú colonial", Anuario del Instituto de Investigaciones Históricas (Rosario), 8.

(comp.), 1968: Padrón de los indios de Lima en 1613, Lima.

1981: Demographic collapse. Indian Peru, 1520-1620, Nueva York. 1982a: "Population data for Indian Peru: Sixteenth and seventeenth cen- turies", hahr, 62: 73-120.

1982b: People of the Coca Valley: A population study, Boulder.

1989: "Patrones de migración indígena en el virreinato del Perú: mitayos, mingas y forasteros", Histórica, 13: 125-152.

y W.G. Lovell (comps.), 1991: The secret judgement of God: Old World disease in Colonial Spanish America, Norman.

Cook, S.F., 1937: The extent and significance of disease among the Indians of Baja California, 1697-1773, Berkeley.

1940: Population trends among the California Missions Indians, Berkeley. 1941-1942: "Francisco Xavier Balmis and the introduction of vaccine to Latin America", Bulletin of the History of Medicine, 11: 543-557, y 12: 70-89.

1946a: "Human sacrifice and warfare as factors in the demography of Pre-Colonial México", Human Biology, 18(2): 81-102.

1946b: "The incidence and significance of disease among the Aztecs and related tribes", hahr, 26(3): 320-325.

1947: "The interrelation of population, food supply and building in Pre-

Conquest Central México", American Antiquity, 13(1): 45-52.

1949a: The historical demography and ecology of Teotlalpan, Berkeley. 1949b: Soil erosion and population in Central México, Berkeley.

1970: "Las migraciones en la historia de la población mexicana. Datos modelo del occidente del centro de México, 1793-1950", en B. García M. et al., Historia y sociedad en el mundo de habla española. Homenaje a José Mi- randa, México: 355-377.

y W. Borah, 1957: "The rate of population change in Central México, 1550-1570", hahr, 37(4): 463-470.

1960: The Indian population of Central México, 1531-1610, Berkeley. 1966: "On the credibility of contemporary testimony on the population
of México in the sixteenth century", Summa Anthropologica en homenaje a Roberto J. Weitlaner, México, 229-239.

1968: The population of the Mixteca Alta, 1520-1960, Berkeley.

1971-1979: Essays in population history: México and the Caribbean, 3 vols. [vol. 1, 1971; vol. 2, 1974; vol. 3, 1979], Berkeley. (Hay traducción al espa-ñol, México, 1977-1980.)

Cooney, J.W., 1983: "Foreigners in the Intendencia of Paraguay", The Americas,39: 333-357.

Cooper, D.B., 1965: Epidemic disease in México City, 1761-1813. An administra- tive, social and medical study, Austin.

1975: "Brazil's long fight against epidemic disease, 1849-1917, with spe- cial emphasis on yellow fever". Bulletin of the New York Academy of Medicine, 51: 672-696.

1986: "The new 'Black Death': Cholera in Brazil, 1855-1856", Social Science History 10: 467-488.

Corbitt, D.G., 1971: A study of the Chinese in Cuba, 1847-1947, Wilmore.

Cordero, R., 1968: "La subestimación de la mortalidad infantil en México", dye,2(1): 44-62.

Cordero Michel, E. (comp.), 1975: Seminario sobre problemas de población en la República Dominicana, Santo Domingo.

Cortés Alonso, V., 1965: "Tunja y sus vecinos", ri, 99-100: 155-207.

Cortés Conde, R., 1988: "Migración, cambio agrícola y políticas de protección. El caso argentino", Sánchez-Albornoz, 1988: 235-248.

Cortés y Larraz, P. [1768-1770], 1958: Descripción geográfico-moral de la dióce- sis de Goathemala, Guatemala.

Corwin, A.F., 1967: Spain and the abolition of slavery in Cuba, 1817-1886, Austin. 1972: "Historia de la emigración mexicana, 1900-1970. Literatura e investigación", hm, 86: 188-220.

(comp.), 1978: Immigrants and immigrants. Perspectives on Mexican Labor migration to the United States, Westport.

Corredor, B., 1962: La familia en América Latina, Bogotá.

Costa, E.V. da, 1974: "Urbanización en el Brasil en el siglo xix", ri, 131-138: 339-432.

Costa, I. del Ñero da, 1979: Vila Rica: População, 1790-1826, São Paulo.

1981: Populações mineiras. Sobre a estructura populacional de alguns núcleos mineiros no alvorecer do século xix, São Paulo.

1982: Minas Gerais: estruturas populacionais típicas, São Paulo.

(comp.), 1986: Brasil: historia económica e demográfica, São Paulo.

Cowell, B., 1975: "Cityward migration in the nineteenth century. The case of Recife, Brazil", Journal of Interamerican Studies and World Affairs, 17: 43-63.

Crosby, A.W., 1967: "Conquistador y pestilencia: The first New World pandemic and the fall of the great Indian empires", hahr, 47(3): 321-337. 1972: The Columbian exchange: Biological and cultural consequences of 1492, Wesport.

1976: "Virgin soils epidemics as a factor in the aboriginal depopulation in America", William and Mary Quarterly, 33: 289-99.

1986: Ecological imperialism: The biological expansion of Europe, 900-1900, Cambridge.

Cross, H.E., y J.A. Sandos, 1981: Across the border. Rural development in Mexico and recent migration to the United States, Berkeley.

Cuadernos de la cepal, 1978: 25 años en la agricultura de América Latina: rasgos principales, (1950-1975), Santiago de Chile.

Cuba. Secretaría de Hacienda, 1902-1930: Inmigración y movimiento de pasaje- ros, La Habana.

Cuenya Mateos, M.A., 1987: "Evolución demográfica de una parroquia de la Puebla de los Ángeles, 1660-1800". hm, 36: 443-464.

Cueto, M., 1992; "Sanitation from above: Yellow fever and foreign intervention in Peru, 1919-1922", hahr, 72: 1-22.

Culbert, T.P. (comp.), 1973: The Classic Maya collapse, Albuquerque.

Cunill Grau, P., 1987: Geografía del poblamiento venezolano en el siglo xix, 3 vols. Caracas.

Curtin, P., 1968: "Epidemiology and the slave trade", Political Science Quarterly,
83(2): 190-216.

1969: The Atlantic slave trade. A census, Madison.

Cushner, N.P., 1975: "Slave mortality and reproduction on Jesuit haciendas in Colonial Peru", hahr, 55: 177-199.

1980: Lords of the land. Sugar, wine and Jesuit estates of Coastal Peru, 1600-1767, Albany.

Dahl, V.C., 1960: "Alien labor in the Gulf Coast of México, 1880-1900", The Americas, 17(1): 21-35.

Daly, H.E., 1969: "El problema de la población en el Noreste de Brasil: sus dimensiones económicas e ideológicas", dye, 3(3): 279-307.

Dávila Padilla, A. [1596], 1955: Historia de la fundación y discurso de la provincia, de Santiago de México, de la orden de predicadores, 3a. ed., México.

Davis, K., 1964: "The place of Latin America in world demographic history", mmfq, 42(2): 19-47.

1969: World urbanization, 1950-1970. Vol. 1: Basic data for cities, countries and regions, Berkeley.

y A. Casis, 1946: "Urbanizations in Latin America", mmfq, 24(2): 186-207 y (3): 292-314. (Hay traducción al castellano, El Trimestre Económico, 14(3), 1947.)

Dean, W., 1985: "Las poblaciones indígenas del litoral brasileño de São Paulo y Río de Janeiro. Comercio, esclavitud, reducción y extinción", Sánchez-Albornoz, 1985a: 25-51.

Debien, G., 1953: "Les colons de Saint-Domingue réfugiés à Cuba (1793-

1795)", ri, 54: 559-605.

Deive, C.E., 1989: Las emigraciones dominicanas a Cuba (1795-1808), Santo Do- mingo.

Delgado Ribas, J.M., 1989: "La emigración española durante las décadas del comercio libre (1765-1820). El ejemplo catalán", Siglo xix, 7: 315-339.

Denevan, W.M., 1966: The aboriginal cultural geography of the Llanos de Mojos of Bolivia, Berkeley.

1970: "The aboriginal population of Tropical America: Problems and methods of estimation", en Deprez, 1970: 251-269.

(comp.), 1976: The native population of the Americas in 1492, Madison.

Deprez, P. (comp.), 1970: Population and economics, Winnipeg. Devoto, F., 1988: L'Italia nella società argentina, Roma.

1991: Estudios sobre la emigración italiana a la Argentina en la segunda mitad del siglo xix, Nápoles.

y G.F. Rosoli (comps.), 1985: La inmigración italiana en Argentina, Buenos Aires. Díaz-Briquets, S., 1981: "Determinants of mortality transition in developing countries before and after World War: Some evidence from Cuba", Popula-tion Studies, 35: 399-411.

1983: "Demographic and related determinants of recent Cuban emigra- tion", imr, 17: 95-119.

y L. Pérez, 1982: "Fertility decline in Cuba: A socioeconomic interpreta- tion", Population and Development Review, 8(3): 513-537.

Díaz de Yraola, G., 1947: "La vuelta al mundo de la expedición de la vacuna", Anuario de Estudios Americanos, 4: 105-162.

Díaz-Trechuelo, L., 1977: "La despoblación de la 'Isla de Canaria' y la emigración ilegal a Indias", I Coloquio Canario-Americano (1976): 293-314.

y A.F. García-Abasolo, 1988: "Córdoba en la emigración andaluza de la primera mitad del siglo xvii", Actas del Congreso Internacional de Historia de América. Córdoba, 1987, Córdoba, 2: 53-74.

Díez-Canedo, J., 1981: Undocumented migration to the United States: A new per- spective, Albuquerque.

Dipolo, M., y M.M. Suárez, 1974: "History, patterns and migration: A case study in the Venezuelan Andes", Human Organization, 33: 183-195.

Dobyns, H.F, 1963: "An outline of Andean epidemic history to 1720", Bulletin of the History of the Medicine, 37(6): 493-515.

1966: "Estimating aboriginal American population. 1. An appraisal of techniques with new hemispheric estimate", Current Anthropology, 1: 395-416. y M.C. Vásquez (comps.), 1963: Migración e integración en el Perú, Lima.

Duke, L., 1977: "The family in eighteenth century plantation society in Mexico", Annals of the New York Academy of Sciences: 226-241.

Durand, F., 1988: "Los primeros industriales y la inmigración extranjera en el Perú", eml, 9: 199-215.

Durand, J.D, 1977: "Historical estimates of World population. An evaluation",Population and Development Review, 3(3): 253-296.

y C.A. Peláez, 1965: "Patterns of urbanization in Latin America", mmfq, 43(4), parte 2: 166-191.

Early, J.D, 1982: The demographic structure and evolution of a peasant system: The Guatemalan population, Boca Ratón.

Eblen, J.E, 1975: "On the natural increase of slave populations: The example of the Cuban black population", en S.L. Engerman y E.D. Genovese (comps.), Race and slavery in Western hemisphere: Quantitative studies, Princeton: 211-247.

Eidt, R.C., 1971: Pioneer settlement in Northeast Argentina, Madison.

Elizaga, J.C., 1963: Formas de asentamiento de la población en América Latina, Santiago de Chile.

1965: "Internal migration in Latin America", mmfq, 43(4), parte 2: 144-161.

1966: "A study of migration to Greater Santiago (Chile)", Demography, 3(2): 352-377.

1969: Población y migraciones: América Latina y el Caribe, Santiago de Chile.

1970: Migraciones a las áreas metropolitanas de América Latina, Santiago de Chile.

Elkin, J.L., 1980: Jews of the Latin American republics, Chapel Hill.

Eltis, D., 1989: "Fluctuations in mortality in the last half century of transatlantic slave trade", Social Science History, 13: 315-340.

Espinoza Soriano, W. (comp.), 1964: Visita hecha a la provincia de Chucuito por Garcí Díez de San Miguel en el año 1567, Lima.

1981: La destrucción del imperio de los incas, Lima.

Esteva Fabregat, C., 1974: "Población y mestizaje en las ciudades de Iberoamérica: siglo xviii", ri, 131-138: 351-604.

Estrada Ycaza, J., 1977: "Migraciones internas en el Ecuador", Revista del Archi- vo Histórico del Guayas, 11: 5-26.

Eugenio Martínez, M.A., 1977: Tributo y trabajo del indio en Nueva Granada,

Sevilla.

Evans, B.M., 1981: "Census enumeration in late Seventeenth-Century Alto Peru: The numeración general of 1683-1684", en Robinson, 1981: 25-44. 1991: "Death in Aymaya of Upper Peru, 1580-1623", en Cook y Lovell, 1991.

Fajardo, D., 1969: El régimen de la encomienda en la provincia de Vélez. Población indígena y economía, Bogotá.

Fals Borda, O., 1957: "Indian congregations in the New Kingdom of Granada: Land tenure aspects, 1595-1850", The Americas, 13(4): 331-351.

Farriss, N., 1978: "Nucleation versus dispersal: The dynamics of population movement in Colonial Yucatan", hahr, 58: 187-216.

1992: La sociedad maya bajo el dominio colonial. La empresa colectiva de la supervivencia, Madrid.

Feindt, W., y H.L. Browning, 1972: "Return migration: Its significance in an industrial metropolis and an agricultural town in México", imr, 6: 158-165.

Ferris, E.G., 1987: The Central American refugees, Nueva York.

Fifer, J.V., 1967: "Bolivia's pioneer fringe", The Geographical Review, 57: 1-23. Figueroa Camps, B. (comp.), 1989: La fecundidad en México. Cambios y perspec-tivas, México.

Figueroa Marroquín, H., 1980: Enfermedades de los conquistadores, Guatemala. Flannery, K.V. (comp.), 1982: Maya subsistence, Nueva York.

1985: Guilá Naquitz. Archaic foraging and early agriculture in Oaxaca, Nueva York.

Flores Colombino, A., 1967: "Reseña histórica de la migración paraguaya", Revista Paraguaya de Sociología, 8-9: 89-107.

Flores Moscoso, A., 1985: "Tripulantes de inferior categoría: llovidos y desvalidos. Siglo xviii", Actas de las IV Jornadas de Andalucía y América, 1: 251-269.

Florescano, E., 1969: Precios del maíz y crisis agrícolas en México (1708-1810), México.

1972: "Bibliografía de la historia demográfica de México (época prehispa- na, 1910), hm, 21: 525-537.

y E. Malvido (comps.), 1982: Ensayos sobre la historia de las epidemias en México, 2 vols., México.

Folan, W.J., et al. (comps.), 1983: Coba. A classic Maya metropolis, Nueva York.

Fortuna, J.C., et al., 1988: Uruguay y la emigración de los 70, Montevideo.

Fowler Jr., W.R, 1988: "La población nativa de El Salvador al momento de la conquista española", Mesoamérica, 15: 79-116.

1989: The cultural evolution of Ancient Nahua Civilizations. The Pipil-Nicarao of Central America, Norman.

Fox, J.W, 1980: "Lowland to Highland Mexicanization processes in Southern Mesoamerica", American Antiquity, 45: 43-54.

Freundlich de Seefeld, R., 1986: "La integración social de extranjeros en Buenos Aires según sus pautas matrimoniales: ¿pluralismo cultural o crisol de razas? (1860-1923)", eml, 2: 203-231.

Friede, J., 1963: Los Quimbayas bajo la dominación española. Estudio documental (1539-1810), Bogotá.

1965: "Algunas consideraciones sobre la evolución demográfica de la pro- vincia de Tunja", Anuario Colombiano de Historia Social y de la Cultura, 2(3): 5-19.

1967: "Demographic changes in the mining community of Muzo after the plague of 1629", hahr, 47(3): 338-359.

1968: "Las minas de Muzo y la 'peste' acaecida a principios del siglo xviii en el Nuevo Reino de Granada", Revista de Historia de América, 65/66: 90-108.

1969: "De la encomienda indiana a la propiedad territorial, y su influencia sobre el mestizaje", Anuario Colombiano de Historia Social y de la Cultura, 4: 35-62.

Fuente García, A. de la, 1990: "Esclavos africanos en La Habana: zonas de procedencia y denominaciones étnicas, 1570-1699", Revista Española de Antropología Americana, 20: 135-160.

Gabaldón, A., 1956: "Problemas de población y la campaña contra la malaria",Revista Shell, Caracas, 19: 35-47.

1965: "Leading causes of death in Latin America", mmfq, 43(4), parte 2: 242-262.

Gade, D.W, 1979: "Inca and colonial settlement, coca cultivation and endemic disease in the tropical forest", Journal of Historical Geography, 5: 263-279.

Galeano, L.A., 1978: "Dos alternativas del campesinado paraguayo: migración y colonización (1870-1950)", Revista Paraguaya de Sociología, 41: 115-142.

García, G., et al., 1987: Fuentes estadísticas para la historia económica y social de Cuba (1760-1900). I Población, La Habana.

García Bernal, M.C., 1979: Yucatán. Población y encomienda bajo los Austrias, Sevilla. García López, Y.R., 1992: Las remesas de los emigrantes españoles en América.

Siglos xix y xx, Colombres.

García Martínez, B., 1987: Los pueblos de la sierra. El poder y el espacio entre los indios del norte de Puebla hasta 1700, México.

García y Griego, M., y M. Verea, 1988: México y Estados Unidos frente a la migra- ción de indocumentados, México.

Gardiner, C.H., 1975: The Japanese and Peru, 1873-1973, Albuquerque.

Geiger, P.P., 1963: Evolução da rêde urbana brasileira, Río de Janeiro.

et al., 1974: "Migrações internas e urbanizado na estruturação do espaço nacional", rbe, 35: 411-428.

Gerhard, P., 1968: "Descripciones geográficas (pistas para investigadores)", hm, 17(4): 618-627.

1972: A guide to the historical geography of New Spain, Cambridge.

1977: "Congregaciones de indios en la Nueva España de 1570", hm, 103: 347-95.

1979: The southwestern frontier of New Spain, Princeton. 1982: The north frontier of New Spain, Princeton.

Germani, G., 1970: "Mass immigration and modernization in Argentina", en I.L. Horowitz (comp.), Masses in Latin America, Nueva York.

Gibson, Ch., 1964: The Aztecs under Spanish rule. A history of the Indians of the Valley of México, 1519-1810, Stanford. (Hay traducción al castellano, México, 1967.)

Gudmunson Kristjanson, L., 1978: Estratificación socio-racial y economía de Cos- ta Rica, 1700-1850, San José.

Goldam, N., y A.R. Pebley, 1981: "Legalization of consensual unions in Latin America", Social Biology, 28: 49-62.

Goldberg, M.B., 1976: "La población negra y mulata de Buenos Aires, 1810-

1840", Desarrollo Económico, 61: 75-99.

Gómez, B.M., 1970: "El rápido descenso de la fecundidad en Costa Rica", Quinto Seminario Nacional de Demografía, San José, Costa Rica, San José: 271-308.

Gómez Jiménez, A., y L.M. Díaz Mesa, 1983: La moderna esclavitud. Los indocu- mentados en Venezuela, Bogotá.

1988: "El estado del conocimiento sobre las migraciones laborales de Colombia a Venezuela", eml, 10: 397-412.

Gómez Pérez, C., 1980: "Los extranjeros en la América colonial: su expulsión de Cartagena de Indias en 1750", Anuario de Estudios Americanos, 24: 41-75.

Góngora, M., 1960: Origen de los "inquilinos" de Chile central, Santiago de Chile. 1962: Los grupos de conquistadores en Tierra Firme (1509-1530). Fisionomía histórico-social de un tipo de conquista, Santiago de Chile.

Gonzalbo Aizpuru, P. (comp.), 1991: Familias novohispanas. Siglos xvi al xix, México.

González, G.R., 1968: "The migration of Latin American high level manpower",
International Labour Review, 98(6): 551-569.

González, G., y V. Ramírez, 1979: "Las políticas relativas a la fecundidad", Cuadernos de Celade, 1: 91-115.

González Mendoza, J., 1982: "Demografía y sociedad en San Germán: siglo xviii", Anales de Investigación Histórica (Río Piedras), 9(1-2): 1-64.

González Navarro, M., 1960: La colonización en México, 1877-1910, México. 1968: "La guerra de castas en Yucatán y la venta de mayas a Cuba", hm, 18(1):

11-34.

1970a: "Mestizaje in Mexico during the National Period", en Mörner, 1970: 145-169.

1970b: Raza y tierra. La guerra de castas y el henequén, México. 1974: Población y sociedad en México (1900-1970), 2 vols., México.

Gootenberg, P., 1989: Between silver and guano. Commercial policy and the State in postindependence Peru, Princeton.

Graham, D.H, 1973: "Migração estrangeira e a questo da oferta de mão-de-obra no crescimento económico brasileiro, 1880-1930", Estudos Económicos, 3(1): 7-64.

Granda, G., 1984: "Negros emancipados cubanos en Fernando Poo", ri, 174: 559-566.

Grebler, L., et al., 1970: The Mexican-American people, the nation's second largest minority, Nueva York.

Grieshaber, E.P, 1980: "Survival of Indian communities in nineteenth century Bolivia: A regional comparison", Journal of Latin American Studies, 12:223-269.

Gross, S.A, 1975: "Labor in Amazonia in the first half of the eighteenth century", Las Américas, 32: 211-221.

Guerra, F., 1985: "La epidemia americana de influenza en 1493", ri, 176: 325-347. 1988: "The earliest American epidemic: The influenza of 1493", Social Science History, 12: 305-325.

Guerra, R., Manual de Historia de Cuba, La Habana.

Gutiérrez, H., 1986: "La mortalité des évêques latino-américains aux xvie et xviiie siècles", Annales de démographie historique: 29-39.

Gutiérrez Azopardo, I., 1983: "Los libros de registro de pardos y morenos en los archivos parroquiales de Cartagena de Indias", Revista Española de Antropología Americana, 13: 121-141.

Guzmán, J.M, 1988: "Mortalidad infantil y diferenciación sociogeográfica en América Latina, 1960-1980", en Bronfman y Gómez de León, 1988: 25-53.

Hajnal, J., 1965: "European marriage patterns in perspectives", en D.V. Glass y D.E.C. Eversley, 1965: Population in History, 101-143.

Halberstein, R.A., 1974: "Mortality patterns in Cuanalan, México, 1866-1970", Social Biology, 21: 256-271.

et al., 1973: "Historical-demographic analysis of Indian population in Tlaxcala, México", Social Biology, 20: 40-50.

Hamerly, M.T., 1973: Historia social y económica de la antigua provincia de Gua- yaquil, 1763-1842, Guayaquil.

1974: "La demografía histórica del Ecuador, Perú y Bolivia: una bibliogra- fía preliminar", Revista del Archivo Histórico del Guayas, 6: 24-63.

1977: "Registros parroquiales e inventarios de iglesias del litoral", Revista del Archivo Histórico del Guayas, 12: 25-69.

Hanke, L., 1961: "The Portuguese in Spanish America with special reference to the Villa Imperial de Potosí", Revista de Historia de América, 51: 1-48.

Hardoy, J.E., 1967: Ciudades precolombinas, Buenos Aires.

et al. (comps.), 1972: "The process of urbanization in America since its origin to its present time", Verhandlungen des XXXVIII Intemationalen Amerikanistenkongresses, Stuttgart y Múnich, 4: 9-318.

1978: Ensayos histórico-sociales sobre la urbanización en América Latina, Buenos Aires.

y C. Aranovich, 1969: "Urbanización en América hispánica entre 1580 y 1630", Boletín del Centro de Investigaciones Históricas y Estéticas, 11: 9-89.

1970: "Urban scales and functions in Spanish America toward the year 1600: First conclusions", Latin American Research Review, 5(3): 57-110. 1972: Las ciudades en América Latina. Seis ensayos sobre la urbanización contemporánea, Buenos Aires.

1974: "Escalas y funciones urbanas en América española hacia 1600. Un ensayo metodológico", ri, 33-34: 345-381.

1984: "Estudio de los distritos centrales de las ciudades de América Lati- na. Una primera aproximación", en Walton, 1984: 207-234.

y M.E. Langdon, 1978: "Análisis estadístico preliminar de la urbanización de América Latina entre 1850 y 1930", Revista Paraguaya de Sociología, 42-43.

y R.P. Schaedel (comps.), 1966: El proceso de urbanización en América desde sus orígenes hasta nuestros días, Buenos Aires.

1977: Asentamientos urbanos y organización socioproductiva en la historia de América Latina, Buenos Aires.

1978: Las ciudades de América Latina y sus áreas de influencia a través de la historia, Buenos Aires.

y C. Tobar (comps.), 1969: La urbanización en América Latina, Buenos Aires.

Hassan, F.A., 1978: "Demographic archeology", en Schiffer, 1978: 49-103.

Hastings, D., 1969: "Japanese emigration and assimilation in Brazil", imr, 3(8):32-53.

Hauser, P., 1962: L'urbanisation en Amérique latine, París. (Hay traducción al castellano, Buenos Aires, 1967.)

Haviland, W.A., 1969: "A new population estimate for Tikal, Guatemala", American Antiquity, 34: 428-433.

1972: "Family size, prehistoric population estimates and the Ancient Maya", American Antiquity, 37: 135-139.

Heer, D.M., y E.S. Turner, 1965: "A real difference in Latin American fertility",Population Studies, 18(3): 270-292.

Hemming, J., 1978: Red Gold. The conquest of the Brazilian Indians, Cambridge. Henry, L., "Temas de pesquisa, fontes e métodos da demografia histórica do Brasil", Revista de História, 53: 63-79.

1983: Manual de demografía histórica, Barcelona.

y A.P. Balhana, 1975: "La population du Paraná depuis le xviiie siècle", Population, núm. especial: 157-186.

Hernández, P.J., 1976: "Los inmigrantes italianos de Puerto Rico durante el siglo xix", Anales de Investigaciones Históricas, 3(2): 1-63.

Hernández Álvarez, J., 1967: Return migration to Puerto Rico, Berkeley.

Hernández Castellón, R., et al., 1979: "Dinámica de la población económicamente activa en Cuba, 1899-1970", Estudios Demográficos [La Habana], 21.

Herrick, B.H., 1966: Urban migration and economic development in Chile, Cam-bridge.

Herzog, L.A., 1990: Where North meets South. Cities, space and politics of the U.S.- Mexico border, Austin.

Hiecks, T.W., 1974: "Economic development and fertility change in México,

1950-1970", Demography, 11: 407-421.

Hinshaw, R., et al., 1972: "Environmental effects on child-spacing and population increase in Highland Guatemala", Current Anthropology, 13(2): 216- 220.

Hoetink, H., 1971: El pueblo dominicano, 1850-1900. Apuntes para una sociología histórica, Santiago (R.D).

Hoffman, A., 1974: Unwanted Mexican Americans in the Great Depression: Repa- triation pressure, Tucson.

Hogan, D.J., et al., 1989: "Café, ferrocarriles y población. El proceso de urbanización en Río Claro, Brasil", Siglo xix, 1: 7-94.

Hollingsworth, T.H., 1969: Historical demography, Ithaca.

Holloway, T.H., 1980: Immigrants on the land. Coffee and society in São Paulo, 1886-1934, Chapel Hill.

Houdaille, J., 1973: "Quelques données sur la population de Sainte-Domingue au xviiie siècle", Population, 28: 859-872.

Humboldt, A. Stet [1811], en Humboldt 1966: Ensayo político sobre el reino de la Nueva España, 4 vols., México.

[1816-1831], 1941: Viaje a las regiones equinocciales del Nuevo Continente, Caracas.

has (Instituto Interamericano de Estadística), 1953: The story of the 1950 Census of the Americas, Washington, D.C.

ibge (Istituto Brasileiro de Geografía e Estatística), 1961: Contribuções para o estudo da demografía do Brasil, Río de Janeiro.

iepd-Celade, 1988: República Dominicana. Población y desarrollo. 1950-1985, San José (Costa Rica).

inegi (Instituto Nacional de Estadística, Geografía e Informática, México), 1986: Estadísticas históricas de México, 2 vols., México.

Interamerican Economic and Social Council, 1954: Causas y efectos del éxodo rural en Venezuela, Washington, D.C.

International Labour Office, 1959: International migration 1945-1957, Ginebra.

ipgh (Instituto Panamericano de Geografía e Historia), 1985: La inmigración a América Latina. Primeras jornadas internacionales sobre la migración en América, México.

1987: Legislación y política inmigratoria en el Cono Sur. Argentina, Brasil, Uruguay, México.

Jackson, R.H., 1981: "Epidemic disease and population decline in the Baja California Missions, 1697-1834", Southern California Quarterly, 63: 308-346.

Jacobs, A.P., 1983: "Pasajeros y polizones. Algunas observaciones sobre la emigración española a las Indias durante el siglo xvi", ri, 172: 439-479.

Jaén Suárez, O., 1978: La población del istmo de Panamá del siglo xvi al xx, Panamá. Jaramillo Uribe, J., 1963: "Esclavos y señores en la sociedad colombiana del siglo xviii", Anuario Colombiano de Historia Social y de la Cultura, 1(1):3-62.

1964: "La población indígena de Colombia en el momento de la conquis- ta y sus transformaciones posteriores", Anuario Colombiano de Historia So- cial y de la Cultura, 1(2): 239-293.

Jaspers, D., y H. Pérez Brignoli, 1985: "Estimaciones de la mortalidad adulta en seis parroquias del Valle Central de Costa Rica (1888-1910), a partir de información sobre orfandad", Notas de Población, 13: 87-106.

Jiménez Castro, W., 1956: Migraciones internas en Costa Rica, Washington, D.C.

Jiménez de la Espada, M., 1965: Relaciones geográficas de Indias, Perú, 3 volúmenes, Madrid.

Jiménez Jiménez, R., 1970: Estadísticas demográficas de Costa Rica, San José.

Johnson, A.H., 1978: "The impact of market agriculture on family structure and household in nineteenth century Chile", hahr, 58: 625-648.

Johnson, L.L., y S.M. Socolow, 1980: "Población y espacio en el Buenos Aires del siglo xviii", Desarrollo Económico, 79: 329-350.

Jones, R.C. (comp.), 1984: Patterns of undocumented migration. Mexico and the United States, Totowa.

Joralemon, D., 1982: "New World population and the cause of disease", Journal of Anthropological Research, 38: 408-427.

Kemper, R.V., 1971: "Rural-urban migration in Latin America: A framework for the comparative analysis of geographical and temporal patterns", imr, 5(1): 35-47.

Kenny, M., et al., 1979: Inmigrantes y refugiados españoles en México (Siglo xx),México.

Kiple, J.F., 1985: "Cholera and race in the Caribbean", jlas, 17: 157-177.

Klein, H.S., 1969a: "The trade in African slaves to Rio de Janeiro, 1795-1811: Estimates of mortality and patterns of voyages", Journal of African History, 10(4): 533-549.

1969b: "The colored freedman in Brazilian slave society", Journal of So- cial

History, 3(1): 30-52.

1973: "O tráfico de escravos africanos para o porto do Rio de Janeiro, 1825-1830", Anais de Historia, 5: 85-101.

1975: "Hacienda and free community in eighteenth century Alto Peru. A demographic study of the Aymara population of the districts of Chuluma- ni and Pacajes in 1786", Journal of Latin American Studies, 7: 193-220 (también Desarrollo Económico, 59: 421-444).

1978: The middle passage. Comparative studies in the Atlantic slave trade, Princeton.

1981: "La integración de inmigrantes italianos en la Argentina y los Esta- dos Unidos: un análisis comparativo", Desarrollo Económico, 81: 3-27.

1986a: La esclavitud africana en América Latina y el Caribe, Madrid. 1986b: "Familia y fertilidad en Amatenango, Chiapas, 1785-1816", hm, 36: 273-286.

Klepinger, L., 1979: "Paleodemography of the Valdivia III phase at Real Alto, Ecuador", American Antiquity, 44: 305-308.

Knight, F.W., 1970: Slave society in Cuba during the nineteenth century, Madison. Konetzke, R., 1948: "Las fuentes para la historia demográfica de Hispanoamé- rica durante la época colonial", Anuario de Estudios Americanos, 5: 267-323.

1953-1962: Colección de documentos para la historia de la formación social de Hispano-América, 1493-1810, 3 vols., Madrid.

1970: "Die 'Geographischen Beschreibungen' als Quellen zur Hispano- amerikanischen Bevölkerungsgeschichte der Kolonialzeit", jbla, 7: 1-15.

Korol, J.C., y H. Sábato, 1979: "The camps": inmigrantes irlandeses en la

Provincia de Buenos Aires, 1870-1890, Buenos Aires.

1981: Cómo fue la inmigración irlandesa en Argentina, Buenos Aires.

Kramer, W., et al., 1986: "Las tasaciones de tributos de Francisco Marroquí y Alonso Maldonado, 1536-1541", Mesoamérica, 7: 357-394.

Kubler, G., 1952: The Indian caste of Peru, 1795-1940. A population study based upon tax records and census reports, Washington, D.C.

Kuznesof, E.A., 1986: Household economy and urban development. São Paulo, 1765 to 1836, Boulder.

1988: "Household, family and community studies 1976-1986: A bibliographical essay", Latin American Population History Newsletter, 14: 9-23.

Lancaster, H.O., 1990: Expectations of life. A study in the demography, statistics and history of world mortality, Nueva York.

Landstreet, B., y A. Mundingo, 1983: "Migraciones internas y cambios en las tendencias de urbanización en Cuba", dye,17: 409-447.

Lange, F., 1971: "Una reevaluación de la población del norte de Yucatán en el tiempo del contacto español: 1528", América indígena, 31(1): 117-139.

Lattes, A.E., 1967: La fecundidad efectiva en la República Argentina, Santiago de Chile. 1968: Evaluación y ajuste de algunos resultados de tres primeros censos nacio- nales de población, Buenos Aires.

1979: La dinámica de la población rural en la Argentina entre 1879 y 1970, Buenos Aires.

1980: Aspectos demográficos del proceso de redistribución de la población en la Argentina, Buenos Aires.

1986: La población de Argentina en la era pre-estadística: desde la Conquista al primer censo nacional (1550-1860), Buenos Aires.

1990: "Tratando de asir lo inasible: las dimensiones de la inmigración en la Argentina entre 1945 y el presente", eml, 15-16: 295-309.

y R. Poczter, 1968: Muestra del censo de población de la ciudad de Buenos Aires de 1855, Buenos Aires.

y E. Oteiza (comps.) 1986: Dinámica migratoria argentina (1955-1984): democratización y retorno de expatriados, Ginebra (reeditado en Buenos Aires). et al. (comps.), 1989: Salud, enfermedad y muerte de los niños en América Latina, Buenos Aires.

Lavallé, B., 1974: "Les étrangers dans les régions de Tucumán et Potosí (1607-1610)", Bulletin hispanique, 76: 125-141.

Lavrín, A. (comp.), 1989: Sexuality and marriage in Colonial Latin America, Lincoln. Leander, B. (comp.), 1989: Europa, Asia y África en América Latina y el Caribe,México.

Leff, H., y H.S. Klein, 1974: "O crescimento da população no européia antes do inicio do desenvolvimento: O Brasil do século xix", Anais de Historia, 6: 51-70. Leite, V.M., 1982: "Níveis e tendências da mortalidade e da fecundidade no Brasil a partir de 1940", Anais. Segundo Encontro Nacional. Estudos Populacionais, São Paulo, vol. 1: 581-609.

Le Roy y Cassá, J.E, 1913. Estudios sobre la mortalidad de La Habana durante el siglo xix y los comienzos del actual, La Habana.

Levy, M.S.F., 1974: "O papel da migração internacional na evolução da população brasileira (1872 á 1972)", Revista de saúde pública, 8 (suplemento: A evaluação da população brasileira): 49-90.

Lida, C.E. (comp.), 1994: Una inmigración privilegiada. Comerciantes, empresa- rios y profesionales en México en los siglos xix y xx, Madrid.

Lisanti, L., 1962-1963: "La población de la 'Capitanía de São Paulo' entre la segunda mitad del siglo xviii y el comienzo del siglo xix", Anuario del Ins- tituto de Investigaciones Históricas [Rosario], 6: 13-26.

Livi-Bacci, M., 1990: Historia mínima de la población mundial, Barcelona.

Lockhart, J., 1968: Spanish Peru, 1532-1560. A colonial society, Madison.

Lodolini, E., 1958: "Los libros parroquiales y de estado civil en América Latina", Archivium, 8: 95-111.

Lombardi, J.V., 1971: The decline and abolition of Negro Slavery in Venezuela, 1820-1854, Westport.

1976: People and places in colonial Venezuela, Bloomington.

López de Gomara, F. [1552], 1986: La conquista de México, Madrid.

López Sarrelangue, D.E., 1963: "Población indígena de la Nueva España en el siglo xviii", hm, 12(4); 516-530.

López Toro, A., 1968: "Migración y cambio social en Antioquia durante el siglo xix", dye, 2(3): 351-403.

López de Velasco, J. [1574], 1971: Geografía y descripción universal de las Indias,Madrid.

Love, E.F., 1971: "Marriage patterns of persons of African descent in a colonial México City parish", hahr, 51(1): 79-91.

Lovell, W.G, 1982: "Historia demográfica de la sierra de los Cuchumatanes, Guatemala, 1520-1821", Mesoamérica, 4: 291-325.

1985: Conquest and survival in Colonial Guatemala: A historical geography of the Cuchumatán Highlands, 1500-1821, Montreal.

1988: "Enfermedades del Viejo Mundo y mortandad amerindia: la viruela y el tabardillo en la sierra de los Cuchumatanes de Guatemala", Mesoamé- rica, 16: 239-85.

1991: "Disease and depopulation in Early Colonial Guatemala", en Cook y Lovell, 1991.

et al., 1984: "The Indian population of Southern Guatemala, 1549-1551: An analysis of López de Cerrato's 'Tasaciones de tributos'", The Americas, 40: 459-477.

Lundhahl, M., 1982: "A note on Haitian migration to Cuba, 1890-1934", Cuban Studies: 23-36.

Luque de Sánchez, M.D., 1987-1988: "Con pasaporte francés en el Puerto Rico del siglo xix (1778-1850)", op. cit., Boletín del Centro de Investigaciones Históricas, 3: 95-122.

Lutz, C.H., 1982: Historia sociodemográfica de Santiago de Guatemala, 1541-1773, Guatemala.

Luzón, J.L., 1987: Economía, población y territorio en Cuba (1899-1983), Madrid. Lynch, T.F., 1980: Guitarrero cave. Early man in the Andes, Nueva York.

Llano Saavedra, L., 1971-72: "Rasgos de la población boliviana", Estudios Andinos, 2(2): 87-112.

Llorens, V., 1976: El exilio español de 1939, Madrid.

Macías Domínguez, L., 1985: "La emigración de Málaga y Jaén hacia América y Filipinas en el siglo xvii", Andalucía y América en el siglo xvii, Sevilla, 1: 1-27.

Macías Hernández, A.M., 1992: La migración canaria, 1500-1980, Colombres.

MacLeod, M.J., 1973: Spanish Central America. A socioeconomic history, 1520-1720, Berkeley.

1985: "Los indígenas de Guatemala en los siglos xvi y xvii: tamaño de la población, recursos y organización de la mano de obra", Sánchez-Albor- noz, 1985a: 53-67.

MacNeish, R.S., 1964: El origen de la civilización mesoamericana visto desde Te- huacán, México.

1970: "Social implications of changes in population and settlement pat- tern of the 12 000 years of prehistory in the Tehuacan Valley of México", Deprez, 1970: 215-250.

1971: "Early man in the Andes", Scientific American, 224(4): 36-46.

Maeder, E.J.A., 1969: Evolución demográfica argentina desde 1810 a 1869, Bue- nos Aires.

1988: "Las dimensiones demográficas del Gran Chaco a principios del siglo xvii", Investigaciones y Ensayos, 37: 291-316.

1990: "Las Misiones de Guaraníes: historia demográfica y conflictos con la sociedad colonial, 1641-1807", Congreso sobre a Historia de População da América Latina, 41-50.

y A. Bolsi, 1982: "La población guaraní de la Provincia de Misiones en la época post-jesuítica (1768-1809), Folia Histórica del Nordeste, 5: 61-106. Maino Prado, V., y G.J. Oehninger Greenwood, 1987: "La migración italiana en Chile, su distribución geográfica y su preferencia locacional en la ciudad

de Santiago", eml, 6-7: 199-222.

Málaga Medina, A., 1972: "Toledo y las reducciones de indios en Arequipa. Aspecto demográfico", Historiografía y Bibliografía Americanista, 16: 13-400.

Maldonado, C., 1976: Estadísticas vitales de la ciudad de México (siglo xix), México. Maldonado-Denis, M., 1976: Puerto Rico y Estados Unidos: emigración y colonia-

lismo. Un análisis sociohistórico de la emigración puertorriqueña, México.

Maluquer de Motes, J., 1992: Nación e inmigración: los españoles en Cuba (siglos xix y xx), Colombres.

Malvido, E., 1973: "Factores de despoblación y reposición de la población de Cholula (1641-1810)", hm, 89: 52-110.

1980: "El abandono de los hijos. Una forma de control del tamaño de la familia y del trabajo indígena. Tula (1683-1730)", hm, 116: 521-561.

1982: "Efectos de las epidemias y hambrunas en la población colonial de México (1519-1810), en Florescano y Malvido, 1982, 1: 179-197.

1987: "Los novicios de San Francisco en la ciudad de México. La edad de hierro (1649-1749)", hm, 36: 699-738.

Mamalakis, M., 1980: Historical statistics of Chile, vol. 2, Westport.

Marazzi, R., 1974: "El impacto de la inmigración a Puerto Rico de 1800 a 1830.

Análisis estadístico", Revista de Ciencias Sociales, 18: 3-42.

Marcílio, M.L., 1968: La Ville de São Paulo. Peuplement et population 1750-1850 d'après les registres paroissiaux et les recensements anciens, Rouen (ed. en portugués; São Paulo, 1973).

1971: "População, sociedade e economía de uma comunidade pré- malthusiana brasileira", Estudos históricos, 10: 9-20.

1973a: "Tendances et structures des ménages dans la capitainerie de São Paulo (1765-1868) selon les listes nominatives d'habitants", Colloques Internationaux du Centre National de la Recherche Scientifique, L'histoire quantitative du Brésil de 1900 à 1930, París: 157-165.

1973b: "Variation des noms et des prénoms au Brésil ancien", Annales de Démographie historique, 1972: 345-353.

1974a: Crescimento demográfico e evolução agrária paulista, 1700-1836, São Paulo.

1974b: "Evolução da população brasileira através dos censos até 1872", Anais de Historia, 6: 115-137.

1977a: "Levantamentos censitários da fase proto-estatística do Brasil", Anais de Historia [Assis] 9: 63-75.

1977b: "Croissance de la population pauliste de 1798 à 1828", Annales de Démographie Historique : 249-269.

1979: "Os registros eclesiásticos e a demografia histórica da América Lati- na", Memorias da I Semana da História, Franca.

1980: "A população da América Latina de 1900 a 1975", Ciencia e cultura, 32(9): 1155-1176.

1981: "Mariage et remariage dans le Brésil traditionnel: lois, intensité, calendrier", J. Dupâquier et al. (comps.), Marriage and remarriage in populations of the past, Londres.

Marco, G. de, 1986: "Extranjeros en la Argentina: cuantía y continuidad de los flujos inmigratorios limítrofes, 1970-1985", eml, 3: 323-349.

Marchena, J., 1983: Oficiales y soldados en el ejército de América, Sevilla.

1985: "Las levas de soldados a Indias en la Baja Andalucía. Siglo xvii", Actas de las IV Jornadas de Andalucía y América, 1: 93-117.

Marenales Rossi, M, y G. Bourdé, 1977: "L'immigration française et le peuplement de l'Uruguay (1830-1860)", Cahiers des Amériques latines, 16: 7-32.

Marín Lira, M.A., 1981: "Les unions consensuelles en Amérique Latine: l'Amérique Centrale", J. Dupâquier et al. (comps.), Marriage and remarriage in populations of the past, Londres: 363-372.

Mármora, L., 1980: "Características de la política de migraciones laborales en Colombia", Migraciones Internacionales en las Américas, 1(1): 89-111.

Márquez Morfín, L., 1984: Sociedad colonial y enfermedad, México.

Marschalk, P., 1976: "Social and economic conditions of European emigration to South America in the 19th and 20th centuries", jbla, 13: 11-19.

Marshall, A., 1988: "Emigration of Argentines to the United States", Pessar, 1988: 129-141.

Marshall, D.I., 1979: "The Haitian problem". Illegal migration to the Bahamas, Kingston.

Martine, G., 1972: "Migration, natural increase and city growth. The case of Rio de Janeiro", imr, 6: 200-215.

1990: "As migrações de origen rural no Brasil: uma perspectiva histórica", Congresso sobre a Historia de População de América Latina. 16-26.

y L. Camargo, 1984: "Crecimento e distribução da população brasileira: tendencias recentes", Revista Brasileira de Estudos da População, 1, 1/2: 99-142.

Martínez, H., 1969: Las migraciones internas en el Perú, Caracas.

Martínez, J.L, 1983: Pasajeros de Indias. Viajes transatlánticos en el siglo xvi, Madrid. Martínez Manautou, J. (comp.), 1982: The demographic revolution in México,1970-1980, México.

Massey, D.S., y K.M. Schnabel, 1983: "Recent trends in Hispanic migration to the United States", imr, 17: 212-244.

Mata, M. da, et al., 1973: Migrações internas no Brasil. Aspectos económicos e de- mográficos, Río de Janeiro.

Mateo Avilés, E., 1993: La emigración andaluza a América (1850-1930), Málaga. Matos Mar, J., 1968: Urbanización y barriadas en América del Sur, Lima.

Mazet, C., 1985: "Mourir à Lima au xviiie siècle: les ethnies et la mort", Ibero-Amerikanisches Archiv, 11: 127-170.

McCaa, R., 1978: "Chilean social and demographic history: sources, issues, and methods", Latin American Research Review, 13(2): 104-126.

1981: "A new approach for analyzing population data: Log linear models of tables of counts", Latin American Population History Newsletter, 2(4): 39-46.

1983: Marriage and fertility in Chile. Demographic turning points in the Petorca Valley, Boulder.

1984: "Calidad, clase, and marriage in Colonial México: The case of Pa- rral, 1788-90", hahr, 64: 477-501.

y S.B. Schwartz, 1983: "Measuring marriage patterns; percentages, Cohen's kappa, and log-linear models", Comparative Studies in Society and History, 25: 711-720.

McKeown, I., 1976: The modern rise of population, Londres.

Meléndez, C., 1978: Costa Rica: tierra y poblamiento en la colonia, San José.

Mellafe, R., 1965: "Problemas demográficos e historia colonial hispanoamericana", Nova Americana, 1: 45-55.

1970: "The importance of migration in the Viceroyalty of Peru", en De- prez, 1970: 303-313.

1973: Breve historia de la esclavitud en América Latina, México (1a. edición, Buenos Aires, 1964).

1980: "Tamaño de la familia en la historia de Latinoamérica, 1562-1950", Histórica, 4(1): 349.

y R. Salinas Meza, 1988: Sociedad y población rural en la formación de Chile actual: La Ligua 1700- 1850, Santiago.

Memoria de los virreyes..., 1859: ...que han gobernado el Perú durante el tiempo del coloniaje español, 6 vols., Lima.

Merbs, C.F. 1989: "Patterns of health and sickness in the precontact Southwest", en D.H. Thomas (comp.), Columbian consequences. Vol. 1: Archeological and historical perspectives on the Spanish Borderlands West, Washington D.C.: 41-55.

Merrick, T.W, 1974: "Interregional differences in fertility in Brazil, 1950-1970",Demography, 11: 423-440,y D.H. Graham, 1979: Population and economic development in Brazil. 1800 to the present, Baltimore.

Mier y Terán, M., 1986: "Evolución de la población mexicana, 1895-19/0", S. Schmidt, et al., Estudios cuantitativos sobre la historia de México, México: 93-102.

Míguez, E.T. 1987: "Política, participación y poder. Los inmigrantes en las tierras nuevas de la Provincia de Buenos Aires en la segunda mitad del siglo xix", eml, 6-7: 337-378.

Millón, R. (comp.), 1973: Urbanization at Teotihuacan, Mexico, 2 vols., México.

Mina Valdés, A., 1983: "La integridad del registro de defunciones adultas en México, 1930-1980", dye, 17: 330-366.

Minchom, M., 1983: "The making of a white province: Demographic movement and ethnic transformation in the south of the Audiencia de Quito", Bulletin de l'Institut d'Etudes Andines, 13: 23-39.

1986: "La evolución demográfica del Ecuador en el siglo xviii", Cultura, Revista del Banco Central del Ecuador, 8: 459-590.

Miranda, J., 1963: "La población indígena de México en el siglo xvii", hm, 12(2): 182-189.

Miró, C.A., 1964: "The population of Latin America", Demography, 1(1): 15-41.

1965: La población de América Latina en el siglo xx, Santiago de Chile. 1966a: La población de América Central y Panamá: un ejemplo de multiplica- ción acelerada, Santiago de Chile.

1966b: "The World population: Two distinct 'blocs'", Latin American Research Review, 1(3): 5-16.

1968: Aspectos demográficos de América Latina, Santiago de Chile.

y W. Martens, 1968: "Influences affecting fertility in urban and rural Latin America", mmfq, 46(3), parte 2: 89-117.

y J.L. Somoza, 1964: Características demográficas de la América Latina, Santiago de Chile.

Mon Pinzón, R.A., 1989: "La migración china a Panamá", Leander, 1989: 246-267.

Moncarz, R., 1970: "Effects of professional restriction on Cuban refugees in se- lected health professions in the United States, 1959-1969", imr, 8 (1/2): 22-30.

Morales Álvarez, J.M., 1980: Los extranjeros con carta de naturaleza de las Indias durante la segunda mitad del siglo xviii, Caracas.

Morales, P., 1982: Indocumentados mexicanos, México.

Morelos, J.B., 1973: "Diferencias regionales del crecimiento y la mortalidad en México, 1940-1960", dye, 21: 280-311.

Moreno, J.L., 1965: "La estructura social y demográfica de la ciudad de Buenos Aires en el año 1778", Anuario del Instituto de Investigaciones Históricas (Rosario), 8: 151-170.

Moreno Fraginals, M., 1977: "Quantitative analysis of the African population in the island of Cuba", Annals of the New York Academy of Sciences: 187-201.

1989a: "Migraciones chinas a Cuba: 1848-1959", en Leander, 1989: 225-246.

1989b: "Immigració, lleves i guerres colonials. El cas cubà: 1834-1878", 3es Jornades d'Estudis Catalano-Americans, Barcelona, 23-37.

Moreno Toscano, A., 1972: "Cambios en los patrones de urbanización en México, 1810-1910", hm, 86: 160-187.

y C. Aguirre Anaya, 1975: "Migrations to México City in the nineteenth century. Research approaches", Journal of Interamerican Studies and World Affairs, 17: 27-42.

Morimoto, A., 1979: Los inmigrantes japoneses en el Perú, Lima.

Morin, C., 1972a: "Los libros parroquiales como fuente para la historia demográfica y social novohispana", hm, 83: 389-418, 525-537.

1972b: "Population et épidémies dans une paroisse méxicaine: Santa Inés Zacatelco (xviie-xixe siècles)", Cahiers des Amériques latines, 6: 43-73.

1973: Santa Inés Zacatelco (1646-1812). Contribución a la demografía histórica de México colonial, México.

1977: "Démographie et différences ethniques en Amérique latine colo- niale", Annales de Démographie Historique: 301-312.

1979, Michoacán en la Nueva España del siglo xviii. Crecimiento y desigualdad en una economía colonial, México.

Mörner, M., 1967: Race mixture in the history of Latin America, Boston. (Hay traducción al castellano, Buenos Aires, 1969.)

1970: La corona española y los foráneos en los pueblos de indios de América, Estocolmo.

(comp.), 1970: Race and class in Latin America, Nueva York.

1976: "Spanish migration to the New World prior to 1810: A report on the state of the research", en F. Chiapelli, First images of America. The impact of the New World on the Old, Berkeley, 2: 737-782.

1985: Adventurers and proletarians. The story of migrants in Latin America, Pittsburgh.

Morse, R.M., 1958: From community to metropolis. A biography of São Paulo, Brazil, Gainesville.

1969: "Recent research on Latin American urbanization: A selective sur- vey with commentary", Latin American Research Review, 1(1): 35-74.

1973: Las ciudades latinoamericanas, 2 vols., México.

1974: "Trends and patterns of Latin American urbanization: 1750-1920", Comparative Studies in Society and History, 16: 416-447.

1975: "The development of urban systems in the Americas in the nine- teenth century", Journal of Interamerican Studies and World Affairs, 17: 4-26.

Mortara, G., 1942: "Contribução ao studo das influéncias da inmigração sôbre a taxa de natalidade", Revista Brasileira de Estatística, 3(12): 575-584.

1943-1944: "Estudios de demografía interamericana", Estadística, 1(3): 65-75, (4): 89-95 y 2(5): 72-80.

1947: "Pesquisas sôbre populações americanas", Estudos Brasileiros de Demografía, 1(1) (Monografía núm. 3): 1-227.

1954: "The Brazilian birth rate: Its economic and social factors", en F. Lorimer et al., Culture and human fertility, París.

1961: Le unioni coniugali libere nell'America latina, Roma.

1964: Characteristics of the demographic structure of the American countries, Washington, D.C.

1965: Nuovi dati sulle unioni coniugali libere nell'America latina, Roma. 1970: "A composição por sexo e idade das populações latino-americanas e suas recentes variações", Revista Brasileira de Estatística, 31: 5-12.

Mott, L.R.B., 1974: "Brancos, pardos, pretos e indios em Sergipe: 1825-1830",Anais de História, 6: 139-184.

Mourat, O., 1969: "La inmigración y el crecimiento de la población del Uruguay, 1830-1930. Series estadísticas para su estudio", en O. Mourat et al., Cinco perspectivas históricas del Uruguay moderno, Montevideo.

Moya Pons, F., 1974: "Nuevas consideraciones sobre la historia de la población dominicana: curvas, tasas y problemas", Eme Eme. Estudios Dominicanos, 15: 3-29.

1986a: El Batey. Estudio socioeconómico de los bateyes del Consejo Estatal del Azúcar, Santo Domingo.

1986b: Después de Colón. Trabajo, sociedad y política en la economía del oro, Madrid.

Müller, M.S., 1972: "Mortalidad en la ciudad de Buenos Aires desde mediados del siglo xix", Conferencia Regional Latinoamericana de Población (1970), Actas, 2 vols., México, 1972, 1: 66-73.

1974: La mortalidad en Buenos Aires entre 1855 y 1960, Buenos Aires.

1978: La mortalidad en la Argentina. Evolución histórica y situación en 1970, Santiago de Chile.

Mundigo, A.I., 1972: Elites, economic development and population in Honduras, Ithaca.

Mundy, C.N., 1985: "La población prehispánica y sus adaptaciones agrícolas en la zona de San Miguel Petapa, Guatemala", Mesoamérica, 10: 293-354.

Murray, D.R., 1971: "Statistics of the slave trade to Cuba, 1790-1867", Journal of Latin American Studies, 3(2): 131-149.

Navarro Azcue, C., 1989: "La emigración gallega a Cuba y el dictamen de las Cortes de 1855", en Presencia de España en América: aportación gallega, La Coruña: 291-297.

Negrón, M.A., 1982: "The origins of contemporary urbanization in Venezuela: Growth without accumulation between 1920 and 1945", Regional Development Dialogue, 2(3): 1-28.

Newman, M.T., 1976: "Aboriginal New World epidemiology and medical care, and the impact of Oil World disease imports", American Journal of Physical Anthropology, 45: 667-672.

Newson, L., 1976: Aboriginal and Spanish Colonial Trinidad. A study in cultural contact, Nueva York.

1979: "Inmigrantes extranjeros en la América española: el experimento colonizador de la Isla de Trinidad", Revista de Historia de América, 82: 79-103.

1986: The cost of Conquest: Indian decline in Honduras under Spanish rule, Boulder.

1987: lndian survival in Colonial Nicaragua, Oklahoma.

1991: "Oil World epidemics in Early Colonial Ecuador", en Cook y Lovell, 1991.

Normano, J.F., y A. Gerbi, 1943: The Japanese in South America. An introductory survey with special reference to Peru, Nueva York.

Nunn, C., 1979: Foreign Immigrants in Early Bourbon México, 1700-1760, Cambridge. Oddone, J.A., 1966a: La emigración europea al Rio de la Plata, Montevideo.

1966b: La formación del Uruguay moderno (La inmigración y el desarrollo económico-social), Buenos Aires.

Oechsli, F.W., y D. Kirk, 1975: "Modernization and the demographic transition in Latin America and the Caribbean", Economic Development and Cultural Change, 23: 391-419.

Omran, A.R., 1971: "The epidemiologic transition. A theory of the epidemiology of population change", mmfq, 49(4), parte 1: 509-538.

onu, 1949-1971: Demographic yearbook, 22 vols.: 1948-1970, Nueva York.

1953: Factores determinantes y consecuencias de las tendencias demográficas. Nueva York.

1958: Latin American Seminar on population, Rio de Janeiro, 1955, Nueva York.

1966: World population prospects as assessed in 1963 (Population studies 41), Nueva York.

1969: Growth of the World's urban and rural population, 1920-2000, Nueva York.

1981: Modalidades del crecimiento de la población urbana y rural, Nueva York.

1987: The prospects of world urbanization. Revised as of 1984-85, Nueva York.

1987: World population trends and policies. 1987 monitoring report, Nueva York. Oppenheimer, R., 1983: "The urbanization process in 19th century Chile: The railroad and rural-urban migration", Hunter, J.M., et al. (comps.), Popula-tion growth and urbanization in Latin America. The rural-urban interface,Cambridge.

Organización de Estados Americanos, 1985: Las migraciones laborales en América Latina: diagnóstico demográfico, Washington.

Ortiz de Montellano, B.R., 1990: Aztec medicine, health and nutrition, New Brunswick.

Ortiz de la Tabla Ducasse, J., 1980: "La población ecuatoriana en la época co- lonial: cuestiones y cálculos", Anuario de Estudios Americanos, 37: 235-277. 1983: "Extranjeros en la Audiencia de Quito", en F. Solano y F. del Pino, América y la España del siglo xvi, Madrid, 2: 93-113.

1985: "Rasgos socioeconómicos de los emigrantes a Indias. Indianos de

Guadalcanal: sus actividades en América y sus legados a la metrópoli. Si- glo xvii", Actas de las IV Jornadas de Andalucía y América, 1: 29-62.

Ortiz de Zúñiga, I., 1962 y 1967: Visita de la provincia de León de Huánuco en 1562, 2 tomos, Huánuco.

Ospital, M.S., 1987: "Aspectos de la oferta de la mano de obra en la campaña bonaerense. Aporte migratorio (1900-1914)", eml, 5: 113-124.

Oss, A. van, 1979: "Architectural activity, demography and economic diversification: regional economies of México", jbla, 16: 147-189.

Oteiza, E. 1969: La emigración de personal altamente calificado de la Argentina.

Un caso de "brain drain" latinoamericano, Buenos Aires.

1971: "Emigración de profesionales técnicos y obreros calificados argenti- nos a los Estados Unidos. Análisis de las fluctuaciones de la emigración bruta, julio de 1950 a junio de 1970", Desarrollo Económico 39/40: 429-454. Otero, H., 1990: "Una visión crítica de la endogamia: reflexiones a partir de una re- construcción de familias francesas (Tandil, 1850-1914)", eml, 15-16: 343-377.

Otte, E., 1984: "La despoblación de La Española: la crisis de 1528", Ibero-Amerikanisches Archiv, 10: 241-265.

Paesa, P., 1971: "Aspectos en la población de las costas patagónicas hacia 1779", Investigaciones y ensayos (Buenos Aires), 10: 313-349.

Páez Celis, J., 1974: Ensayo sobre la demografía económica de Venezuela, Caracas. Palacio Preciado, J., 1973: La trata de negros por Cartagena de Indias, Tunja.

Palmer, C., 1976: Slaves of the White God: Blacks in México 1570-1650,

Cambridge.

Palomeque, S., 1989: "Ecuador en el siglo xix. Movimientos de la población en la región de Cuenca", Siglo xix, 7: 127-175.

Palloni, A., 1981: "Mortality in Latin America emerging patterns", Population and Development Review, 7(4): 623-649.

y R. Wyrick, 1981: "Mortality decline in Latin America: Changes in the structure of causes of deaths, 1950-1975", Social Biology, 28(3-4): 187-216.

Pantélides, E.A., 1979: Evolución de la fecundidad en Argentina, Santiago.

1983: "La transición demográfica argentina: un modelo no ortodoxo", Desarrollo Económico, 22: 511-534.

1986: "Notas respecto a la posible influencia de la inmigración europea sobre la fecundidad de la Argentina", eml, 3: 351-355.

Parsons, J.J., 1968: Antioqueño colonization in Western Colombia, Berkeley. (Hay traducción al castellano, Bogotá, 1961.)

1983: "The migration of Canary Islanders to the Americas: An unbroken current since Columbus", The Americas, 39: 447-481.

Parsons, J.R., 1968: "Teotihuacan, México, and its impact on regional demography", Science, 162(3856): 872-877.

Patarra, N.L., 1987: "Migrações na transição demográfica: o caso de São Paulo, 1900-1980", en Rosoli: 293-306.

Pedraza-Bailey, S., 1985: Political and economic migrants in America. Cubans and Mexicans, Austin.

Peek, P., y G. Standing (comps.), 1989: Políticas de estado y migración. Estudios sobre América Latina y el Caribe, México.

Perazzo, N., 1973: La inmigración en Venezuela, 1830-1850, Caracas.

Pereira, J.J., y R. Trajtenberg, 1966: Evolución de la población total y activa en el Uruguay, 1908-1957, Montevideo.

Pérez, L., 1982: "Iron mining and socio-demographic change in Eastern Cuba, 1884-1940", Journal of Latin American Studies, 14: 381-405,

Pérez Brignoli, H., 1981: "Deux siècles d'illégitimité au Costa Rica 1770-1974", en J. Dupáquier et al. (comps.), Marriage and remarriage in populations of the past, Nueva York.

1986a: "Nuevas perspectivas de la demografía histórica en América Lati- na", Latin American Population History Newsletter, 12: 7-14.

1986b: "La fecondité légitime à San Pedro del Mojón. 1871-1936", An- nales de Démographie Historique: 59-79.

1988: "Reconstrucción de las estadísticas parroquiales de Costa Rica, 1750-1900", Revista de Historia, 17: 211-277.

1989: "Costa Rica, 1866-1973: tablas modelo de mortalidad", Siglo xix, 7: 271-314.

Pérez de la Riva, J., 1967: "La population de Cuba et ses problèmes", Population,
22(1): 99-110.

1973: "Peuplement et cycles économiques à Cuba (1511-1812)", Cahiers des Amériques latines, 8: 1-24.

1975a: Barracón y otros ensayos, La Habana.

1975b: "Los recursos humanos de Cuba al comenzar el siglo: inmigración, economía y nacionalidad (1899-1906)", Anuario de Estudios Cubanos, 1: 11-44.

1976: Para la historia de las gentes sin historia, Barcelona.

1979: "Cuba y la migración antillana, 1900-1931", Anuario de Estudios Cubanos, 2: 5-75.

Pérez Herrero, P., 1990: "Estructura familiar y evolución económica en México (1700-1850). Antiguas y nuevas hipótesis de investigación", Boletín de la Asociación de Demografía Histórica, VIII(2): 67-109.

Peruser, G., 1984: "Haitian emigration in the Early Twentieth Century", imr, 18: 4-18.

Pessar, P.R. (comp.), 1988: When borders don't divide: Labor migration and refu- gees movements in the Americas, Nueva York.

Petruccelli, J.L., y J.C. Fortuna, 1976: La dinámica migratoria en el Uruguay del último siglo, 1875-1975, Montevideo.

Picó, F., 1986: Historia general de Puerto Rico, Río Piedras.

Piel, J., et al., 1973: Regiones y ciudades en América Latina, México.

1980: "Immigration et démarrage de l'agriculture spéculative au Pérou au xixe siècle", Les migrations internationales de la fin du xviii siècle à nos jours, París.

Pineo, R.F., 1990: "Misery and death in the Pearl of the Pacific: Health care in Guayaquil, Ecuador, 1870-1925", hahr, 70: 609-638.

Pinto Rodríguez, J., 1981: Dos estudios de la población chilena en el siglo xviii, La Serena.

Piñal, J.H. del, y C. de Navas, 1990: The Hispanic Population of the United States: March 1989, Washington, D.C.

Poblete Troncoso, M., 1967: La explosión demográfica en América Latina, Buenos Aires.

Ponce, F., y E. Quirós Paz-Soldán, 1978: "La información demográfico-histórica de Arequipa, 1549-1820", Latin American Research Review, 13: 176-181.

Population Bulletin, 1958: "Latin America. The 'Fountain of Youth' overflows", 14(5): 85-107.

Population Research Center, 1965: International population census bibliography. Latin America and the Caribbean, Austin.

Powers, K, 1987: "Migración vertical en la Audiencia de Quito: el caso de los Quijos en el siglo xvi", Revista Ecuatoriana de Historia Económica, 2: 104-130. 1991: "Resilient lords and lndian vagabonds: Wealth, migration, and the reproductive transformation of Quito's chiefdom, 1500-1700", Ethnohis- tory, 38: 225-249.

Prem, H., 1991: "Disease outbreaks in Central Mexico during the sixteenth century", Cook y Lovell, 1991.

Pyle, J., 1976: "A reexamination of aboriginal population estimates for Argentina", Denevan, 1976: 181-204.

Rabell, C.A., 1976: "Evaluación del subregistro de defunciones infantiles. Una crítica a los registros parroquiales de San Luis de La Paz, México (1735- 1799)", Revista Mexicana de Sociología, 38: 171-185.

1990: La población novohispana a la luz de los registros parroquiales (Avances y perspectivas de investigación), México.

y C.S. Assadourian, 1977: "Self-regulating mechanisms of the population in a pre-Columbian society: The case of the Inca Empire", International Population Conference, México, 7(1): 25-42.

y N. Necochea, 1987: "La mortalidad adulta en una parroquia rural novohispana durante el siglo xviii", hm, 36: 405-442.

Rabinovitz, F.F., y F.M. Trueblood, 1971: Latin American urban research, 2 vols., Beverly Hills.

Radell, D.R., 1976: "The lndian slave trade and population of Nicaragua during the Sixteenth Century", Denevan, 1976: 67-76.

Ramenofsky, A.F., 1987: Vectors of death. The Archeology of European contact,Albuquerque.

Ramírez de Arellano, A.B., y C. Seipp, 1883: Colonialism, catholicism and contraception: A history of birth control in Puerto Rico, Chapel Hill.

Ramos, D., 1975: "Marriage and fertility in Colonial Vila Rica", hahr, 55: 200-225. 1978: "City and country: The family in Minas Geraes, 1804-1838", Journal of Family History, 3: 361-375.

Rasini, B., 1965: "Estructura demográfica de Jujuy. Siglo xviii", Anuario del Instituto de Investigaciones Históricas [Rosario], 8: 119-150.

Reber, V.B, 1988: "The demographics of Paraguay: A reinterpretation of the Great War, 1864-1870", hahr, 68: 289-320.

Recchini de Lattes, Z.L., 1967: República Argentina. Correlación de la serie anual de nacimientos registrados por sexo y jurisdicción, 1911-1947, Buenos Aires. 1969: Argentina: la fecundidad en la ciudad de Buenos Aires desde fines del siglo pasado hasta 1936, Santiago de Chile.

1971: La población de Buenos Aires. Componentes demográficos del crecimiento entre 1855 y 1960, Buenos Aires.

1973: Aspectos demográficos de la urbanización en la Argentina, 1869-1960, Buenos Aires.

(comp.), 1975: La población de la Argentina, Buenos Aires.

y A.E. Lattes, 1969: Migraciones en la Argentina. Estudio de las migraciones internas e internacionales basado en datos censales, 1869-1960, Buenos Aires.

Requena, B.M., 1968: "The problem of induced abortion in Latin America", Demography, 5(2): 785-799.

Rial Roade, J., 1980a: Estadísticas históricas del Uruguay, 1850-1930, Montevideo. 1980b: "Sources for studies of historical demography in Uruguay (1728- 1860)", Latin American Research Review, 15(2): 180-200.

1983: Poblaciónydesarrollodeunpequeñopaís. Uruguay 1850-1930, Montevideo.

y J. Klaczko, 1981: Uruguay: el país urbano, Montevideo.

Ribeiro, D., 1971: Fronteras indígenas de la civilización, México. Rick, J.W., 1980: Prehistoric hunters of the High Andes, Nueva York.

Rivarola, D., y G. Heisecke (comps.), 1969: Población, urbanización y recursos humanos en el Paraguay, Asunción.

et al., 1974: La población del Paraguay, Asunción.

Robinson, D.J. (comp.), 1979: Social fabric and spatial structure in Colonial Latin America, Syracuse.

1980: "Population patterns in a Northern Mexican mining region: Parral in the late eighteenth century", Geoscience and Man, 21: 83-96.

(comp.), 1981: Studies in Spanish American Population History, Boulder. 1989: "Migration in eighteenth-century México: Case studies from Mi- choacán", Journal of Historical Geography, 15: 55-68.

(comp.), 1990: Migration in colonial Spanish America, Cambridge.

y T. Thomas, 1974: "New towns in eighteenth century North West Argen- tina",

Journal of Latin American Studies, 6: 1-33.

y C.G. McGovern, 1980: "La migración regional yucateca en la época colonial. El caso de San Francisco Umán", hm, 117: 99-125.

Robinson, W.C., 1963: "Urbanization and fertility: The non-western experience", mmfq, 41(3): 291-308.

Rocha Nogueira, A., 1973: A immigração japonesa para a lavoura cafeeira paulis- ta (1908-1922), Río de Janeiro.

Roche, J., 1969: A colonização alemã no Rio Grande do Sul, 2 vols., Porto Alegre. Rodríguez, M.A., y T. Calvo, 1986: "Sobre la práctica del aborto en el Occiden- te de México: documentos coloniales (siglos xvi-xvii)", Travaux et Recherches dans les Amériques du Centre, 10: 32-38.

Rodríguez Vicente, M.E., 1973: "Notas sobre la emigración española al Perú a fines del siglo xviii y comienzos del xix", Revista Internacional de Sociología, 31: 353-358.

Rosenblat, A., 1954: La población indígena y el mestizaje en América, tomo 1: La población indígena, 1492-1950, y tomo 2: El mestizaje y las castas coloniales, Buenos Aires.

1967: La población de América en 1492, México.

Rosoli, G.F. (comp.), 1987: Emigrazioni europee e popolo braziliano, Roma.

Rothman, A.M., 1967: La fecundidad de Buenos Aires según algunas características demográficas y socio-económicas, Buenos Aires.

1971: "Evolution of fertility in Argentina and Uruguay", International Population Conference, Londres, 1969, Lieja, 1: 712-732.

Russell-Wood, A.J.R., 1979: "The Black family in the Americas", jbla, 16: 267-

310. Ruiz Rivera, J.B., 1972: Fuentes para la demografía histórica de Nueva Granada,Sevilla.

1975: Encomienda y mita en Nueva Granada en el siglo xviii, Sevilla.

Saignes, T., 1984: "Las etnias de Charcas frente al sistema colonial (siglo xvii). Ausentismo y fugas en el debate sobre la mano de obra indígena, 1595- 1665", jbla, 21: 27-75.

1985a: Los Andes orientales: historia de un olvido, La Paz.

1985b: Caciques, tribute and migration in the Southern Andes. Indian society and the 17th century Colonial order (Audiencia de Charcas), Londres.

1987a: "Politiques du recensement dans les Andes coloniales: décroissance tributaire ou mobilité indigène?", Histoire, Economie, Société, 4: 436-464.

1987b: "Parcours forains: l'enjeu des migrations internes dans les Andes coloniales", Cahiers des Amériques latines, 6: 33-58.

1987c: Nuevas fuentes para la historia demográfica del Sur Andino", Latin American Population History Newsletter, 13: 16-21.

Salinas Meza, R., 1970: La población de Valparaíso en la segunda mitad del siglo xviii. Estudio preliminar del empadronamiento de 1779, Valparaíso.

1971: "Caracteres generales de la evolución demográfica de un centro urbano chileno: Valaparaíso, 1685-1830", Historia, 10: 177-204.

1978: "Fuentes para el estudio de la demografía histórica en el Norte Chico chileno, 1600-1814", Latin American Research Review, 13: 98-103. 1982: "Crecimiento de la población y patrones de fecundidad en Chile colonial. Reconstitución de familias en San Felipe y La Ligua durante los siglos xviii y xix", Cuadernos de Historia, 2: 63-71.

1983: "Salud, ideología y desarrollo social en Chile, 1830-1950", Cuader- nos de Historia, 3: 99-126.

Samara, E. de M., 1987: "Estratégias matromoniais no Brasil do século xix", Revista Brasileira de Historia, 8: 91-106.

1989: As mulheres, o poder e a família: São Paulo, século xix, São Paulo.

Samora, J., 1971: Los mojados. The Wetback story, Notre-Dame.

Sánchez Alonso, B., 1992: La inmigración española en Argentina. Siglos xix y xx,Colombres.

Sánchez-Albornoz, N., 1967: "Les registres paroissiaux en Amérique latine. Quelques considérations sur leur exploitation pour la démographie historique", Revue suisse d'histoire, 17(1): 60-71.

1974: "La dénomination des personnes en Amérique latine", en L. Henry (comp.), Noms et prénoms. Aperçu historique sur la dénomination des personnes en divers pays, Dolhain: 15-20.

1978: Indios y tributos en el Alto Perú, Lima.

1982: "Migración urbana y trabajo. Los indios de Arequipa, 1571-1645", De historia e historiadores. Homenaje a José Luis Romero, México: 259-281.

1983a: "Migración rural en los Andes. Sipesipe (Cochabamba), 1645", Revista de Historia Económica, 1(1): 13-36.

1983b: "Mita, migraciones y pueblos. Variaciones en el espacio y en el tiempo. Alto Perú, 1573-1692", Historia Boliviana, 3/1: 31-59.

(comp.), 1985a: Población y mano de obra en América Latina, Madrid. 1985b: "Poblamiento y despoblación rural de la provincia de Buenos Ai- res, 1869-1960", Anuario [Escuela de Historia, Rosario], 11: 251-266.

1986: "La población de las Indias en Las Casas y en la historia", En el quinto centenario de Bartolomé de Las Casas, Madrid: 85-92.

(comp.), 1988: Españoles hacia América. La emigración en masa, 1880-1930, Madrid.

1989: "Territorio y etnia. La comunidad indígena de Santa Cruz de Oruro (Collao) en 1604", hm, 39: 167-179.

1990a: "Demographic change in America and Africa induced by the European expansion, 1500-1800", en H. Pohl (comp.), The European Discovery of the World and its economic effects on pre-industrial society, 1500-1800, Stuttgart: 190-206. 1990b: "Las etapas de la emigración española a América Latina", Arbor, 536-537: 15-24.

1991: "La población de América Latina, 1850-1930", en L. Bethell (comp.), Historia de América Latina, Barcelona, 7: 106-132.

y S. Torrado, 1965: "Perfil y proyecciones de la demografía histórica en la Argentina", Anuario del Instituto de Investigaciones Históricas [Rosario], 8: 31-56.

Sanders, W.T., 1972: "Population, agricultural history and Societal evolution in Mesoamerica", en B. Spooner, Population growth: Anthropological implications, Cambridge: 101-153.

1976: "The population of the Central Mexican Symbiotic Region, the Ba- sin of Mexico, and the Teotihuacán Valley in the sixteenth century", en Denevan, 1976: 85-150.

et al., 1979: The Basin of Mexico. Ecological processes in the evolution of a civilization, Nueva York.

y C.N. Murdy, 1982: "Cultural evolution and ecological succession in the Valley of Guatemala: 1500 b.c.-a.d. 1524", en K.V. Flannery, 1982: 19-63. Sandner, G., 1962-1964: La colonización agrícola de Costa Rica, 2 vols., San José.

Santley, R.S., y E.K. Rose, 1979: "Diet, nutrition and population dynamics in the Basin of México", World Archeology, 11: 185-207.

et al., 1986: "On the Maya collapse", Journal of Anthropological Research, 42: 123-159.

Sanz Tapia, A., 1987: "Refugiados de la Revolución francesa en Venezuela (1793-1795), ri, 181: 833-867.

Sassen-Koob, S., 1980: "Crecimiento económico e inmigración en Venezuela", Migraciones internacionales en las Américas, 1(1): 63-87

Sauer, C.O., 1969: The early Spanish Main, Berkeley. (Hay traducción al castellano, Barcelona.)

Scarano, F. (comp.), 1981: Inmigración y clases sociales en el Puerto Rico del siglo xix, San Juan.

Scobie, J.R. 1991: "El crecimiento de las ciudades latinoamericanas, 1870-1930", en L. Bethell (comp.), Historia de América, Barcelona: 202-230.

Schaedel, R.P., 1967: La demografía y los recursos humanos del sur del Perú, México. (comp.), 1972: Urbanización y proceso social en América, Lima.

et al. (comps.), 1978: Urbanization in the Americas from its beginnings to the present, La Haya.

Schiffer, M.B. (comp.), 1978: Advances in archeological method and theory, vol. 1, Nueva York.

Schlicher van Bath, B.H., 1978: "The calculation of the population of New

Spain, especially before 1570", Boletín de Estudios Latinoamericanos y del Caribe, 25: 67-95.

1979: "De historische demografie van Latjins Amerika. Problemen en resultaten van onderzoek", Tijdschrift voor Geschiedenis, 92: 527-556.

Schwartz, S.B, 1969: "Cities of Empire: Mexico and Bahia in the sixteenth century", Journal of Inter-American Studies, 11(4): 116-637.

1985: Sugar plantations in the formation of Brazilian society. Bahia, 1550-1835, Cambridge.

Seed, P., 1985: "The Church and the patriarchal family: Marriage conflicts in Sixteenth and Seventeenth Century México", The Journal of Family History, 10: 284-293.

Segall, M., 1968: "Esclavitud y tráfico de culíes en Chile", Journal of Inter Amer- ican Studies, 10(1): 117-133.

Senkman, L., 1985: "Política internacional e inmigración europea en la Argentina de post-guerra (1945-1948). El caso de los refugiados", eml, 1: 107-125.

Siegel, B., 1971: "Migration dynamics in the interior of Ceara, Brazil", Southwestern Journal of Anthropology, 27: 234-258.

Silva, J.G., 1976: "A emigração para América nos sáculos 19 e 20 e a historia mundial: Os portugueses e a América", jbla, 13: 107-131.

Silva, M.B. Nizza da, 1984: Sistema de casamento no Brasil colonial, São Paulo.

Simmons, A.B, y G.R. Cardona, 1972: "Rural-urban migration: Who comes, who stays, who returns? The case of Bogotá, Colombia", imr, 6: 166-181.

Skidmore, T.E., 1974: Black into white. Race and nationality in Brazilian thought, Nueva York.

Slenes, R., 1986: "Grandeza ou decadencia? O mercado de escravos e a economía cafeeira da província do Rio de Janeiro, 1850-1888", en Costa, 1986: 103-155.

Smith, M.M., 1974: "The 'Real expedición marítima de la vacuna' in New Spain and Guatemala", Transactions of the American Philosophical Society, 64(1): 1-74. Smith, R.C., 1955: "Colonial towns of Spanish and Portuguese America", Jour-nal of the Society of Architectural Historians, 14: 3-12.

Socolow, S.M., 1978: The Merchants of Buenos Aires, 1778-1810. Family and Commerce, Cambridge.

y L.L. Johnson, 1981: "Urbanization in Colonial Latin America", Journal of Urban History, 8: 27-59.

Sofer, E., 1980: From Pale to Pampa: The Jewish immigrant experience in Buenos Aires, Nueva York.

Solano, F., 1974: Los mayas en el siglo xviii, Madrid.

(comp.) 1975: Estudios sobre la ciudad iberoamericana, Madrid.

Solberg, C. 1970: Immigration and nationalism. Argentina and Chile, 1890-1914,Austin.

Somolinos d'Ardois, G., 1982: "Hallazgo del manuscrito sobre el Cocolitzli, original del Dr. Francisco Hernández", en Florescano y Malvido, 1982: 369- 379.

Somoza, J.L., 1965: "Trends of mortality and expectation of life in Latin America", mmfq, 43(4), parte 2: 219-233.

1968: "Fertility and differentials in Argentina in the nineteenth century", mmfq, 46(3), parte 2: 53-71.

1971a: La mortalidad en la Argentina entre 1869 y 1960, Buenos Aires. 1971b:

"Mortality in Latin America. Present level and projection", Inter- national Population Conference. Londres, 1969, Lieja, II: 889-899.

y A.E. Lattes, Muestras de los dos primeros censos nacionales de población, 1869 y 1895, Buenos Aires.

Sonesson, B., 1989: "Els catalans a Puerto Rico de 1840 a 1920: migració i poder", 3es Jornades d'Estudis Catalano-Americans, Barcelona: 221-233.

Stabili, M.R., 1986: "Las políticas inmigratorias de los gobiernos chilenos desde la segunda mitad del siglo pasado hasta la década de 1920", eml, 2: 181-202.

Stan, E.J., 1975: "Transportation and urbanization in Caracas, 1891-1936", Journal of Interamerican Studies and World Affairs, 17: 82-100.

Stein, S.J., 1970: Vassouras. A Brazilian coffee county, 1850-1900, Nueva York.

Stern, C., 1989: "La industrialización y la migración en México", en P. Peek y G. Standing, 1989.

Stewart, W., 1951: Chinese bondage in Peru. A history of the Chinese Coolie in Peru, 1849-1874, Durham.

Stinner, W.F., et al. (comps.), 1982: Return migration and remittances: Developing a Caribbean Perspective, Washington D.C.

Stolcke, V., 1992: Racismo y sexualidad en la Cuba colonial, Madrid.

Storey, R., 1986: "Perinatal mortality at Pre-Columbian Teotihuacan", American Journal of Physical Anthropology, 69: 541-548.

Stycos, J.M., 1968: Fecundidad en América Latina, Bogotá.

y J. Arias (comps.), 1966: Population dilemma in Latin America, Washing- ton D.C.

Suárez, M.M., y R. Torrealba, 1979: "Internal migration in Venezuela", Urban

Anthropology, 8: 291-311.

Susnik, B., 1965-1971: El indio colonial del Paraguay, 3 vols. (1, El guaraní colonial; 2, Los trece pueblos guaraníes de las Misiones [1767-1803]; 3, El chaqueño: guaycurúes y chanesarawak), Asunción.

Suzuki, T. (comp.), 1969: The Japanese immigrant in Brazil, 2 vols., Tokio.

Swann, M.M., 1980: "The demographic impact of disease and famine in late Colonial Northern México", Geoscience and Man, 21: 97-109.

1982: Tierra adentro. Settlement and society in Colonial Durango, Boulder.

1989: Migrants in the Mexican North. Mobility, economy, and society in a Colonial world, Boulder.

Szuchman, M.D., 1988: Order, family and community in Buenos Aires, 1810-1860,Stanford.

Tabah, L., y M.E. Cosío, 1970: "Medición de la migración interna a través de la información censal: el caso de México", dye, 4(1): 43-84.

Tignor, J.L., 1978: "The Ryukyuans in Peru, 1906-1952", The Americas, 35: 20-44. Tjarks, A. [Vidaurreta], 1974a: "Comparative demographic analysis of Texas 1777-1793", Southwestern Historical Quarterly, 77: 291-338.

1974b "Evolución urbana de Texas durante el siglo xviii", ri, 131-138: 605-652.

1978: "Demographic, ethnic and occupational structure of New México, 1790", The Americas, 35: 45-88.

Tjarks, G.O., et al, 1976: "La epidemia de cólera de 1856 en el Valle Central: análisis y consecuencias demográficas", Revista de Historia, 3: 81-129.

Tornero, P., 1989: "Comerç colonial y projecció de la població: l'emigració ca- talana a Cuba a l'época del creixement sucrer (1790-1817)", 3es Jornades d'Estudis Catalano-Americans, Barcelona: 235-266.

Torrado, S., 1980: "El éxodo intelectual latinoamericano hacia los EE.UU. durante el periodo 1961-1975", Migraciones internacionales en las Américas, 1(1): 19-39.

Tovar Pinzón, H., 1970: "Estado actual de los estudios de demografía histórica en Colombia", Anuario Colombiano de Historia Social y de la Cultura, 5: 65-140.

Trento, A., 1989: Do outro lado do Atlántico. Um século de imigração italiana no Brasil, São Paulo.

Troconis de Veracochea, E., 1986: El proceso de la inmigración en Venezuela, Caracas. Tyrer, R.B., 1988: Historia demográfica y económica de la Audiencia de Quito, Quito.

Ulloa, A. de, 1748: Relación histórica del viage a la América meridional, 4 vols., Madrid.

Unikel, L., 1976: El desarrollo urbano de México: diagnóstico e implicaciones futu- ras, México.

Unión Internacional para el Estudio Científico de la Población, 1992: El poblamiento de las Américas, Actas, Veracruz, 1992, México.

Universidad Nacional de Venezuela, 1967: Estudio de Caracas, Caracas.

Universidad de la Paz, 1987: Los refugiados centroamericanos, Heredia (Costa Rica). Urquidi, V.L., 1969: "La ciudad subdesarrollada", dye, 3(2): 137-155.

Urzúa, R., 1979: El desarrollo y la población en América Latina, México.

Vangelista, C., 1975: "Immigrazione, struttura produttivae mercato del lavoro in Argentina e in Brasile (1876-1914)", Annali della Fondazione Luigi Ei- naudi,

100: 197-216.

1982: La braccia per la fazenda. Immigrati e "caipiras" nella formazione del mercato del lavoro paulista (1880-1914), Milán.

Van Roy, R., 1983: "La población clandestina en Venezuela: resultados de la matrícula general de extranjeros", Migraciones Internacionales en Las Américas, 2: 47-66.

Vargas-Lobsinger, M., 1986: "El ascenso social y económico de los inmigrantes es- pañoles: el caso de Francisco de Valdivieso (1683-1743)", hm, 140: 601-619.

Vázquez Calzada, J.L., 1974: "La dinámica poblacional y el futuro de Puerto Rico", Revista/Review Interamericana, 4: 22-27.

1988: La población de Puerto Rico y su trayectoria histórica, San Juan.

Vázquez de Espinosa, A. [1628-1629], 1968: Compendio y descripción de las Indias occidentales, Madrid.

Veblen, T.T., 1982: "Declinación de la población indígena en Totonicapan, Guatemala", Mesoamérica, 3: 26-66.

Velázquez, R.E., 1972: "La población del Paraguay en 1682", Revista Paraguaya de Sociología, 24: 128-148.

Vergara y Velasco, F.J., 1891: Nueva Geografia de Colombia, Bogotá.

Verger, P., 1968: Flux et reflux de la traite des nègres entre le golfe de Benin et Bahía de Todos os Santos du 17e et 19e siècle. La Haya.

Vidal Luna, F., e I.d. N. da Costa, 1982: Minas colonial: economia e sociedade, São Paulo. Vieira, F.L.S., 1973: O japonês na frente de expansão paulista. O proceso de absor-ção do japonês em Marilia, São Paulo.

Vieytez, A., 1969: "La emigración salvadoreña a Honduras", Estudios Centroamericanos, 254-255 (número extraordinario, El conflicto Honduras-El Salvador): 399-406.

Viel, B., 1974: "Demographic growth and the quality of life in Latin America", (Revista/Review) Interamericana, 4:12-21.

Vila Villar, E., 1977: Hispanoamérica y el comercio de esclavos, Sevilla.

1979: "Extranjeros en Cartagena (1593-1630)", jbla, 16: 147-189.

Villa, M., 1972: "América Latina: algunas consideraçãos demográficas acerca do proceso de metropolização, 1900-1960", Revista Brasileña de Estatística, 33: 439-471.

Villamarín, J., y J. Villamarín, 1979: "Chibcha settlement under Spanish rule, 1537-1810", en Robinson, 1979: 1-84.

1981: "Colonial censuses and tributary listas on the Sabana de Bogotá Chibcha: Sources and issues", en Robinson, 1981: 49-52.

1991: "Epidemic disease in the Sabana de Bogotá, 1536-1810", en Cook y Lovell, 1991.

Villanueva Urteaga, H., 1982: Cuzco, 1689. Informes de los párrocos al obispo Mollinedo. Economía y sociedad en el sur andino, Cuzco.

Villaseñor y Sánchez, J.A., 1746-1748: Theatro mexicano, descripción general de los reynos y provincias de la Nueva España y sus jurisdicciones, México.

Vives Azancot, P.A., 1982: "Entre el esplendor y la decadencia: la población de Misiones, 1750-1759", ri, 42: 469-543.

Vollmer, G., 1967: Bevolkerungspolitik und Bevolkerungsstruktur im Vizekönigreich Peru zu Ende der Kolonialzeit 1741-1821, Bad Homburg vor der Hohe.

1973: "La evolución cuantitativa de la población indígena en la región de Puebla (1570-1810)", hm, 89: 44-51.

Walton, J., et al., 1984: Ciudades y sistemas urbanos. Economía informal y desor- den espacial, Buenos Aires.

Wasserstrom, R., 1978: "Population growth and economic development in Chiapas, 1529-1975", Human Ecology, 6: 127-144.

Watson, R.C., 1983: "La dinámica espacial de los cambios de población en un pueblo colonial mexicano: Tila, Chiapas, 1595-1794", Mesoamérica, 5: 87-108.

Webster, D., 1988: "Copan as a Classic Maya center", en E.H. Boone y G.R. Willey (comps.), The Southeast Maya zone, Washington D.C.

Wightman, A.M., 1990: lndigenous migration and social change. The forasteros of Cuzco, 1520-1720, Durham.

Wilkie, R.W., 1976: "Urban growth and the transformation of the settlement landscape of Mexico, 1910-1970", en J. Wilkie y M. Meyers (comps.), Contemporary México, México.

Willcox, W.F., 1929: International migrations, Nueva York.

Williams, G., 1976a: "The structure and process of Welsh emigration to Patagonia", Welsh History Review, 8: 42-74.

1976b: "La emigración galesa a la Patagonia, 1865-1915", jbla, 13: 239- 292.

Williams, J.H., 1976: "Observations on the Paraguayan census of 1876", hahr,56: 424-437.

Wilson, D.J., 1988: Prehispanic settlement patterns in the Lower Santa Valley, Peru. A regional perspective on the origins and development of complex North Coast Society, Washington, D.C.

Wonsewer, I., et al., 1985: La emigración uruguaya, 1963-1975. Sus condicionan- tes económicas, Montevideo.

Woodward, R.L. Jr., 1980: "Crecimiento de la población de Centro América durante la primera mitad del siglo de la independencia nacional: investi- gación reciente y estimados hasta la fecha", Mesoamérica, 1: 219-231.

Yáñez Gallardo, C., 1989a: "Argentina como país de destino. La emigración española entre 1860-1930", eml, 13: 467-497.

1989b: "L'emigració catalana a América entre 1830 i 1930", 3es Jornades d'Estudis Catalano-Americans, Barcelona: 279-302.

Young, C.W., 1949: "Some aspects of Haiti's population and national territory significant in census considerations", Estadística, 25: 516-519; 26: 69-86;27: 204-216, y 28: 388-399.

Young, G.F.W., 1974: The Germans in Chile. Immigration and colonization, 1849- 1914, Nueva York.

Yunes, J., y V.S.C. Ronchezel, 1974: "Evolução da mortalidade geral, infantil e proporcional no Brasil", Revista de saúde pública, 8 (suplemento: A evolução da população brasileira): 3-48.

Zambardino, R.A., 1980: "Mexico's population in the Sixteenth Century: De- mographic anomaly or mathematical illusions?", Journal of Interdisciplin- ary History, 11: 1-27.

Zamora Acosta, E., 1975: Los mayas de las tierras altas en el siglo xvi. Tradición y Cambio en Guatemala, Sevilla.

Zárate, A.O., 1967a: Principales patrones de migración interna en Guatemala, Guatemala.

1967b: "Fertility in urban areas of México: Implications for the theory of the demographic transition", Demography, 4(1): 363-373.

Zelinsky, W., 1949: "The historical geography of the Negro population of Latin America", Journal of Negro History, 34: 153-219.

Zolberg, A., et al. (comps.), 1989: Escape from violence. Conflict and the refugees' crisis in the developing world, Nueva York.

Zucotti, J.C., 1987: La emigración argentina contemporánea a partir de 1950, Buenos Aires.

Zúñiga Herrera, E., 1990: "Fecundidad y anticoncepción en el campo", Demos,3: 6-8.